Questions and Answers
History

智慧百科丛书

人类的旅程
探索历史之谜

U0781270

[美]丽贝卡·弗格森 著

张 镌 等 译

上海科学技术文献出版社
Shanghai Scientific and Technological Literature Press

图书在版编目（CIP）数据

　　智慧百科．人类的旅程：探索历史之谜／（美）丽贝
卡·弗格森著；张镌等译．—上海：上海科学技术文献
出版社，2025.
　—ISBN 978-7-5439-9317-4

　　Ⅰ．Z228：K109

　　中国国家版本馆 CIP 数据核字第 2024NE9161 号

THE HANDY HISTORY ANSWER BOOK, 1nd Edition by Rebecca Ferguson
Copyright © 2006 by Visible Ink Press®
Published by arrangement with Visible Ink Press c/o Nordlyset Literary Agency
through BARDON CHINESE CREATIVE AGENCY LIMITED
Simplified Chinese translation copyright © 2025
by Shanghai Scientific & Technological Literature Press
ALL RIGHTS RESERVED

图字：09-2024-0429

责任编辑：张雪儿
封面设计：留白文化

人类的旅程：探索历史之谜

RENLEI DE LÜCHENG: TANSUO LISHI ZHIMI

[美]丽贝卡·弗格森　著　张　镌　等译
出版发行：上海科学技术文献出版社
地　　址：上海市淮海中路 1329 号 4 楼
邮政编码：200031
经　　销：全国新华书店
印　　刷：商务印书馆上海印刷有限公司
开　　本：787mm×1092mm　1/16
印　　张：17.25
字　　数：304 000
版　　次：2025 年 4 月第 1 版　2025 年 4 月第 1 次印刷
书　　号：ISBN 978-7-5439-9317-4
定　　价：58.00 元
http://www.sstlp.com

目录

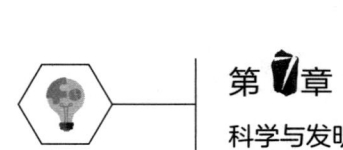
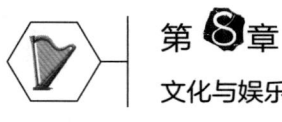

第 1 章
法律与著名审判

法 律 常 识

⚖ 罗马法是什么？

罗马法是古罗马人从公元前 8 世纪一直使用到帝国灭亡（西罗马帝国于公元 476 年灭亡，东罗马帝国则在公元 1453 年灭亡）的法律体系。东罗马帝国的皇帝查士丁尼大帝因整理（编写和组织）罗马法而受到称赞，他下令收集所有罗马帝国的法规和所有罗马法学家（法官和其他法律专家）的著作。查士丁尼任命帝国最优秀的法律人才来起草、编写、出版并更新法典，这项工作一直进行到 565 年查士丁尼去世，其成果是《敕法汇集》，亦称《民法大全》。它包括四部分:《查士丁尼法典》（帝国法规的汇编）、《法学汇纂》（罗马法学家的著作和解释）、《法理概要》（学生用教科书）和《新法典》（在《查士丁尼法典》出版后颁布的法律）。

尽管罗马法在中世纪时期基本上被搁置，但它在中世纪教会的教规中得以保存，并且越过时间的长河被传承下来。罗马法发展而来的成文法构成了大部分欧洲大陆国家和其他非英语国家的现代民法基础。这种司法系统不依赖于法院的判例（这是美国和英国的法律系统），而依赖于法律条文，即法规本身。

⚖ 普通法是什么？

普通法是在英国和美国（路易斯安那州除外）普遍实行的司法系统，其中法院的判例（过去的判决）被用作法律体系的基础。它有时被称为习惯法，因为法官在做出判决时会考虑人们普遍的做法。在美国，路易斯安那州是唯一一个法官在裁决民事案件时不依赖判例或习惯的州，他们以民法为依据，根据法律的字面意义做出判决，并且可以自由地忽视类似案件的判决（在美国其他州，必须考虑判例）。路易斯安那州司法的特殊性是由于其独特的历史——它长时间受法国人统治，这种影响至今仍然存在。

　　在许多国家，司法系统结合了成文法和普通法。民事案件主要属于成文法领域（法规占主导地位），而刑事案件（即针对社会犯下的罪行）属于普通法领域（判决基于判例）。

⚖ 神判法是什么？

　　神判法一种确定某人是否有罪的非理性方式。西罗马帝国灭亡后，罗马法让位于欧洲各日耳曼部落（亦称蛮族）的法律。如果某人被指控犯罪，那么他会被故意弄伤，比如用炙热的铁棒烫伤或浸入热水中烫伤。如果伤口在规定的天数（通常为3天）内愈合，那么此人会被宣布无罪。如果伤口没有愈合，则裁决其有罪。

美国马萨诸塞州的塞勒姆女巫审判案。许多女巫审判案中的被告都被残忍地折磨，那些被判有罪的人将被处以死刑。（汤普金斯·哈里森·马特森 绘）

神判法最终让位于更实际、更理性的审判方式，由法官和陪审团主持案件的陈述，并利用成文法典或判例或两者的结合来做出判决。但神判法直到 17 世纪还在使用，当时新英格兰的清教徒指控妇女行巫术。嫌疑人被绳子捆绑并浸入水中。如果她沉下去，那么她就是无辜的；如果她浮起来，就被定罪（"原理"是只有拥有超自然力量的人才能在这种情况下浮起来）。通过这种审判形式被判有罪的人将被处以死刑。

决斗法是什么？

决斗法和神判法一样，是一种中世纪的主流的审判方式。当贵族之间发生争端时，他们会进行一场决斗。人们认为正义的一方会得到上帝的帮助而在战斗中取得胜利。毫无疑问，这种审判方式逐渐被陪审团审判所取代。

《拿破仑法典》是什么？

1800 年，拿破仑·波拿巴执掌法国政权后，他任命一组法学专家组成委员会，以汇集所有法国民法，编制成一个法典。这部被称为《民法典》的典籍历时 4 年完成，于 1804 年 3 月 21 日正式施行，同年 12 月，拿破仑在法国称帝，因此这部法典亦称《拿破仑法典》。该法典在法国、比利时、卢森堡以及欧洲其他法语国家施行。

《拿破仑法典》折中了成文法和习惯法。它吸纳了法国大革命的一些激进改革。这部民法典规定了有关个人自由、财产所有权、继承次序以及抵押和合同的法律。它在欧洲和拉丁美洲产生了广泛影响，那里普遍采用成文法体系。与大多数英语国家施行的普通法不同，成文法以汇编的规则，而非以往的判例为基础。在《拿破仑法典》下，被告被视为有罪，直到被证明无罪，与之相反，普通法则认为一个人是无罪的，直到被证明有罪。

国 际 法

国际法是什么？

根据荷兰法学家胡戈·赫罗齐厄斯的解释，自然法规定了国家之间的行为规则，从而产生国际法。他 1625 年发表的著作《论战争与和平法》是国际法的权威教科书，他大胆地提出世界上所有主权国家都是平等的。然而他的观念也遭到一些人的反对，英国哲学家托马斯·霍布斯就是其中一位。他坚持认为，因为没有任何国家之上的法律机构能够强制执行国际法，所以国际法是不合法的。

自 17 世纪以来，国际法得到了长足发展，不再仅仅属于理论范畴。在 19 世纪和 20 世纪初，《日内瓦公约》和《海牙公约》制订了战争规则。今天，两个或以上国家之间的条约，以及判例、法律著作都影响着国际法。此外，国际法由联合国下属的国际法院，以及世界舆论、国际制裁、联合国干预来强制执行。

⚖ 《日内瓦公约》是什么？

《日内瓦公约》是由当今世界大约 200 个国家共同签订的人道主义条约。这些条约分别于 1864 年、1906 年、1929 年和 1949 年在瑞士日内瓦签订（1864 年最初协议的签订促使了红十字会诞生）。1977 年，在日内瓦又签订了 2 项附加议定书。总而言之，《日内瓦公约》规定了签署国在战争中对待敌人的标准，包括对战场伤员的接触和治疗、战俘的待遇以及平民的待遇。这些公约旨在确保在战争中尊重人权和减少人道主义灾难。

公约和附加议定书的概况如下：

《日内瓦第一公约》（《改善战地武装部队伤者病者境遇的日内瓦公约》）：它阐明了对战争中伤者的保护。

《日内瓦第二公约》（《改善海上武装部队伤者病者及遇船难者境遇的日内瓦公约》）：它在《日内瓦第一公约》的基础上增加了对海上的伤者及遇难者的保护。

《日内瓦第三公约》（《关于战俘待遇的日内瓦公约》）：它列出战俘的权利。

《日内瓦第四公约》《关于战时保护平民的日内瓦公约》）：它阐明了在战争中对平民的保护。

《第一议定书》（《1949 年 8 月 12 日日内瓦四公约关于保护国际性武装冲突受难者的附加议定书》）：它增加了对反种族主义战争和独立战争中的受害者的保护。

《第二议定书》（《1949 年 8 月 12 日日内瓦四公约关于保护非国际性武装冲突受难者的附加议定书》）：它增加了对内战中的受害者的保护。

《日内瓦公约》和《海牙公约》，以及其他一些国际协定共同构成国际人道主义法。由于世界上许多国家都已批准了《日内瓦公约》和《海牙公约》，它们常被认为是惯用的国际法，这意味着它们对所有国家都具有法律约束力。

⚖ 《海牙公约》是什么？

《海牙公约》是 1899 年和 1907 年通过的关于战争法律和惯例的国际条约。1899 年，俄国沙皇尼古拉二世在荷兰海牙召开第一次海牙和平会议。会议的最初目标是限制军备扩张。尽管包括美国在内的 26 个国家的代表未能就限制军备扩张达成一致意见，但这次会议还是对在陆地和海上的交战规则达成了统一。更重要的是这次会议形成了《和平解决国际争端公约》。该公约确立了永久性国际仲裁和司法法庭，至今存在。法庭的地点在荷兰海牙的和平宫，该宫殿由美国实业家和慈善家安德鲁·卡内基捐建。1907 年，44 个国家的代表出席了为时 4 个月的第二次海牙和平会议，对 1899 年的公约进行了修订，并新订了一些公约。各国代表们计划在 1915 年再次会晤，但是由于第一次世界大战的爆发，该会议未能如愿举行。可以说《海牙公约》是国际联盟和联合国的渊源。

美 国 的 法 律

⚖ 美国最高法院的结构及判决方式是什么？

《美国宪法》第三条规定了"合众国的司法权属于一个最高法院以及由国会随时下令设立的低级法院"。它接着描述了美国最高法院的管辖权，但没有明确规定最高法院的结构以及由多少位大法官组成。这些不明确的问题被留给了美国国会，1789 年，国会通过了美国的第一部司法条例，规定了最高法院最初的组织结构。最高法院有 6 名成员：首席大法官和另外 5 名同事。后来国会的法案又修改了最高法院的组织和管辖权。

自 1869 年以来，最高法院的规模扩大到 9 名成员：首席大法官和另外 8 名同事，一旦被提名，他们将终身任职。大法官由总统任命，但根据《美国宪法》第二条的规定，还必须得到参议院的同意。为了避免党派斗争，国会不得降低任何大法官的薪水，大法官只能通过弹劾被免去职务。最高法院审理上诉案件，大法官以投票的方式做出裁决。

⚖️ 第一位美国最高法院首席大法官是谁？

美国总统乔治·华盛顿任命了约翰·杰伊为美国最高法院首席大法官，同时任命了5位副大法官，分别是詹姆斯·威尔逊、约翰·拉特利奇、威廉·库欣、约翰·布莱尔和詹姆斯·艾尔德尔。

约翰·杰伊在被任命为第一位首席大法官前已经积累了令人印象深刻的履历。他曾参加大陆会议，还在1778年和1779年担任过会议主席；在美国独立战争期间，他曾出使西班牙，在西班牙和法国之间调停；1782年，他还与本杰明·富兰克林和其他美国和平代表一同在巴黎起草了结束与英国之间战争的条约。美国独立后，约翰·杰伊继续扮演着重要的角色：他成为华盛顿的外交国务秘书，并与亚历山大·汉密尔顿和詹姆斯·麦迪逊共同撰写了《联邦党人文集》（《联邦党人文集》是一系列论文的集合，解释新起草的《美国宪法》，旨在说服各州批准它）。

⚖️ 蓝色法规是什么？

蓝色法规是旨在强制道德行为的法规。它们起源于殖民时期的新英格兰清教徒社会，由于印刷在蓝纸上而得名。一些蓝色法规规定了在安息日的适当行为，包括不工作、不参与体育活动，以及不饮酒。美国康涅狄格州纽黑文市的早期蓝色法规由于被记录在1781年的《康涅狄格州通史》一书中而广为传播。该书的作者塞缪尔·彼得斯在文本中加入了一些自己创作和编造的法律。由于蓝色法规侵犯个人自由，这类法规大多数已被废除多年。即使今天还有地区仍然保留蓝色法规，它们也不太可能得到执行。

⚖️ 吉姆·克劳法是什么？

吉姆·克劳法是一些将黑人与白人隔离开的法律或惯例的总称，在19世纪末一20世纪上半叶盛行于美国南部。"吉姆·克劳"是19世纪的一部舞台剧中的黑人男子角色，后来成为黑人男子的刻板形象。吉姆·克劳法大约出现在1938年，到了19世纪80年代，吉姆·克劳法已经在美国普遍使用。尽管1868年美国国会通过了第十四修正案，禁止各州侵犯所有公民的平等权利，但南方各州通过了许多法律，在公共场所隔离黑人与白人。简而言之，这些法律是种族歧视的体现，也加深了种族歧视。多亏了黑人民权运动，这些法律终于在20世纪50—60年代被认为违宪。

1948 年，种族隔离学校的场景：俄克拉何马大学里，白人学生坐在教室里，而黑人学生却坐在另一个与之相连的房间里。

⚖ 美国最高法院在种族隔离中扮演了什么角色？

尽管在 20 世纪 50—60 年代，美国最高法院的裁决推翻了大多数种族隔离法（亦称吉姆·克劳法），但当时的最高法院实际上只是在纠正自己的错误。

19 世纪末，即美国南北战争结束和废除奴隶制之后，美国最高法院曾做出支持州级种族隔离法的裁决。其中最著名的是 1896 年的普莱西诉弗格森案。该案中，美国最高法院维护了路易斯安那州法律的合宪性，在有轨电车上对黑人和白人提供"隔离但平等"的设施。当时，声称"宪法是色盲"的大法官马歇尔·哈伦对此持强烈的反对意见。在普莱西诉弗格森案的判决后，各州持续使用"隔离但平等"政策长达 50 年，通过吉姆·克劳法在公立学校、交通工具、休闲场所、住宿和餐饮设施建立起种族隔离制度。这也就意味着饮水机、长椅、洗手间、公共汽车座位、医院病床和剧院都会标有"白人专用"和"有色人种使用"的标记。阿肯色州甚至有法律规定，法庭应根据证人皮肤的颜色来提供在宣誓时使用的《圣经》。

1954 年的布朗诉托皮卡教育委员会案和 1960 年的博因顿诉弗吉尼亚州案是最高法院判决上的两个里程碑。在第一个案件中，堪萨斯州托皮卡市的黑人儿童的家长控诉，公立学校隔离白人和黑人学生的做法违反了 1868 年第十四修正案中的黑人儿童拥有平等保护权的规定。这些家长得到了美国全国有色人种协进会（NAACP）的支持，该协会的法律顾问包括瑟古德·马歇尔。1954 年 5 月 17 日，最高法院裁定，种族隔离的学校确实违反了平等保护条款，推翻了之前普莱西诉弗格森案判决支持的"隔离但平等"原则。1960 年 12 月，首席上诉律师瑟古德·马歇尔在最高法院辩护霍华德大学法学生布鲁斯·博因顿的案件。原告控诉弗吉尼亚州里士满市的公共汽车站的种族隔离制度违反了联邦反种族隔离法。联邦政府再次反对州级种族隔离法，华盛顿向各州明确传递了一个信息，即公共设施应当供所有公民使用，无论其肤色如何。这些判决连同激进的黑人民权运动一起，废除了美国的种族隔离制度。

⚖ 猎鹰行动是什么？

猎鹰行动是 2005 年 4 月中旬由美国司法警察领导的，1 周内在全国范围内对 1 万多名逃犯在进行围捕的行动代号。来自联邦、州和地方执法机关的 960 名执法人员配合司法警察协同工作，共抓捕 10 340 名各种案件的通缉犯，其中大部分为暴力犯罪案件。这次行动发生在"全美犯罪受害人权益周"期间。这些通缉犯中有 150 余人涉嫌谋杀罪，550 人涉嫌性侵罪，600 多人涉嫌持械抢劫罪，还有一些是越狱的逃犯。对比以往的仅能抓捕数百名通缉犯的行动，猎鹰行动可称为美国执法历史上的一个里程碑。

著 名 的 审 判

⚖ 塞勒姆女巫审判案是什么？

1692 年，在美国马萨诸塞州的塞勒姆发生了一系列审判，共有 200 人被指控为女巫，19 人被绞死。这一事件警示人们要警惕大规模的恐慌。

17 世纪，人们普遍相信巫术，并认为那些掌握超自然力量的人可以对邻居施加伤害。法院经常审理与女巫有关的案件：在 1692 年那起臭名昭著的审判之前，殖民地马萨诸塞和康涅狄格的记录显示审理了 70 起女巫案件，其中 18 人被定罪。但没有一个案件能够与 1692 年的女巫审判相提并论。当年 1 月，塞缪尔·帕里斯牧师的女儿和侄女开始出现奇怪的行为。医生检查后得出结论，这两个 9 岁和 11 岁的女孩被施了巫术。女孩们被迫指认施巫术的人，她们指出一个在牧师家工作的加勒比印第安奴隶，以及另外两名妇女，其中一名是流浪者，另一名是被社会排斥的人。这些人都被逮捕。随后进行了听证会，又有一些其他人被指控，包括正直的社会成员，她们唯一的"罪行"似乎就是反对帕里斯牧师。他的信徒成为证人。到了 5 月，塞勒姆和波士顿的监狱都挤满了等待审判的女巫嫌疑人。法院于 6 月 28 日开庭审理，此时已经积压了约 70 个案件。

到了 9 月，50 名被告承认她们曾练习巫术，26 人被判有罪，19 人被处死。英国派驻马萨诸塞的总督开始对判刑数量感到担忧。他勒令解散塞勒姆法庭，开始在高级法庭审理其余的案子。在 50 名仍被指控的人中，法庭只控诉了 23 人，其中只有 3 人被判有罪，而这 3 个判决均被推翻。1693 年，总督赦免了所有仍在审理中的案子，并宣布巫术不再是一种可被起诉的犯罪行为。

⚖ 约翰·彼得·曾格是谁？

约翰·彼得·曾格是一位美国纽约的印刷商，1735 年曾被指控犯有煽动性的诽谤罪。这一案件不仅改变了美国法庭对诽谤的定义，还为新闻自由奠定了基础。

曾格出生于德国。1710 年当他只有 13 岁时，移民到了美国殖民地。他在殖民地官方报纸《纽约公报》找到了一份印刷工学徒的工作。15 年后，他开始了自己的生意，主要印刷宗教小册子。1733 年，纽约迎来了一位来自英国的新殖民地总督——威廉·科斯比，此人上任后不久就招致了所有人的蔑视，无论贫富。反对科斯比及其恶劣政策的富商们找到了曾格，提出支持他创办一家报纸，由他担任编辑和出版商。曾格答应了，并于 1733 年 11 月 5 日发布了第一期《纽约周报》。该报痛斥科斯比，激怒了这位总督。科斯比焚毁了几期报纸后，1734 年 11 月，下令逮捕曾格。这位编辑兼出版商在狱中继续运营该报，隔着铁门向他的妻子口述社论。

1735 年 8 月，开庭审理曾格案。殖民地最优秀的律师安德鲁·汉密尔顿前来为曾格辩护。汉密尔顿承认他的当事人出版了这些报纸，但他辩称，如果想要判定曾格犯有诽谤罪，那么必须证明曾格的言论是虚假且恶意的。控方对诽谤的定义提出异议，声称诽谤性陈述是指任何"诽谤、煽动且使人不安的言辞"。法庭支持了控方的观点，因此汉密尔顿无法提出任何证据来证明《纽约周报》上所刊登的材料的真实性。汉密尔顿直到做最后的陈述时才得以开始反驳，他的总结陈词被视为法律史上最著名的典范之一。他指责法庭压制证据，敦促陪审团考虑将法庭的这种行为"视作最有力的证据"，并宣称自由是人民对于"法外之权的唯一堡垒……伤害和压迫人民的人会激起群众的呼声和抱怨"。这位杰出的律师最后呼吁陪审团的绅士们支持自由的事业，告诉他们，这样做是在"挫败专制的企图"。7 名陪审团成员被汉密尔顿慷慨激昂的演讲所说服，裁定曾格无罪。

次日出狱的曾格回到了印刷业，出版了自己的庭审记录。尽管殖民地官员不愿接受这一案件裁决中关于诽谤的定义，但此案已闻名全美。殖民地民众一摆脱英国统治并建立共和国，美国的奠基人们就将曾格案的裁决写入了《权利法案》：美国宪法的第一修正案保障新闻自由。

⚖ 德雷德·斯科特诉桑福德案为何如此重要？

德雷德·斯科特诉桑福德案的判决宣布《密苏里妥协案》（1820 年）违宪，并加深了美国南北的分歧，推动了美国南北战争。

19 世纪中期，出生在美国弗吉尼亚州的奴隶德雷德·斯科特主张他应该获得自由，因为他曾随他的主人到过威斯康星州和伊利诺伊州，而在这两个州，根据《密苏里妥协案》，是禁止奴隶制的。在居住了 2 年后，他们又回到了蓄奴的密苏里州。（根据《密苏里妥协案》，美国国会承认密苏里州为蓄奴州，缅因州为自由州；规定北纬 36°以北的领土是自由州，除了密苏里州。）

做了一辈子奴隶的德雷德·斯科特于 1846 年 4 月起诉密苏里州，要求获得自由。该案的关键在于斯科特曾到过北方的自由州。案件经历了 2 次审判：第一次审判由于程序错误而被判定需要进行第二次审判。1850 年的第二次审判中，密苏里的陪审团根据过去的判例，指出在自由州居住过的奴隶都应获得自由，尽管密苏里本身是一个蓄奴州，但陪审团裁定斯科特是一名自由人。斯科特主人的律师约翰·F.A. 桑福德立即向密苏里州最高法院提起上诉，一名支持奴隶制的法官颠覆了此前的判决，取消了斯科特的自由人身份。

但此案并未结束。因为桑福德以自己的名义而不是斯科特前主人的名义提交法庭文件，所以斯科特诉桑福德案出现了有趣的转折。斯科特聘请了一位新律师，成功将案件移交给了联邦法院:桑福德已经搬到了纽约,由于原告(斯科特)和被告(桑福德)现在居住在不同的州,案件现在归联邦审理。1854 年,圣路易斯的一个巡回法庭再次审理了德雷德·斯科特的案件,但再次否认了他的自由。这一判决被上诉至美国最高法院,最高法院于 1856 年开始审理此案。

1857 年 3 月,南方人占多数的最高法院裁定,在威斯康星和伊利诺伊的居住经历并不能使斯科特获得自由,黑人没有美国公民的权利,因此不能在联邦法院提起诉讼,而且美国国会从来没有禁止奴隶制的权力。德雷德·斯科特于次年去世。

⚖ "名叫马德"是什么意思?

1865 年 4 月 14 日,约翰·威尔克斯·布斯在枪杀美国总统亚伯拉罕·林肯后,因摔断了腿而被送往治疗。为其治疗的医生塞缪尔·马德后来被指控为暗杀总统事件的同谋,并被控叛国罪和共谋罪。他在军事法庭接受审问,1865 年 6 月 30 日被判有罪,并被判处终身监禁。3 年后,美国总统安德鲁·约翰逊赦免了马德,正式理由是在监狱流行疫病时,马德进行了人道主义救援工作。但是对他的指控本来就是站不住脚的,历史学家普遍认为他被判有罪是出于政治原因和复仇心态。尽管如此,"马德"这个名字被污名化了,俚语"名叫马德"的意思就是某人臭名昭著。

⚖ 苏珊·B. 安东尼为何受到审判?

苏珊·B. 安东尼受到审判的原因是违反美国联邦选举法。妇女选举权运动在 1872 年达到高潮,安东尼和其他 14 名女性同伴前往纽约州罗切斯特市的选民登记办公室,要求注册选民资格。当遭到拒绝时,安东尼与官员们争论起来,并向他们展示了法官亨利·R. 塞尔登的书面意见,该意见赞同她以及同伴关于第十四修正案也保护妇女选举权的主张。她威胁登记官,如果他们不允许她参加选举,那么她将起诉他们。登记官屈服了,这些妇女注册了选民资格。在选举日,即 11 月 5 日,她们进行了投票。23 天后,这 15 名女性全部因此被逮捕。她们提出保释申请,最终所有人都被释放。次年 6 月,针对安东尼的审判开始。检察官代表政府指控她"于 1872 年 11 月 5 日……进行投票……她是一名妇女"。安东尼被判有罪,并被罚款 100 美元。安东尼拒绝支付罚款,称"对暴政的反抗是对上帝的服从"。

在接下去的几年里,美国法院继续狭义地解释美国宪法第十四修正案,将妇女排除在外。直到安东尼去世 24 年后的 1920 年，通过了第十九修正案，美国妇女才获得了选举权。

⚖ 玛塔·哈里真的是间谍吗？

玛塔·哈里原名玛格丽塔·麦克劳德·泽尔，出生于荷兰。1917 年 2 月 13 日，闻名欧洲的玛塔·哈里在巴黎被逮捕，当时几乎没有确凿的证据可以证明这名女性实际上是一名在第一次世界大战期间为德国人工作的间谍，但有大量证据表明她长期与敌人往来，并从他们那里得到报酬，但并不知道具体是为了什么。然而，7 月，陪审团在巴黎的非公开法庭上听到的证词足以使他们相信，这位富有异国情调的舞者，这位曾经与多位欧洲名流有过恋情的女人，实际上是一名间谍。她被判处死刑。

在玛塔·哈里 18 岁的时候，一则征婚启事成就了她的一段姻缘，她嫁给荷兰军队的一名中年军官约翰·鲁道夫·坎贝尔·麦克劳德。约翰被派驻到印尼爪哇岛，那时他年轻貌美的妻子已经 21 岁，她不仅学会了马来语，还学会了当地舞蹈。她的爪哇朋友给她取名为"玛塔·哈里"，意思是"清晨的明眸"。回到荷兰后，玛塔·哈里与丈夫分居，并移居巴黎。在巴黎，她过上了奢侈的生活，并很快成为富有异国情调的印度舞舞女。她的演出遍布整个欧洲，同时她一直在与有权有钱的男人恋爱。1914 年，她移居德国，据说她在安特卫普接受了间谍培训。

第一次世界大战爆发后，由于玛塔·哈里在法国拥有财产并且是中立国荷兰的公民，她被允许回到巴黎。她重新与有影响力的男人发展关系，并以此为德国收集情报。协约国密切监视她，怀疑她从事间谍活动，于是设下了圈套，而她却成了一名双重间谍。法国派她去西班牙工作，但据说她在那里经常与德国情报机构的特工会面。当德国人命令她返回巴黎时，已经截获德国人给她的电报的协约国官员正在巴黎等着她。他们逮捕了玛塔·哈里，发现她携带了一张德国人开的支票。在审判中，一份法国编写的报告被列为证据，指控玛塔·哈里对约 5 万名协约国士兵的死亡负有责任。1917 年 10 月 15 日，玛塔·哈里被行刑队枪决，当时距离战争结束还有 1 年多的时间。

⚖ 利奥波德和勒布是谁？

内森·利奥波德和理查德·勒布是两个聪明过人的年轻人，出生在富裕家庭，且受过良好教育。他们制造了一桩自认为是完美犯罪的谋杀案。1924 年 5 月，18 岁的勒布成为密歇根大学最年轻的毕业生，他还计划在芝加哥大学攻读研究生课程。19 岁的利奥波德是美国大学优等生荣誉学会会员，也是芝加哥大学的法学生。二人就此成了朋友。据后来的证词透露，他们确信可以制造周密计划，实施谋杀罪并永远不会被抓住。

1924 年 5 月 21 日，这对恶棍将他们的卑劣计划付诸实践。受害者是百万富翁之子、勒布的表弟——14 岁的博比·弗兰克斯。弗兰克斯的尸体被发现时旁边还有一副属于利奥波德的眼镜。这副眼镜成为线索，警方开始对利奥波德和勒布（他为利奥波德作不在场证明）严加审问。整整一天他们都在坚持他们编造的故事。然后勒布相信利奥波德背叛了他，于是招认了罪行。他们被控谋杀和绑架。二人的家庭聘请了著名的辩护律师克拉伦斯·达罗，在达罗的劝说下，二人认罪，将原本可能被判死刑的惩罚减轻为终身监禁加 99 年。1936 年，勒布被狱友杀害。1958 年，利奥波德获释——由于在第二次世界大战期间为疟疾实验做出贡献，伊利诺伊州州长阿德莱·史蒂文森下令减刑。利奥波德在波多黎各度过了余生，在那里结婚并获得硕士学位，一边做慈善工作一边教书。

对希特勒啤酒馆暴动的审判为何如此重要？

1924 年，阿道夫·希特勒和其他 9 人被控叛国罪，理由是 1923 年他们试图发动政变。此次审判标志着希特勒权力无节制上升之始。

作为纳粹党（民族社会主义德国工人党）的党魁，希特勒已经获得了很多追随者，他们决心重建一个强大的德意志帝国，并清除"杂质"。1923 年 11 月 8 日晚上，巴伐利亚领导人古斯塔夫·冯·卡尔在慕尼黑的一个啤酒馆发表演讲时，希特勒和他的追随者们以为他们仅通过展示纳粹党的理念就能获得人民的支持，推翻软弱的德国政府。但在次日希特勒带领暴动的队伍游行穿越慕尼黑时，仍然忠诚于政府的军队和警察向纳粹示威者及其支持者开火，造成 16 人死亡，并逮捕了希特勒及其 9 名同谋。

他们的审判于 1924 年 2 月 26 日开始。在 25 天的审判过程中，借助广播和报纸的报道，希特勒发表了长篇大论（甚至有一次，他花了 4 小时去回答一个问题），为他赢得了德国人民的压倒性支持。他的激情呼吁将本来一桩明确的叛国罪案件转变为对德国政府的控诉。他的基本论点是："我不承认自己有罪。的确，我承认我做了这些事，但我不承认叛国罪。为了消除 1918 年对这个国家的背叛，我的行为无可指摘。"希特勒指的是第一次世界大战德国宣布投降。

尽管如此，他和其他 9 人还是被定了叛国罪。希特勒被判 5 年监禁。在狱中他写下了臭名昭著的作品《我的奋斗》的第一卷，书中阐释了他关于种族主义的恐怖理论和他对第三帝国的信仰。入狱仅仅 9 个月后，希特勒被提前释放。由于他受到广泛报道的审判，他从监狱中走出来时比之前还要受欢迎。

⚖️ 美国的"猴子案件"是什么？

1925 年 7 月，在美国田纳西州代顿市，公立学校教师约翰·T.斯科普斯接受审判，该审判被戏称为"猴子案件"，因为争论的焦点是斯科普斯在课堂上教授进化论。田纳西州法律禁止在公立学校教授英国生物学家查尔斯·达尔文的理论，因为该理论颠覆了基督教徒信奉的神创论（《圣经·创世记》中关于人类起源的故事）。达尔文的科学著作《物种起源》论证了人类是从类似猿猴的生物进化而来的，而不是上帝创造的。

著名律师克拉伦斯·达罗为斯科普斯辩护；律师及美国前总统候选人，被称为"伟大的平民"的威廉·詹宁斯·布赖恩，则代表检方。1925 年夏天的 12 天里，这个位于田纳西州东部的小镇成了现代科学思想与传统基督教的对决阵地，成了大都市与乡村的角斗场。观众挤满了法庭，最终迫使审判被转移至法院的草坪上进行。记者们每日都撰写报道，这些报道被全美各地的报纸刊登。正是这些头条新闻的编写者们给此案取了"猴子案件"的名字。

达罗创造了历史，他将布赖恩召上证人席。对于辩方律师而言，这是冒进之举，但由于布赖恩热情地接受了传票，法官允许了这一举动。达罗首先让布赖恩认同《圣经》中的每一个词都是真实的，然后他开始揭示这种字面解释的危险，例如，他问道："如果当时地球上只有亚当、夏娃、该隐和亚伯 4 个人，那么该隐是如何找到妻子的呢？"达罗成功地动摇了检察官，后者最终承认他不相信世界是在 6 天内被创造的。布赖恩反击，指责达罗侮辱《圣经》，对此达罗回应说："我是在测试你那些地球上没有一个基督徒会相信的愚蠢想法。"这比任何作家能写出的剧本还要精彩。达罗输掉了这个案子，但该案后来因技术性细节被推翻。斯科普斯因违反州法律被罚款 100 美元。该法律于 1967 年被废除。

这场审判后来被搬上舞台和荧幕，即话剧和电影《风的传人》，至今仍然被人们牢记。斯科普斯的"罪行"微不足道，他的审判也未能打破任何法律基础，辩方也没有赢得辉煌的胜利，但这场在美国南部炎热的夏季中进行的审判象征了那个时代，并最终成为一个伟大的故事。

1925 年 7 月，在美国田纳西州，教师约翰·T. 斯科普斯接受审判，该审判被戏称为"猴子案件"，因为争论的焦点是斯科普斯在课堂上教授进化论。

⚖ 对比利·米切尔军事审判为何如此有名？

　　1925 年，威廉·比利·米切尔的军事审判因被告公开对美国军方发表有争议的批评而成为新闻头条。

　　亲身经历了第一次世界大战的美国将军米切尔坚信，美国未来的军事力量取决于空军。他曾指挥美国空军远征欧洲，甚至向约翰·珀欣将军提出用降落伞在德国后方投放部队的建议，珀欣将军驳回了这一想法。战争结束后，1921 年，米切尔宣称："任何未来战争的第一场战斗都将是空中战斗。"当美国海军和陆军部门拒绝发展空军时，米切尔直言不讳地批评他们，指责军方无能，玩忽职守，并指责政府的行为是叛国行为，言辞极其激烈。米切尔因不服从命令和"行为可能给军队带来不信任"而被指控，审判于 1925 年 10 月 28 日开始。经过长时间的听证，同年 12 月 17 日，米切尔被判有罪，并无薪停职 5 年。美国国会介入此事，提出联合决议案以恢复米切尔的军衔，但美国总统卡尔文·柯立芝支持法庭的决定。米切尔随后辞职。他回归平民生活，但继续写作和演讲，表达他对空军的重视。他于 1936 年去世，未能看到他的预言成真：5 年后的 1941 年 12 月 7 日，日本突然空袭美国在菲律宾和夏威夷的军事设施。尽管美军迎难而上，参与了第二次世界大战，并建立了一支强大的空军，但许多人认为，如果多年前就采纳了米切尔的建议，那么军方本可以准备得更好。

⚖ 阿尔·卡彭为何受到审问？

20 世纪 20 年代，臭名昭著的美国黑帮分子"疤面"阿方斯·阿尔·卡彭带领犯罪集团在芝加哥为非作歹，最终因逃税被审判。

芝加哥警察无法因卡彭的犯罪活动（包括走私酒类、赌博、组织卖淫和谋杀）将其绳之以法，所以美国联邦调查局确定，起诉这个犯罪头目的唯一名义是违反税法。1931 年 10 月，芝加哥的法庭审理了卡彭的案件。他的 5 项逃税罪成立，被判处 11 年监禁，并被处以 50 000 美元的罚款及 30 000 美元的法庭费用。他的第一个牢房在伊利诺伊州库克县监狱，允许他享有私人淋浴、电话、电报等奢侈待遇，甚至可以接受"幸运儿"卢西亚诺和"荷兰人"舒尔茨等其他黑帮成员的访问，但卡彭最终被移监到位于旧金山湾的恶魔岛，在那里他没有任何特权。1939 年，卡彭被释放，此后在迈阿密海滩与妻儿共度余生。据说他一直被臆想出来的杀手所困扰。

⚖ 纽伦堡审判是什么？

第二次世界大战结束后，纳粹德国的 22 位领导人在纽伦堡的中央法院接受审判。国际军事法庭于 1945 年 11 月 25 日开始审理，直到次年的 9 月 30 日审理结束，判决于 10 月 1 日宣布。同盟国有意选择了纽伦堡，这个已被轰炸成废墟的城市曾经是纳粹的权力中心。

虽然包括苏联领导人约瑟夫·斯大林在内的许多人认为，希特勒的党羽应该直接被执行死刑，刑前受审只是展示一下司法流程，但另一些人，特别是美国首席检察官罗伯特·杰克逊，认为必须遵守法律程序。美国的观点占了上风。

法庭以 4 项罪名起诉了 23 名纳粹领导人：策划、准备、发动或进行战争罪，参与实施战争的共同计划罪，战争罪，以及违反人道罪。其中一名被告，罗伯特·莱伊，在审判开始前在狱中自杀。此案基于大量书面证据，如命令、报告、清单、日志、信件和日记——德国人严格记录了他们的邪恶行径。文件以外，还有平民的证词。一名德国承包商出于好奇跟随一支纳粹队伍来到一个堤坝，发现那里有数千名犹太男性、女性和儿童被射杀并埋在一个坑里。一名从奥斯威辛集中营幸存下来的法国女性回忆起一个夜晚"孩子们被活生生地扔进火炉里"，因为纳粹把燃料用完了。这些暴行恐怖到不可思议，纳粹受害者数量惊人，其中包括 370 万死在狱中的苏联军人（有 570 万苏联军人被俘）、400 万死在集中营的犹太人，以及至少 200 万在集中营外被谋杀的犹太人。辩方被禁止使用"你也做了"这样的论点，不然他们就会声称所做的一切都是战争的一部分，以此来为己方辩护。同盟国决心将纳粹绳之以法，惩处他们令人发指的恶魔行为。

在纽伦堡受审的人中包括希特勒的指定接班人赫尔曼·戈林（一位《纽约客》记者称他为"一个没有良知的大脑"）、外交部长约阿希姆·冯·里宾特洛甫和装备部长阿尔伯特·斯佩尔。5 人被指控所有 4 项罪名（包括戈林和里宾特洛甫），被判处绞刑。6 人被指控犯有违反人道罪，被判处绞刑。（还有一个人，马丁·博尔曼被缺席审判，并被判处绞刑——如果找到他时他还活着的话。）另外还有 7 人也被判 1 项或 2 项罪名成立，并被判处监禁，刑期从 10 年到终身不等。3 人被判在 4 项罪名上全部无罪，被释放。戈林逃脱了绞刑：尽管狱卒密切监视他，但他设法弄到了一瓶氰化物，并在预定执行死刑的几小时前吞下。除了在逃的博尔曼之外，10 名纳粹领导人在纽伦堡中央法院的监狱健身房中搭建的 3 个绞刑架上被绞死。

纽伦堡审判巩固了战时领导者的犯罪及不道德行为也会受到国际法制裁的原则。

⚖ 阿尔杰·希斯为何受到审判？

美国政府官员阿尔杰·希斯在 1949 年和 1950 年因伪证罪受审。他的第一次审判以陪审团无法达成一致意见而结束，第二次审判以有罪判决告终，他被判处 5 年监禁。希斯服刑 4 年 8 个月后被释放。至今，许多人仍然认为希斯是被共和党政治家陷害的，这些政治家指控美国总统哈里·杜鲁门的政府雇用了苏联特工。这个充满政治争议的案件包含了诸多阴谋，包括《时代》杂志高级编辑的证词，此人后来被揭露作了伪证，在 14 年的时间里使用了至少 7 个不同的化名；藏在农田中一个被挖空的南瓜里的微缩胶片；以及一台旧打字机。后来发现这些证据和证词很可能都是被捏造的。

希斯的案件是在众议院非美活动调查委员会进行调查时提出的。1948 年，冷战还在持续，不信任情绪高涨。当一个名叫惠特克·钱伯斯（《时代》杂志的编辑）的男子出现在众议院委员会前，声称希斯曾作为信使将机密政府文件送到苏联时，时任卡内基国际和平基金会主席的希斯成了调查的对象。他被起诉并接受审判。尽管他作为政府官员有着杰出的职业生涯（他在美国国务院任职了 11 年），一系列证词证明了他正直、忠诚和诚实的品行，他本人也强烈否认针对他的指控，但是检方还是设法带来了足够的证据，让第二个陪审团相信，希斯说他被诬告是个谎言。（希斯的第一次审判中，陪审团经过 14 小时以上的争论后仍未达成一致意见。）

即使在希斯被定罪后，希斯的律师也不知疲倦地为其上诉，但均遭到拒绝。1957 年，希斯出版了他对该案的回忆录《在舆论的法庭上》，重申了自己是清白的。然后在 1973 年，水门事件听证会期间，前白宫法律顾问约翰·迪安说出一系列爆炸性证词，包括他听到理查德·尼克松总统说的话："打字机总是关键……我们在希斯案中就放了一个。"1988 年，希斯再次出书，书名为《一生的回忆》。4 年后，即 1992 年，87 岁的希斯向俄罗斯政府申诉，请求检查他们的情报档案库，看看有什么内容能揭露他的特工身份；回应是"没有一个文件"能证实希斯与苏联情报组织合作的指控。同年，希斯的儿子托尼在《纽约客》杂志上发表了一篇文章，题为《我父亲的荣誉》。

1953 年，朱利叶斯和埃塞尔·罗森伯格在被判间谍罪成立后，被送往新新监狱。

⚖ 罗森伯格夫妇为何受到审判?

朱利叶斯和埃塞尔·罗森伯格夫妇因间谍罪而受审。1950 年，罗森伯格夫妇被逮捕，被指控向苏联传递核武器数据，使苏联人能够制造出自己的原子弹。1949 年 9 月 23 日，美国总统杜鲁门将苏联引爆第一颗原子弹的消息宣布给美国公众。随着美国可能成为原子弹攻击的受害者这一认识的加深，冷战引起的焦虑感进一步上升。公民被鼓励建造防空洞，学校的孩子们参加防空演习，民防电影（如《如何在原子弹爆炸中活下来?》）不断放映，城镇测试居民在"原子弹"爆炸时的反应。

与此同时，从新墨西哥州洛斯阿拉莫斯的曼哈顿计划中泄露的绝密信息，追踪到纽约市机械车间老板朱利叶斯·罗森伯格、他的妻子埃塞尔·罗森伯格和妻弟戴维·格林格拉斯。历史学家多里丝·卡恩斯·古德温写道："矮小丰满的罗森伯格夫人看起来更像我朋友的母亲，而不是一个国际间谍。"实际上，这是美国平民首次被指控为间谍，审判也在各国上了头条新闻。尽管涉案人员并不止罗森伯格夫妇两人，但他们受到的惩罚是最重的。由于他们拒绝坦白，罗森伯格夫妇被判处死刑。在宣判时，法官欧文·考夫曼指责这对夫妇"改变了历史的进程"。这个判决震惊了世界。1953 年 6 月 19 日晚上，他们被处以电刑，当时纽约联合广场上聚集了大约 10 000 名抗议者。

⚖ 克拉伦斯·厄尔·吉迪恩审判有何持续影响？

在美国佛罗里达州巴拿马城，一名 51 岁的流浪汉克拉伦斯·厄尔·吉迪恩因盗窃罪被起诉，在 1961 年和 1963 年经历了两次审判。但重要的是两次审判之间发生的事情，这对今天的每个美国人都至关重要。

吉迪恩被控抢劫香烟机和自动唱机，此案本可能只是美国司法系统日常业务中相当普通的一案，但当被告成功主张他被拒绝提供律师，导致其宪法权利被剥夺时，这个案件创造了历史。尽管吉迪恩所受教育有限，但在 1961 年被判有罪后，他意识到自己应有的权利遭到了剥夺，于是向美国最高法院申诉，称他的公平审判权（由第六修正案保障）被侵犯：因为他无法雇用律师为自己辩护，所以审判不公平。最高法院每年收到的诉状成千上万，不知怎的这份诉状脱颖而出。最高法院听取了吉迪恩的案件事实，并同意了他的结论，称之为"显而易见的真理"，并明确指出"任何被带到法庭的人，如果他太穷而不能雇用律师，那么除非为他提供法律顾问，否则不能保证他得到公平的审判"。对于吉迪恩来说，这个意见使得第一次审判的结果被推翻；对于其他美国人来说，这是一个保证，即无论犯何罪，被告都将被保证有辩护权利。在吉迪恩得到辩护律师后，此案在 1963 年重新审判。他的全部指控均被宣判不成立。

⚖ 米兰达警告是什么？

许多美国人是从电视剧中知道米兰达警告的。对被逮捕者要宣读一段他的权利："你有权保持沉默。如果你不保持沉默，那么你所作的任何陈述都可能作为对你不利的证据。你有权在受审时请一位律师。如果你付不起律师费的话，我们可以给你请一位。你是否完全了解你的上述权利？"

1963 年，墨西哥人埃内斯托·米兰达被控抢劫和强奸，审判之后，向被告宣读其权利成了一项要求。米兰达被判抢劫罪和强奸罪，分别被判处有期徒刑 20 年和 30 年。但是，米兰达的法庭指派律师阿尔文·摩尔，通过对一名警察的询问，揭露了被告没有被告知其享有律师服务权利的事实。该警官在 2 小时的审讯后取得了米兰达的书面供词。摩尔确信，由于未通知被告其权利的程序错误，供词不应被法庭接受，因此将米兰达案一路上诉至美国最高法院。1966 年 6 月 13 日，最高法院以 5 票对 4 票裁定摩尔是对的。首席大法官厄尔·沃伦重申："在审问任何人之前，必须告知此人他有权保持沉默，他所作的任何陈述都可能作为对他不利的证据，以及他有权……请一位律师。"

米兰达的第一次审判结果被撤销。1967 年，他在亚利桑那州再次受审。但是，检方获得了新的证据：与他不和的女友的证词。女友证称米兰达向她承认了他曾犯下强奸罪。米兰达被定罪，并再次被判处有期徒刑 20 年和 30 年。后来米兰达获得假释，于 1976 年 1 月在一场酒吧斗殴中死亡。警官、法院和被告仍然记得这个案件的重要性——即使他们可能不记得米兰达的名字或所犯的罪行。

⚖ 罗诉韦德案的裁决为何有争议？

1973 年，美国最高法院对罗诉韦德案的裁决使堕胎在美国合法化，并可能引发了 20 世纪后期任何其他法律裁决都比不上的公众争议。女性是否应该获得安全堕胎的权利依旧是辩论的主题，还激发了过激的反堕胎人士针对执行堕胎的医生和妇女健康诊所的办公室工作人员的暴力行为。发表多数意见的 7 位最高法院大法官收到了成千上万封仇恨信，其中一些还带有恐吓性质。

1969 年，21 岁的诺玛·麦科维代表所有怀孕女性提起诉讼，将得克萨斯州政府告上法庭。她使用"简·罗"的化名，声称得克萨斯州的堕胎禁令（自 1859 年以来一直有效）侵犯了她和其他女性的宪法权利。案件中的另一方是得克萨斯州地区检察官亨利·B. 韦德，他主张维护得克萨斯州法律，该法律惩罚任何提供堕胎服务的人。尽管裁决即使对麦科维有利，也来得太晚，对她毫无帮助，无法终止她不情愿的怀孕，但她的律师琳达·科菲和萨拉·韦丁顿还是接了这个案子。

这里通过原告在最高法院前的辩论来总结案件的关键。1971 年 12 月，韦丁顿辩称得克萨斯州迫使女性生育，侵犯了女性控制自己生活的权利，因此，这违反了美国宪法第十四修正案，该修正案禁止各州"制定或执行任何法律，以减损公民的特权或豁免权"。面对辩方声称胎儿有权受到保护的主张，韦丁顿断言："我所理解的宪法……受保护的权利是从出生开始的。"这些论点与辩方的论点一起，被两次提交给最高法院。第一次提交之后，当时的 7 位大法官认为如此重要的决定应该在 2 位新任命的大法官到任之后再做出。1972 年 10 月，该案再次被审理。结果，2 位新法官 1 位赞成 1 位反对。1973 年 1 月 22 日，哈里·布莱克门大法官宣读多数意见：美国最高法院推翻了所有限制女性获得堕胎服务的州法律。

最高法院认为，现有的禁止堕胎的法律是为了保护美国女性的健康（因为堕胎之前是一种风险较高的医疗程序）而制定的，随着医学的进步，这种保护不再必要或有效。法院还认为，美国宪法中隐含隐私权，如在"第十四修正案的个人自由概念……或第九修正案对人民权利的保留，支持女性可以做出终止妊娠的决定"。2 位大法官持不同意见，拜伦·怀特大法官写道，法院维持了一个立场："比起胎儿的生命，他们更重视心血来潮或贪图享乐的准妈妈的任性。"几十年后，人们依旧对堕胎持有不同观点。

1973 年 1 月 22 日，数百名群众抗议美国最高法院对罗伊诉韦德案的裁决，该裁决推翻了堕胎违法的州法律。

⚖️ 阿伯斯坎是什么？

阿伯斯坎是美国联邦调查局进行的一项秘密行动，旨在揪出腐败的政府官员并起诉他们。1978 年，特工开始冒充阿拉伯商人的驻美代表，虚构了一家阿卜杜勒有限公司，希望收买美国政客。陷阱就此设立。第一个被捕的是宾夕法尼亚州的国会议员迈克尔·"奥齐"·迈尔斯，他接受了 5 万美元贿赂，并说："我要告诉你一件非常简单明了的事情——在这行里，钱说了算。"这些都被拍摄了下来。也有其他官员落入了这项秘密行动的圈套。他们都因受贿和共谋的指控而被逮捕。第一场审判于 1980 年开始。没有一个官员被宣判无罪，大多数人面临罚款和 / 或监禁，所有人都丢了职务。阿伯斯坎的大网捕获了 1 名美国参议员、6 名国会代表、1 名市长、3 名费城市议会成员、1 名移民归化局检查员、1 名律师、1 名会计，以及他们的许多同伙。美国联邦调查局的行动以及随后的审判和惩罚向任何可能受影响的公职官员发出了警告。

⚖️ 哪些案件可以被提名 "20 世纪审判"？

20 世纪临近尾声之际，美国的历史学家、法律专家和公众都在考虑在众多被称为 "20 世纪审判" 的案件中，究竟哪一个能真正得到这一称号。但每个人使用的标准各不相同：有些人认为是最广为人知的审判，有人认为是影响最深远的审判，有人认为是最能象征一个时代的审判，有人认为是激发了最多公众辩论的审判。还有人寻找一个 "包罗万象" 的案件：广为人知，影响深远，象征一个时代，并且结果具有争议性。

被提名的案件有：

1907—1908 年哈里·陶的案件：他的律师在 2 次庭审中（第一次以陪审团意见不一致结束），试图说服陪审团陶先生患有 "美国式痴呆症"，这是一种据称仅限于美国男性的状况，导致陶无法控制地想要杀害一名与他妻子有染的男人。此案将 "因精神错乱而无罪" 推到了一个新的高度。最后这位受过哈佛大学教育、出身富裕的陶被宣告无罪。

1921 年尼古拉·萨科和巴尔托洛梅奥·万泽蒂的案件：这两位出生于意大利的无政府主义者被判谋杀罪和抢劫罪成立，引起舆论哗然。尽管很多人相信他们是清白的，世界各地的城市中为此举行了示威游行，但他们还是于 1927 年 8 月被执行死刑。50 年后，美国马萨诸塞州州长迈克尔·杜卡基斯承认了二人受到不公正的审判，洗清了他们的罪名。

1935 年布鲁诺·理查德·豪普特曼的案件：这位出生于德国的被告，被指控于 1932 年 3 月 1 日从著名飞行员查尔斯·A. 林德伯格和安妮·马罗·林德伯格的家中（位于美国新泽西州霍珀韦尔）绑架了他们 20 个月大的儿子，并将其杀害。孩子失踪后，全世界都在祈祷孩子能安全归来。但 5 月 12 日，在距离林德伯格家 2 英里（约合 3.2 千米）处发现了幼儿的尸体。公众愤怒地索要正义。出现的证据将豪普特曼牵扯了进来，他于 1935 年 1 月 2 日—2 月 13 日受审。他被判有罪，被处以电刑。有影响力的记者 H.L. 门肯指出，这次审判几乎完全依据间接证据，氛围如"马戏团般"，是"自耶稣复活以来最大的新闻"。许多人仍然相信官员们对豪普特曼的案子处理得过于草率，并坚信他是被陷害的。

1931—1937 年所谓的"斯科茨伯勒男孩案"：9 名年龄在 12 到 20 岁之间的黑人男子，在亚拉巴马州东北部一列 42 节车厢的火车上被捕，并被迅速指控强奸了 2 名白人女性。经医疗鉴定，没有迹象显示这 2 名女性被强奸，甚至没有在涉案的时间内进行过性行为的迹象。尽管有压倒性的证据和证词证明他们的清白，但当时还在实行种族隔离的南方，公众舆论让法庭做出 9 人中的 8 人有罪的裁决。

1995 年前橄榄球运动员 O.J. 辛普森的案件：辛普森被指控谋杀前妻妮科尔和她的朋友罗纳德·戈德曼，并被宣判无罪。有人指出这次审判包含了所有要素："女性、少数族裔、公众兴趣、家庭暴力、堕落的英雄"，并通过现场媒体报道"将法庭系统呈现给公众"。

在考虑这个问题时，一定会提及的其他案件包括：利奥波德和勒布的谋杀案；臭名昭著的斯科普斯"猴子案件"，它呈现了信仰与理性、宗教与科学、传统与现代的对立；纽伦堡审判，为对战犯的公正审判制订了程序；阿尔杰·希斯的案件，他"要么是一个叛徒，要么是由于手握高层的政治优势而成为陷害的受害者"；以及罗森伯格间谍案。

毫无疑问，再长的列表也会有遗漏的重要案件。这个问题不存在一个明确的答案。

对环城公路狙击手案主犯的判决是什么？

2002 年 10 月，在华盛顿周边地区发生枪击案，导致 10 人死亡，3 人重伤，引发了一系列法律活动。2003 年底，2 名男子在弗吉尼亚被分开审判，被陪审团判定有罪：约翰·艾伦·穆罕默德被判处死刑，而共犯李·博伊德·马尔沃因为在枪击案发生时未成年，故未被判处死刑，而被判处无期徒刑，不得保释。2004 年 10 月，在另外 2 起环城公路狙击手案的审判中，马尔沃又被判处无期徒刑，另外因滥用枪支被判处 8 年监禁。

2002 年 10 月 24 日，穆罕默德和马尔沃因环城公路狙击手案被逮捕。这些随机枪击事件让华盛顿周边的居民感到恐慌，并吸引了全国的关注。第一起杀人案发生于 10 月 2 日晚上，地点是马里兰州惠顿的一家杂货店的停车场内；在接下来的 16 小时内又发生了 4 起枪击事件，又有 4 人死亡。到了 10 月 22 日，又发生了 8 起枪击事件，其中 3 名受害者幸存了下来。日常生活中的普通人成为袭击目标：在加油站加油时，在停车场往车里装东西时，到校时，过街时。调查人员发现了一些线索，在 2002 年 10 月 23 日发出了针对穆罕默德和马尔沃的逮捕令。次日清晨，他们在马里兰州一个路侧停车处被捕。

这两名男子在华盛顿特区以及多个州面临指控。除了弗吉尼亚州和马里兰州外，这对凶手还与华盛顿州、路易斯安那州、亚拉巴马州和佐治亚州的犯罪活动有关。

这起连环枪击案引发了公众的高度关注，增强了控枪游说团体的力量。根据美国联邦法律，穆罕默德和马尔沃都不能购买枪支，他们在杀人案中使用的武器是从华盛顿州塔科马的一家枪支店偷来的。布雷迪防止枪支暴力中心代表受害者及其家属将枪支店老板和枪支制造商告上了民事法庭。2004 年，该案达成了 250 万美元的和解协议。

⚖ "9·11" 的同谋者有被宣告有罪的吗？

有，但只有一个人：法国公民扎卡里亚斯·穆萨维因与 2001 年 9 月 11 日造成近 3 000 人死亡的袭击有关，在美国弗吉尼亚州亚历山大市的法院上被定罪。

穆萨维在美国明尼苏达州接受飞行训练时，一名飞行教练举报了他的可疑行为。2001 年 8 月，穆萨维被美国联邦调查局拘留。在 9 月的恐怖主义袭击之后，穆萨维仍被拘留，被认为有可能是第二十名劫机者（"9·11" 事件当天的 1 个航班上只有 4 名劫机者，其他 3 个航班每个都有 5 名）。在接下去的 3 年中，这名恐怖分子嫌疑人把他的审判弄得极富戏剧性：穆萨维侮辱了审理他案件的地方法院法官，试图解雇他的律师，并且一度死不认罪。2005 年 4 月 22 日，穆萨维在一个人满为患的法庭中承认了自己的罪行，案件终于闭幕。

第2章
经济与商业

经济学理论

💰 资本主义是什么？

资本主义的基石是私有财产（资本货物）；财产和资本为其所有者创造收入；个体和公司之间公开竞争，每个人都追求经济利益（因此竞争决定了价格、生产和商品分配）；这一体系中的人是以盈利为驱动的（即赚取利润是主要目标）。

没有纯粹的资本主义体系，政府或多或少会参与监管。美国的经济高度资本主义化，许多其他工业化国家的经济也是如此，比如英国。

💰 自由放任主义是什么？

自由放任主义是一种经济学学说，反对政府干预经济和商业事务，或至少希望将政府的干预保持在最小限度。自由放任主义崇尚自由市场（以公开竞争为特征的市场体系）。18世纪晚期，作为对重商主义的回应，自由放任主义的学说尤为流行。著名的苏格兰经济学家亚当·斯密是自由放任主义的倡导者之一。

💰 重商主义是什么？

中世纪末期，随着封建制度的解体，重商主义发展起来，它主张政府对国家经济实行严格的控制。其支持者认为，健康的经济只能通过国家调控来实现。其目标是积累金银货币，与其他国家建立有利的贸易平衡，发展国家的农业和制造业，以及建立对外贸易政策。

亚当·斯密是谁?

苏格兰经济学家亚当·斯密在当今保守派经济学家中很受欢迎。1776 年,他在英国格拉斯哥大学任教时,撰写了《国富论》。书中提出了一种完全自由的商贸体系,即自由市场经济。他在书中写道:"所有生产的唯一目的和宗旨就是消费。只有当促进消费者的利益必须考虑生产者利益的时候,生产者的利益才会被重视——也只有在这种情况下,才需要重视。"

《国富论》奠定了古典政治经济学的基础,但是因没有意识到正在进行的工业革命而备受批评。斯密提倡自由市场竞争与有限的政府干预,同时他还认为失业是一种必要的社会问题,它可以限制成本——当然也就限制了价格。

 ## 凯恩斯经济学是什么?

凯恩斯经济学是英国经济学家和货币专家约翰·梅纳德·凯恩斯的理论集合,他在1935 年出版了其里程碑式的作品《就业、利息和货币通论》。作为一位宏观经济学家(他研究的是一个国家的整体经济),凯恩斯对许多自由市场经济的理论表示反对。他认为为了确保增长和稳定,政府需要参与国家经济的某些方面。他赞成政府干预财政政策,他支持在经济衰退时期用赤字开支、放宽货币政策和政府公共工程计划(如美国总统富兰克林·D. 罗斯福的新政)促进就业。凯恩斯的理论被认为是 20 世纪最有影响力的经济学说。

凯恩斯在第二次世界大战期间在英国战争融资中发挥了中心作用,他参加了 1944 年的布雷顿森林会议,努力赢得了会议对创立世界银行的支持。1945 年,作为联合国的一个专门机构,世界银行成立。其宗旨通过为各国提供担保贷款、向发展中国家提供宽松的信贷条件以及为欠发达国家提供风险资金以推动其私营企业发展,进一步促进经济发展。值得注意的是,凯恩斯是 1919 年巴黎和会的关键代表之一,巴黎和会上签订了《凡尔赛和约》,正式结束了第一次世界大战。他不满于和会的一些条约,辞去代表一职,返回伦敦过起私人生活,并在 1919 年出版了《和平的经济后果》,书中他反对条约对德国要求的过度的战争赔偿。凯恩斯预见到第一次世界大战结束时对德国的极端惩罚必将导致欧洲未来的冲突。

货　币

货币出现于何时？

货币的使用可以追溯到大约 4 000 年前，当时人们开始使用一些公认有价值的东西，如黄金和白银等贵金属，来购买商品和服务。在没有货币的情况下，所有的交易都是基于物物交换系统进行的，即参与方经过协商交换商品和服务。货币的出现简化了商品和服务的交易过程。一般认为，位于小亚细亚（今土耳其）西部的吕底亚王国，在公元前 7 世纪首次使用标准化的金银币。

纸币出现于何时？

纸币首次出现在中国，当时正值欧洲中世纪时期。9 世纪，中国商人使用纸币作为交易凭证，后来也用纸币向政府纳税。直到 11 世纪，还是在中国，纸币第一次由金银（称为"硬通货"）储备做支持。

八里亚尔是什么？

八里亚尔（亦称比索）是流通于美洲殖民地的西班牙银币，与其他硬币一同使用。由于新大陆的居住点都是其母国（英国、西班牙、法国、葡萄牙和荷兰）的领地，新大陆没有自己的货币系统。英国禁止其美洲殖民地发行货币。殖民地居民使用他们能够得到的任何外国货币。八里亚尔（来自西班牙）、里亚尔（来自西班牙和葡萄牙）和先令（来自英国）都在流通中，其中八里亚尔是最常见的。这种西班牙银币得名于它值 8 里亚尔，一度上面还印有数字 8。

在殖民地经常出现货币短缺的情况，这通常是因为与欧洲的贸易赤字。殖民地向欧洲供应原材料，从欧洲进口成品，导致了贸易失衡。由于货币稀缺，大多数殖民地居民只能进行物物交换，互换商品和服务。1652 年，马萨诸塞成为第一个自行铸币的殖民地；当年英国的王位空缺。尽管英国严格禁止殖民地自行发行硬币，但马萨诸塞的清教徒在之后的约 30 年里继续铸造自己的货币，并在硬币上标记 1652 年以规避法律。

大陆币是什么？

大陆币是美国政府在独立战争时期发行的纸币。《独立宣言》发表以来，第二届大陆会议管理着这个新生的国家，并领导着对抗英国的战争。由于尚未制定宪法，大陆会议没有征税的权力。因此，它呼吁各州为战争提供资金援助。然而，有些州没有面临迫在眉睫的危险，尚无战事发生，这些州往往并不响应这一号召。这个新生国家的许多名流依然忠诚于英国，拒绝资助美国的爱国事业。然而，购买补给品、弹药，以及支付士兵工资都需要资金。为了资助独立战争，大陆会议被迫发行纸币，并向持有者承诺未来以白银偿还。但随着大陆会议发行的大陆币越来越多，由于没有足够的白银来兑现承诺，货币开始贬值。到了 1780 年，由于流通太多，大陆币几乎一文不值。美国人用"不值一个大陆币"来形容任何没有价值的东西。为了缓解财政危机，一些爱国公民捐献了资金；作为交换，政府会给他们相应的有息证券。但资金依然短缺。独立事业所面临的资金问题一直未能解决，直到外国势力介入，资助这个新兴国家对抗强大的英国，特别是来自法国的贷款，对美国赢得战争帮助良多。

野猫银行是什么？

野猫银行是美国从 19 世纪初到南北战争期间运营的州立金融机构，由于执行自由放款政策，发行没有金银支持的纸币，因而被称为野猫银行。美国第二银行存在于 1816—1836 年，这段时间里，美国联邦银行得以控制当时在西部和南部地区占有绝对优势的野猫银行，要求它们只发行能够兑换成硬币的纸币。但是，当美国第二银行的营业执照在 1836 年到期后，野猫银行又恢复了不规范的银行业务。在购买边境土地的热潮中，纸币发行与借贷变得毫无章法。由于这些不规范的金融机构根据自己的需要随意放宽或收紧货币供应，国家通货价值波动很大。而且，众多银行都在发行自己的纸币，这就带来了另一问题：伪造货币。谁也无法辨别真正的银行货币与制造精良的假币之间的不同。

由于通货膨胀严重，土地投机猖獗，1836 年 7 月 11 日，决心整治野猫银行的美国总统安德鲁·杰克逊颁布了《铸币流通令》，命令政府机构只接受金银作为买卖土地的支付方式。当希望购地的买家（尤其是西部）带着纸币到州立银行兑换硬币时，他们发现银行放钱的抽屉是空的，持币者被告知他们的纸币不能兑换。一家家银行相继破产，造成 1837 年的金融恐慌。但是许多州立银行仍在经营，控制纸币的问题依旧困扰着美国。

《美国国家银行法》是什么？

1863 年通过的《美国国家银行法》旨在创造一个国家银行体系，发行联邦战争债券，建立国家货币体系。美国国会通过该法案以缓解美国南北战争初期出现的金融危机：军费高昂，然而北方并无有效的税收制度为战争提供资金保障。1861 年 12 月，各家银行暂停了硬币支付业务，人们无法再将纸币换成硬币。政府随即通过了《法定货币案》（1862 年），发行了 1.5 亿法定纸币，被称为绿背纸币。但是，州立银行发行的纸币还是占了流通中的货币的绝大部分。

为确保国家金融稳定，为战事提供资金，1863 年 1 月，参议院通过《美国国家银行法》。美国财政部长萨蒙·蔡斯在美国俄亥俄州参议员约翰·舍曼的支持下，将这一法案提交到了国会。参议院以 23 比 21 的微弱优势通过了议案，众议院于 2 月通过了立法。该法案框架下组建的国家银行必须购买政府发行的债券作为启动条件。一旦这些债券被存入联邦政府，银行就可以发行纸币，价值最多可达这些债券市值的 90%。

《美国国家银行法》改善了国家的财务问题，但没有完全解决问题。有 1 500 家州立银行一直在发行银行纸币，按照补充法案（1864 年 6 月通过，以修改原始的银行法案）被改制成国家银行。其他州立银行因为 1865 年通过的法案被迫停业或停止发行纸币——该法案对它们发行的纸币征收 10% 的联邦税，这使得州立银行自己发行货币无利可图。该法案创造了 3 亿美元的国家货币——以国家银行发行的纸币的形式存在。但这些货币大部分都分布在美国东部，所以其他地区的货币供应仍然不稳定。西部需要更多的货币——这成为美国南北战争后美国政治中的主导问题。尽管如此，美国国家的银行系统大体上没有变化，哪怕在经历了 1873 年的恐慌之后也基本保持不变，直到 1913 年通过《美国联邦储备法案》。

绿背纸币是什么？

绿背纸币是美国政府在南北战争时期印制和发行的纸币。庞大的军事开支迅速耗尽了国家的实物货币（金银）储备。因此，政府在 1862 年通过了《法定货币案》，暂停了硬币支付业务，并规定发行纸币。由于这些纸币的信用仅依赖于政府的支付承诺，人们不无讽刺地认为这无异于它们的信用仅依赖于印刷它们的绿色墨水，故而得名绿背纸币。其实，这些纸币的价值取决于美国人民对政府的信心（以及政府将来把纸币兑换成硬币的能力）。北方和南方之间的战事渐紧，美国人对政府的信心起伏不定：只要北方战败，绿背纸币的价值就会下跌——一度低至 1 美元纸币价值 35 美分。

南北战争结束后，绿背纸币仍然流通，最终在 1878 年恢复了全值。在 1873 年的金融危机之后，许多人（特别是西部农民）呼吁政府发行更多绿背纸币。支持这种货币系统的人组成了"绿背党"，1876—1884 年活跃于美国政坛。他们认为，通过发行更多的绿背纸币，美国政府就能更轻松地偿还债务，物价也会攀升，最终带来繁荣。

💰 联邦储备是什么？

联邦储备是美国的中央银行体系，根据 1913 年美国国会通过的《联邦储备法案》（亦称《欧文–格拉斯法案》）创建。1863 年通过的《美国国家银行法》所建立的体系在管理国家货币、应对经济增长或对经济施加影响方面都已无效时，《联邦储备法案》提供了一个稳定的中央银行体系。

《联邦储备法案》创建了 12 个地区性的联邦储备银行，分别位于马萨诸塞州的波士顿、纽约州的纽约、宾夕法尼亚州的费城、俄亥俄州的克利夫兰、弗吉尼亚州的里士满、佐治亚州的亚特兰大、伊利诺伊州的芝加哥、密苏里州的圣路易斯、明尼苏达州的明尼阿波利斯、密苏里州的堪萨斯城、得克萨斯州的达拉斯和加利福尼亚州的旧金山。这些机构是"银行的银行"：成员银行（商业机构）使用它们在联邦储备银行的账户，就像消费者在商业银行存款，使用他们的账户一样。所有的国家银行都必须是联邦储备系统的成员，州立银行可以在满足某些条件后加入该系统。

《联邦储备法案》还设立了美国联邦储备委员会来监管这一系统。委员会由 7 名成员组成，他们都由美国总统任命并得到参议院的批准。为了尽可能避免缺乏远见的政治影响，规定任期每 2 年一届，7 位成员交替上任完成 14 年的任期。

美国联邦储备系统的职责包括向商业银行借款、指导储备银行在公开市场上买卖美国政府债券、设定储备需求（美国财政部需要保持多少货币）以及调整贴现率（联邦储备向商业银行收取的贷款利率），最后一项是该系统作用于经济的最主要影响之一。在执行这些职责时，联邦储备系统可以扩充（放宽）或收紧（紧缩）流通中的货币供应量。联邦储备系统还负责发行美国国家货币，并监督和调节银行及其控股公司的活动。它于 1914 年 11 月开始运行。

💰 自动柜员机出现于何时？

如今无处不在的自动柜员机最早于 1967 年出现在英国巴克莱银行位于伦敦附近的一家分行。2 年后，美国的化学银行在纽约的罗克维尔中心装置了美国的第一台自动柜员机。自助银行业务在 20 世纪 80 年代稳步增长，并在 90 年代飞速发展，当时一些银行开始向通过柜台而非自动柜员机办理业务的客户收取费用。

 欧元出现于何时？

欧元于 2002 年 1 月 1 日开始流通，成为 12 个欧洲联盟国家的货币——奥地利、比利时、德国、法国、芬兰、爱尔兰、意大利、卢森堡、荷兰、葡萄牙、西班牙和希腊，成为超过 3 亿人日常生活的一部分。欧元的纸币和硬币取代了各国货币，使法国法郎、德国马克、西班牙比塞塔和意大利里拉等货币成为历史。

欧元的起源可以追溯到始于 1978 年的一系列国际协议，这些协议由当时被称为欧洲共同体的成员国签署。1986 年 2 月，签署了《单一欧洲法案》的国家同意构建统一货币体系的框架，创建"一个没有内部边界的区域，在这个区域内保证商品、人员、服务和资本的自由流动"。1989 年的《德洛尔报告》概述了分 3 阶段实施统一货币的计划。该计划的最后阶段始于 1999 年 1 月 1 日，当时 11 个属于欧洲联盟的国家（希腊尚未参加）确定了它们各自的国家货币与欧元之间的兑换率，创建了一个单一货币的货币联盟。随后是一个为期 3 年的过渡时期，在这一时期，金融交易可以用欧元进行，但没有强制要求。到了 2002 年 1 月 1 日，12 个参与国的中央银行共计发放了约 78 亿张欧元纸币和 404 亿枚欧元硬币，总值达 1 440 亿欧元。同时，每个国家开始回收本国原有货币。到了 2002 年 2 月 28 日，换币工作完成，即原有货币完全被撤回，只有欧元在市场上流通。

殖民地时期和建国初期的美国经济

 契约佣工是什么？

在殖民地时期的美国，有 2 种类型的契约佣工：自愿的和非自愿的。自愿的契约佣工通常有一技之长，但付不起前往殖民地的旅费，因此他们同意为某个殖民地的主人工作 4 ～ 7 年的时间以换取旅费。期满后，契约佣工变回自由人，而且通常情况下，前主人会送给他土地、工具或金钱。非自愿的契约佣工是被判一段时间劳役的罪犯、穷人或负债者。大多数契约佣工是非自愿的。非自愿的契约佣工为殖民地主人工作的时间通常比自愿的契约佣工长，一般为 7 ～ 14 年。但是，与自愿的契约佣工一样，非自愿的契约佣工在期满后也会获得土地、工具或金钱，并且成为自由人。

契约佣工的出现解决了 17 世纪早期美国殖民地劳动力短缺的问题。1618 年，一家合资企业弗吉尼亚公司提倡开发弗吉尼亚，采纳了一项基于"人头权利制"的新规章：能够自己支付跨大西洋旅费的英国人都将获得 50 英亩（约合 20.2 公顷）土地，他们的每个儿子和佣工也可以额外获得 50 英亩（约合 20.2 公顷）土地。其他殖民地也都相继采用人头权利制，只是授予的土地量各有不同。农场的数量超过了可耕作的劳动力，殖民地居民通过契约佣工制度解决了这个问题。

许多契约佣工来自英格兰、爱尔兰、苏格兰和德国。在欧洲港口，人们自愿或被迫与船长签订合同，船长将他们运送到殖民地后，再将合同以最高价转卖出去。大约一半的殖民地移民是契约佣工。殖民地法律确保佣工在服劳役期间完成其必须履行的义务，任何逃跑的佣工都会受到严厉惩罚。同时，法律也保护佣工，他们的主人有义务为他们提供住所、食物、医疗，甚至宗教培训。这一制度在美国东海岸中部的殖民地很普遍，在南方也有使用。17 世纪末，加勒比群岛经济衰败时，种植园主将他们的奴隶卖到了美洲大陆，这些奴隶主要在南方种植园做工，大约在 18 世纪左右取代了契约佣工。在其他殖民地，这一制度在美国独立战争结束时被废止。

三角贸易是什么？

三角贸易指的是殖民时期出现的多条航线，可运送人、货物（原材料和成品）和家畜。最常见的三角贸易航线始于非洲西海岸，在此装载黑奴；黑奴在第二站加勒比群岛（主要是英属和法属西印度群岛）被卖给种植园主，贸易商们再用赚到的钱购买糖、糖浆、烟草和咖啡；这些原材料会被运往北方的第三站——美洲新英格兰地区，那里的朗姆酒产业方兴未艾，贸易商们会在这里装上烈酒，然后跨越大西洋返回非洲西海岸，继续下一轮三角贸易。

其他贸易路线包括：1. 工业品从欧洲运往非洲海岸；黑奴从非洲海岸运往西印度群岛；糖、烟草和咖啡从西印度群岛运回欧洲，接着开始新一轮三角贸易。2. 木材、咖啡和肉类从殖民地运到南欧；葡萄酒和水果从南欧运到英国；工业品从英国运到殖民地，接着开始新一轮三角贸易。港口和物品需求有多少，贸易航线就有多少。

三角贸易的悲惨结果是约 1 000 万非洲黑人被贩卖、运输。在横渡大西洋期间（这段旅程被称作中央航路），这些人被铁链拴在甲板下，只有片刻的活动时间。黑奴的处境十分恶劣，后来有了些微改善，那是因为贸易商意识到，如果黑奴死于横跨大洋的漫漫旅途中，那么自己抵达西印度群岛后的利润就会受到影响。

17 世纪末，加勒比群岛的经济衰败之后，许多黑奴被贩卖到了北美大陆的种植园，开始了另一条悲惨的贸易航线。奴隶贸易在 19 世纪被废除，结束了对非洲人的捕抓，也结束了他们被迫移民西半球的命运。

美国烟草行业是如何起步的？

烟草，属茄科，是一种原产于美洲的植物。1492 年，克里斯托弗·哥伦布到达西印度群岛，他发现当地居民吸食一种卷起来的烟叶并认为"吸烟"有放松作用。返回西班牙时，哥伦布带回了这种植物的种子。1531 年，在西印度群岛的西班牙殖民地，烟草种植已经达到商业规模。1565 年，英国海军指挥官约翰·霍金斯将烟草引入英国。数十年后，吸烟被詹姆斯一世谴责为"卑鄙且恶臭的习惯"。

1610 年英国殖民者约翰·罗尔夫将烟草种子从西印度群岛带到他所定居的弗吉尼亚的詹姆斯敦，北美大陆才开始商业种植烟草。不久，罗尔夫成功培育出新的烟草品种，使烟草得以广泛出口。詹姆斯敦成为一座新兴城市，而征收出口税的英国国王詹姆斯也改变了对吸烟的看法。烟草种植很快在美国弗吉尼亚、马里兰以及北卡罗来纳的沿海区域盛行开来，成为这些殖民地的经济支柱。与其他作物诸如水稻和靛蓝等相比，烟草种植对土地或奴隶的要求不高，但它却会更快耗尽土壤养分，以致种植者们向位于蓝岭山和阿巴拉契亚山东侧的皮埃蒙特地区扩张土地。

1660 年，英国国会通过了《第二航海条例》，规定英属美洲殖民地所产烟草及其他物品只能出口到不列颠群岛。该立法致使烟草价格下跌，殖民地经济被削弱，引起了殖民地人民对英国的不满。但是欧洲需求不减，殖民地人民不顾《第二航海条例》的规定，很快恢复了出口。到了 1765 年，殖民地烟草出口价值几乎是面包和面粉出口价值的 2 倍，烟草已经成为南方种植园经济的一大特色，直到美国南北战争爆发。19 世纪，成立了雷诺烟草和美利坚烟草等一批公司。尽管一再宣传烟草（吸食或咀嚼）的危害，但烟草依然是美国南方的主要作物，生产烟草产品至今仍是其重要产业。

《航海条例》是什么？

1645—1761 年，英国议会先后通过了 29 项法案，旨在严格控制殖民地的贸易、运输及工业，以维护英国在美洲的利益。英国希望通过这些法案确保英属北美殖民地继续臣服于自己，但这些法案大都没能引起殖民地的重视。1645 年通过的第一项法案规定，向英国进口鲸油必须由雇用英国船员的英国船只运送。1651 年、1660 年和 1663 年相继通过的法律为《航海条例》奠定了基础。

《第一航海条例》（1651 年）与 1645 年的法案类似，但范围更广：它规定一切货物只能由英国（或英国殖民地）的船只运入英格兰、爱尔兰或殖民地。而且，殖民地沿海贸易也必须使用英国船只。

《第二航海条例》（1660 年）重申一切货物只能由英国船只运送，而且制订了一张必须直接运往英国的"指定商品"清单。其目的就是要阻止殖民地直接与其他欧洲国家进行贸易。英国要求殖民地将原料卖给英国商人，对于卖给其他国家的商品要征税。清单上列举的商品有：糖、棉花、烟草、靛蓝、稻米、糖浆、苹果和羊毛。

1663 年，英国议会通过了《市场法案》，对《航海条例》加以补充，规定殖民地直接从其他国家购买产品是非法行为，欧洲其他国家必须先将产品运到英国，或者交纳关税。

英国试图通过《航海法案》控制殖民地的进出口贸易。但是这些法律很难执行，殖民地很容易就能避开这些法律，走私行为猖獗。尽管直到美国独立战争前夕，英国都在不断出台新的法律，但都对殖民地经济影响甚微；该时期殖民地经济的增速达到了英国经济增速的 2 倍。

 ## 伊利运河的开通为何对美国经济发展如此重要？

伊利运河于 1825 年竣工，它连接了大西洋与五大湖，连接了美国的东部和西部，首次使货物和居民都可以轻松往返于各地区之间。

运河的建设始于 1817 年 7 月 4 日，美国纽约州州长德威特·克林顿计划并最终实施了此项巨大的建筑工程。这条水道由纽约州赞助，共投入资金逾 700 万美元。运河最初长 363 英里（约合 584.2 千米），宽 40 英尺（约合 12.2 米），深 4 英尺（约合 1.2 米）。它有 83 道水闸，这些水闸可以将哈得孙河和伊利湖之间的船只抬高 562 英尺（约合 171.3 米）。（水闸是运河的一部分，关闭水闸可以控制水位，这样就可以抬高或放低船只，使船只从一边进入另一边水域。）伊利运河始于美国纽约州奥尔巴尼的哈得孙河（在纽约注入大西洋），向西延伸至纽约州伊利湖畔的布法罗。

1825 年 10 月 26 日，"赛内卡酋长号"的航行标志着这条水道的正式开通。游客可搭载轮船，货物则可由驳船运送（驳船靠陆地上的骡队和马队牵引）。尽管有人将这项艰巨的工程谑称为"克林顿奇迹""克林顿沟"，但是大运河对美国经济的积极影响在运营后的 10 年内就显现了出来。它减少了东西航运的运费，使布法罗发展成一个地区的主要港口，纽约市则因此成了一个主要的国际港口。此外，它还推动了纽约州北部以及整个旧西北部人口的增长，促使其他州（俄亥俄州、印第安纳州、伊利诺伊州）也开凿运河，进一步推动了内陆地区的发展与商业化。由于这些肥沃农田的作物可以运输出去，而且更多的农田被开垦出来，因此伊利运河有助于向东部城市的新移民提供食物；相应地，东部则把工业制品运到西部的农场上。伊利运河在 1835—1862 年被数次拓宽以增大运力。1903 年，纽约州投票决定将伊利运河与州内 3 条较短的水路连起来，形成纽约州驳船运河，该运河于 1918 年开通。

带刺铁丝网的发明为何对美国西部开发如此重要？

带刺铁丝网的商业开发是美国发明家约瑟夫·格利登在 1874 年开始的。带刺铁丝网是由拧在一起的钢丝制成，形成类似刺一样的尖角。在美国西部，带刺铁丝网被广泛用于制作围栏。由于大平原上树木稀缺，因此农民没有足够的材料来制作木围栏。他们只能通过种植多刺的灌木来圈定土地，圈养牲畜。但是，这种方法有时候不起作用。带刺铁丝网出现后，农民得以以此圈定自己的土地。养牲畜的人对那些扎铁丝网的小农户很是生气：他们原先可以让牲畜在开阔的草原上闲逛。由于担心牧草会被吃光，农场主们也开始使用带刺铁丝网圈定土地，也不管他们是不是这些土地的合法拥有者。农场主之间以及农场主与农民之间的争端随之而起。1885 年，美国总统格罗弗·克利夫兰禁止了非法圈定土地的行为，命令官员从公共土地以及印第安保留地上撤掉带刺铁丝网。合法使用带刺铁丝网来圈定土地、划定界限的做法结束了无界牧场的时代，同时加速了大平原的农业发展。

<h1 style="text-align:center">自 然 资 源</h1>

美国最大的一次淘金热是哪次？

美国最大的一次淘金热始于 1848 年 1 月 24 日，詹姆斯·马歇尔在美国加利福尼亚的科洛马的萨特磨坊发现黄金时。1 年之内，一场大规模的淘金热就此展开。由于世界各地的淘金者纷至沓来，最近的港口小城——旧金山发展成了一个繁忙的都市。由于大量人口涌入，到了 1850 年，加利福尼亚的人口已经足够使它成为一个州。这种模式在美国西部不断重复，包括 1859 年的派克峰淘金热，它成功塑造了科罗拉多州丹佛市。淘金热导致了铜、铅、银以及其他有用矿物的发现。它还催生了相关产业，其中一个成功的例子就是巴伐利亚移民莱维·施特劳斯，他从 1853 年开始制作并向旧金山的矿工们出售耐磨的衣服，这就是牛仔裤的诞生。

在其他国家，淘金热对当地的成长与开发也有同样的影响。1851 年，澳大利亚发现贵金属后，该国的人口在接下来的 10 年中几乎增加了 2 倍。1861 年，新西兰的淘金热使新西兰全国人口在 6 年之内增长了 1 倍。1886 年，南非发现黄金后，约翰内斯堡得到了发展。仅仅 10 多年后，发生在加拿大克朗代克地区的淘金热刺激了当地经济的发展。

1880 年，美国科罗拉多州的矿工们。淘金热致使大批采矿者移居美国西部，刺激了诸如旧金山和丹佛等城市的发展。

卡姆斯托克矿脉是什么？

卡姆斯托克矿脉蕴含着美国最丰富的银矿，同时金矿储量也很丰富。1857 年，在美国内华达州西部的戴维森山发现该矿石沉积层。它位于美国雷诺东南约 16 英里（约合 25.7 千米）处。发现者伊桑·艾伦·格罗什和霍齐亚·巴卢·格罗什还没来得及宣布自己的发现就过世了。1859 年，美国勘探者亨利·T.P. 科姆斯托克声称自己发现了这一矿山，但是后来却以远低于其价值的价格出售了它。到了 1882 年，这一矿山已经出产了价值 3.97 亿美元的矿石以及美国同时期一半的银产量。西内华达成为矿业活动的中心，吸引了大批人前来采矿。在依靠卡姆斯托克矿脉发财的人中，就有美国矿业巨头、后来的参议员乔治·赫斯特。1880 年，他用赚来的财富购买了《旧金山观察报》。7 年后，他的儿子，美国报纸出版商威廉·伦道夫·赫斯特接手了该报纸。

1859 年建立在矿藏发现地的弗吉尼亚市，在 19 世纪后期发展成为西部的繁荣城市之一。到了 1898 年，卡姆斯托克矿脉的矿井几乎都被废弃了，无节制的开采以及银币的废止导致了它的衰落。

"黑金"是什么？

"黑金"是石油的别称——说它"黑"是因为它从地下开采出来时的颜色是黑色的，说它"金"是因为它使勘探者、钻井工和石油行业的人变得富有。

美国的石油产业始于 1859 年，当年退休的列车员埃德温·L. 德雷克在宾夕法尼亚的泰特斯维尔附近钻探了一口井。他的钻机由一台老式蒸汽机提供动力，结果钻到了石油。自殖民地时期以来，动物脂肪和鲸鱼油就被用作润滑剂。1854 年，从煤油中提炼出清洁、易燃的煤油的工艺获得专利保护。德雷克在泰特斯维尔钻出页岩油后，人们分析了这种物质的属性，认为它也可以提炼出煤油。很快，其他人也开始寻找石油。宾夕法尼亚西部成了一个重要的产油区。马车和驳船将一桶桶的石油运往市场。后来，铁路延伸到了该地区。1875 年，开通了一条油管，可以直接将石油运往匹兹堡。石油产品很快取代鲸鱼油成为照明用油。19 世纪 80 年代，美国俄亥俄州、肯塔基州、伊利诺伊州和印第安纳州也开始出产石油。1901 年，得克萨斯州东部的著名的斯平德托普油田产出了全美第一个"喷油井"——石油直接从地下喷涌而出。在接下来的 10 年里，加利福尼亚州和俄克拉何马州，与得克萨斯州一样，成为美国石油主产区。从 1859 年到 1900 年，美国石油产量激增：宾夕法尼亚州首次发现石油时，年产量仅 2 000 桶；到了世纪之交，年产量超过了 6 400 万桶。

19 世纪下半叶见证了石油产业的繁荣：这种燃料被用于照明、取暖和润滑（主要是机械和工具）。20 世纪，汽车出现，并迅速在美国人的生活中起到核心作用，使石油产业变得更加富裕。石油很快供不应求，促使美国越来越依赖进口石油作燃料。

 ### 非洲的钻石开采始于何时？

1867 年，在南非奥伦治河沿岸发现了一颗"漂亮的鹅卵石"，最终在今天的金伯利附近发现了一个富饶的钻石矿（该城市因采矿业于 1871 年建城）。类似于大约 15 年前的加利福尼亚淘金热，南非中部钻石的发现吸引了来自英国和其他国家的人涌向该地。然而，最终却导致了一场冲突：由于英国人和布尔人都声称拥有金伯利地区，第一次布尔战争于 1880 年爆发。

美国工业革命

 ### 工业革命前人们是如何生产产品的？

在工业革命把人类带入工厂与机器时代之前，人们所需的许多产品都是自己生产的，此外便是从小规模的生产商（他们主要靠手工生产）那里购买，或从商人（他们雇用家庭工人进行生产）那里购买。包出制是 18 世纪中叶—19 世纪初在美州新英格兰地区使用的一种生产方式。其流程如下：商人提供原材料（例如棉花）给各家，尤其是妇女和女孩，她们为商人制作半成品（线）或成品（布），这些产品再由商人拿去出售。在家工作的工人每天提供生产所需的劳动力。

 ### 美国的纺织工业是如何开始的？

工厂大规模生产纺织品始于 18 世纪晚期的英国。1783 年，英国的理查德·阿克赖特改进了纺纱机。1790 年，英国出生的机械师和商人塞缪尔·斯莱特将棉纺织厂引入美国。这位 21 岁的年轻人在一家英国工厂做了 6 年多的纺织工人，那里他学习了阿克赖特纺纱机的工作原理。英国人认为这种机器是他们蒸蒸日上的纺织工业的基石，法律禁

止任何掌握机器原理的人离开英国。1789 年，渴望发家致富的斯莱特乔装打扮，避开当局，乘船离开了英国，直奔美国海岸。到达美国罗得岛州的普罗维登斯后，他与阿尔米和布朗纺织公司建立了合作关系。斯莱特开始凭借记忆建造使用阿克赖特纺纱机的棉纺织厂。棉纺织厂于 1790 年 12 月 20 日在罗得岛州的波塔基特村首次亮相，工厂的纺车由布莱克斯通河的水流推动。纺纱机一炮走红，很快便从根本上改变了之前依靠家庭工人（包出制）生产纱线的美国纺织业。

此举为斯莱特赢得了"美国纺织工业之父"的头衔，并催生了美国的工厂制度。到了 1815 年，新英格兰地区已经有 165 家棉纺织厂，全部满负荷运转。然而，早期的工厂规模不大，即使是斯莱特引入纺纱机之后的一段时间内，新英格兰的工厂和商人依然要依赖家庭工人将工厂生产的线织成布。

1813 年，波士顿制造公司开设了第一家综合纺织厂，劳工操作纺纱机和织布机，从头到尾生产织布。机械的出现催生了工厂制度。工人从在家工作转到了在工厂工作。在

1908 年，在工厂工作的女孩。雇用童工的现象在美国十分猖獗，直到 1938 年颁布《公平劳动标准法》后，才得到改善。

接下来的 20 年里，本地的新英格兰人持续为纺织工业提供劳动力。到了 19 世纪中叶，大量移民的涌入为急需劳动力的厂家提供了稳定的劳动力来源，他们的工资需求更低，工作时长更长。

在 19 世纪的前 30 年间，新英格兰成为全美纺织工业的中心。该地区充足的河流和溪流提供了必要的动力，而波士顿和纽约这样的商业中心随时能够吸收工业产品。劳动力供应同样充足：因为纺织厂的机械并不复杂，所以连儿童也能操作，事实上，工厂确实雇用了不少童工。斯莱特雇用 7 ~ 14 岁的儿童来工厂做工，这一做法也被其他新英格兰的纺织厂采纳。1807 年的《杰斐逊禁运令》禁止纺织品进口，也对该行业有所帮助。新英格兰的纺织厂为美国的工厂制度提供了样板。斯莱特将工业革命带到了美国。

💰 伊莱·惠特尼是如何发明轧棉机的？

美国发明家伊莱·惠特尼因发明了轧棉机而受到赞誉，这是一种去除棉纤维中棉籽的机器。简易轧棉机可以追溯到公元前 300 年的印度，但惠特尼的轧棉机远优于此。1792 年，刚从耶鲁大学毕业的惠特尼参观了一个佐治亚的种植园，主人凯瑟琳·利特菲尔德·格林是美国独立战争的英雄纳撒内尔·格林将军的遗孀。惠特尼观察到，陆地棉的绿色种子难以与纤维分离，不同于海岛棉，后者有黑色的种子，容易分离。当时，海岛棉是美国商业的主要商品。1793 年，机械天才惠特尼发明了一种机器，可以用来清除陆地棉中的棉籽。次年，他为这项发明申请了专利。

这种机器的工作原理是通过转动一个曲柄，带动一个圆筒转动，圆筒上覆盖着铁丝制成的齿状物。齿状物拉动棉纤维，使其通过圆筒上的槽隙；由于槽隙对于棉籽来说太小，棉籽就被挡在了外面。然后一个带有刷子的滚筒将纤维从齿状物上刷下来。轧棉机彻底改革了当时还处于起步阶段的美国纺织工业。棉制品产量的增速高达 50 倍：一台大型的轧棉机一天内可以处理的棉花量是一个工人或奴隶的 50 倍。很快，种植园和农场开始向美国东北部的纺织厂提供大量的棉花。而在东北部，另一位发明家、英国出生的塞缪尔·斯莱特已于 1790 年成功建造了第一台水力纺纱机。这两项发明一起奠定了美国棉纺织业的基础。惠特尼努力地保护他的专利权，但是其发明的仿制品已经生产，促使美国政府宣布他的专利到期。尽管他没有从轧棉机中获利，但他后来设计了一个可互换部件的系统，从而引入大规模生产的概念，并为制造业带来革命。

"棉花王国"是什么？

　　"棉花王国"是 19 世纪中叶的说法，当时棉花对美国南方各州的经济至关重要，以至于人们说棉花统治了这些州。直到 18 世纪 90 年代，种植园生产的棉花量还受限于奴隶能够加工的量。分离棉花的纤维与种子是一个耗时耗力的过程：棉桃要在火边烤干，棉籽需人工挑选。1793 年，美国发明家伊莱·惠特尼发明了轧棉机，他的机器一天内能够处理的棉花量是手工劳动者的 50 倍。尽管惠特尼在 1794 年为他的机器申请了专利，但精明的商人注意到轧棉机可能对美国棉花工业产生的影响，迅速投产了仿制品。对棉花的需求从来不缺。就在惠特尼发明轧棉机之前，1790 年，另一位发明家，英国出生的塞缪尔·斯莱特成功建造了第一台水力纺纱机，在罗得岛的一个工厂中首次使用。19 世纪来临之际，机械设备使得棉花成为美国新兴纺织工业的核心。

　　为了跟上工厂的需求，美国南方的种植园主加大了棉花产量。奴隶劳动力和南方各州（主要是亚拉巴马州、密西西比州、佐治亚州和南卡罗来纳州）的优越种植条件相结合，棉花产量大幅增加。到了 1849 年，棉花出口额达到每年 6 600 万美元，约占美国总出口额的五分之二。但是产棉的代价极为高昂。北方纺织厂的工人的工作环境很艰苦，有时甚至很危险；而在南方，棉花是由奴隶种植和收获的。废奴主义者公开谴责奴隶制不道德，并要求美国政府立法废除奴隶制，呼声越来越高，南方种植园主则捍卫奴隶制，因为他们知道他们的生计和南方的经济依赖于此。1858 年，南卡罗来纳州的参议员詹姆斯·亨利·哈蒙德嘲讽北方的奴隶同情者："你们不敢向棉花开战，世界上没有任何力量敢向棉花开战，因为棉花就是王。"哈蒙德不是第一个说棉花是王的人，这种说法在 3 年前一本书的标题中首次出现。棉花对南方的重要性加剧了美国的南北分裂。到美国南北战争开始时，世界上有三分之二的棉花都产自美国南方。

　　收割机的发明为何对美国经济如此重要？

　　收割机发明于 19 世纪早期，用于帮助农民收获小麦等谷物，极大地增加了美国及世界其他地区的整体谷物生产和消费。第一台在商业上获得成功的收割机是 1831 年由出生于弗吉尼亚的发明家赛勒斯·霍尔·麦考密克制造的，他于 1834 年为其申请了专利，并于 1840 年在弗吉尼亚首次销售。麦考密克的收割机由马牵引，取代了镰刀；它还减少了收割谷物所需的人力。其工作原理如下：一个由防护装置保护的直刃与驱动轮相连，当驱动轮转动时，刃片以锯切动作前后移动，切断谷物的茎秆（这些茎秆被长杆扶直）。然后被切断的谷物茎秆落在一个平台上，由工人用耙子收集。这个设备将每天的平均收割量从 2 ~ 3 英亩（约合 0.8 ~ 1.2 公顷）提高到 10 英亩（约合 4.0 公顷）。麦考密克的收割机很快广泛使用，发明者自己也逐渐成为实业家。

1847 年，麦考密克将业务迁到芝加哥，在那里他可以通过五大湖和四通八达的水道将收割机运到美国的东部和南部。在 5 年内，麦考密克的工厂发展成世界上最大的农用器械工厂。随着芝加哥成为美国尚在扩展中的铁路系统的中心，19 世纪 50 年代，收割机的销售额进一步增加。1879 年，赛勒斯·麦考密克将企业改制为麦考密克收割机公司，本人担任总裁（直到 1884 年由他的儿子接任）。随着时间的推移，收割机日益改进：19世纪 50 年代增加了自动耙功能，进一步减少了收获谷物所需的人力；70 年代增加了捆扎机，可以将谷物捆绑起来并丢到地上待收集。20 世纪 20 年代，收割机与另一项发明——用于将谷物从茎秆中分离的脱粒机结合。新的收割-脱粒机被称为联合收割机。今天联合收割机的基本原理仍源自麦考密克 1831 年的革命性发明。1902 年，他的公司与其他公司合并为国际收割机公司，今天被称为纳威司达公司。

💰 大农场是什么？

大农场是在 19 世纪后半叶出现的极为成功和庞大的农场，主要位于美国大平原和西部地区，这些农场在当时产生了巨大的财富。大规模农业得益于机械化的发展，新发明的机械极大地增加了谷物的产量，特别是小麦。这些发明包括赛勒斯·霍尔·麦考密克的收割机和约翰·迪尔的钢犁。另有几个事件进一步提升了密西西比河以西的农场收益。为了鼓励人们到西部定居，美国国会通过了《宅地法》（1862 年），该法案允许人们到西部以低廉的价格获得广阔的土地：定居者可以以每英亩（1 英亩约合 0.4 公顷）1.25 美元的价格购买土地，或者他们在一块土地上居住并耕种 5 年之后就能得到 160 英亩（约合64.7 公顷）土地。美国军队击败反抗的印第安人后，通过和约将印第安人的农业活动限制在保留地内。1872 年，北太平洋铁路通到北达科他州的法戈，使农民得以将他们的产品运送到更远的地方。最后，实践证明旱作农业技术（允许土地每隔 1 年休耕 1 次，以恢复其养分和湿度，支持第二年的作物生长）是在美国大平原上耕种的好方法——之前认为大平原太干燥，不适合种植作物。所有这些因素结合在一起，将一些西部农场变成了"大农场"，为其所有者带来巨大的财源。受到成功例子的鼓舞，定居者涌入西部。但并非所有农民都过得这么滋润，许多人都受到 1873 年恐慌的沉重打击。19 世纪 80 年代大平原地区各州的干旱导致农场价格下跌，使得西部农场主的境况雪上加霜。

💲 美国养牛业始于何时？

作为大规模商业活动的牛肉产业始于美国南北战争之后的几十年间。长角牛是一种早期定居于美国西南部的西班牙人留下的牛的后代，以其长达 4 英尺（约合 1.2 米）的角而得名，到了 19 世纪 60 年代，它们数量众多，大量长角牛自由漫游在西部的开放草原上。得克萨斯的农场主将长角牛与赫里福德牛、安格斯牛等其他牛种杂交，生产出优质肉类。随着美国东部对牛肉的需求增加，精明的商人抓住了商机，以每头牛 3 ~ 5 美元的价格购进，并在东部和北部市场上以每头高达 25 ~ 60 美元的价格销售。农场主雇用牛仔赶拢牛群，挑选牲畜，并将牛群赶往像堪萨斯州的阿比林和道奇城这样的铁路枢纽，这些地方成了著名的"牛城"，酒馆和妓院遍布，一派喧闹景象。牛仔驱赶牛群，经历漫漫长路之后，牛被装载到火车车厢中，再运送到当地的屠宰场，在屠宰场，牛被宰杀并做成牛肉。在长达 20 年的时间内，充足的长角牛支撑起美国西部繁荣的畜牧业，至少有 600 万得克萨斯长角牛被赶过俄克拉何马到达堪萨斯的牛城。

到了 1890 年，行业形势发生了变化。西部的农民和农场主使用了一种新材料——带刺铁丝网，来圈定他们的土地，开放的草原不复存在。铁路延伸，牛仔驱赶牛群这一漫长、艰苦且备受颂扬的工作从此没落。牛仔的角色也发生了变化，他们现在不过是受雇的帮工而已。大企业接管了这个行业。在这些利用牛肉在美国饮食中的地位而发财的企业家中，有一位是出生于新英格兰的古斯塔夫斯·斯威夫特，他于 1877 年开始在芝加哥运营大规模的屠宰场，通过冷藏火车将准备好的肉类运到东部的市场。

💲 罐头食品为何如此重要？

罐头食品的出现不仅创造了一个产业，还改变了普通美国人的饮食习惯，引领了消费时代，并节省了时间。

1809 年，法国糖果制造商尼古拉-弗朗索瓦·阿佩尔发明了通过加热并将食物（蔬菜、水果、肉类和鱼类）密封在气密容器中以保存食物的方法，尽管他并不理解这个过程为什么能够起到保存食物的效果。大约半个世纪后，法国化学家和微生物学家路易·巴斯德的研究解释了加热对罐装工艺的必要性，因为它可以杀死微生物，否则微生物会导致食物变质。

罐头食品是分阶段走入美国家庭的。1821 年，威廉·安德伍德公司在马萨诸塞州波士顿新设了一家罐头公司。19 世纪 40 年代，在马里兰州巴尔的摩开始了牡蛎罐头的生产。1853 年，美国发明家盖尔·博登发明了一种保存罐装牛奶的方法，并在 4 年后成立了博登乳业公司。1858 年，美国发明家约翰·兰迪斯·梅森发明了适合家庭使用的玻璃罐和盖子。

尽管早期的商业罐装方法不能确保产品的安全，许多美国妇女避免使用这些方便食品，但罐头行业迅速增长，这部分要归功于男性市场，包括西部牛仔。1860—1870 年，美国罐头行业的年产量从 500 万罐增加到了 3 000 万罐。19 世纪 70 年代，罐装工艺的改进消除了罐头爆炸的危险（这是早期的一个问题）。尽管罐装工艺改变了食物的风味、颜色和质地，但罐头食品方便食用，保质期长，这些特点让它们飞入千家万户。到了 19 世纪末，各种各样的罐头食品的价格也变得更加便宜，已经成为美国城市居民的常见食品。一些公司开始在女性杂志上做广告，推广他们的"罐装美食"。20 世纪 20 年代的肉毒杆菌暴发促使美国罐头行业进一步改进了罐头的制作工艺。

 ## 贝西默炼钢法是什么？

贝西默炼钢法开发于 19 世纪 50 年代初，是第一个能够生产大量廉价钢铁的方法。这个工艺以其发明者——英国工程师亨利·贝西默命名，同时，美国的威廉·凯利也独立开发出这一工艺（他于 1857 年为该工艺申请了专利）。贝西默和凯利尝试将空气注入熔融生铁（粗铁）中，空气中的氧气有助于去除铁中的杂质（如锰、硅和碳），将铁转化为熔融钢；然后将钢水倒入模具中。1864 年，该工艺被引入美国钢铁制造业。后来，还在精炼过程中加入合金，以进一步去除杂质。在 20 年内，美国国内有超过 90% 的钢铁生产使用该工艺，它也在所有工业化国家中普及开来。

在 19 世纪中叶，在密歇根州上半岛的苏必利尔湖畔发现了富含铁矿石的矿床。矿物的发现和贝西默的创新工艺结合在一起，给美国钢铁工业带来一派繁荣景象。同时，钢铁的市场需求也在增长：铁路需要用钢铁来制造铁轨，新兴的汽车制造业则使用钢铁来制造汽车。因此，从 1880 年到 1910 年，美国的钢铁年产量增加了 20 倍。安德鲁·卡内基是早期钢铁行业的领军人物之一，他于 1873 年在宾夕法尼亚州布拉多克建立了美国第一家大规模钢铁厂。1901 年，卡内基将这家钢铁厂连同其他几家钢铁厂一起卖给了美国钢铁公司。直到第二次世界大战之后，平炉炼钢法才逐渐取代贝西默炼钢法。

连锁店始于何时？

　　连锁店的定义为由同一公司运营的两个或更多零售店铺，销售相同类型的商品。连锁店的创新始于美国商人乔治·吉尔曼和乔治·亨廷顿·哈特福德。1859 年，他们在纽约市创立了大西洋和太平洋茶叶公司，是世界上第一家连锁店，它的店铺迅速增多。其他连锁店如 W. P. 伍尔沃思（1879 年）和 J. C. 彭尼（1902 年）也先后开张。20 世纪初见证了连锁店的急剧膨胀：1910—1931 年，大西洋和太平洋茶叶公司的店铺数量从 200 家增长到超过 15 000 家。19 世纪晚期出现的百货公司迎合了中产阶级和上流社会的顾客，而连锁店，包括伍尔沃思的"五分一角店"（店里很多商品以 5 美分或 10 美分的价格出售），则服务于低收入消费者。

　　连锁店在所有主要的零售领域均有运营，包括杂货店、百货公司、药店、服装店和食品店，为消费者提供各种便利。连锁店集中大规模采购的体制使它们能以较低成本从制造商和批发商处获取商品；节省的成本被转移给消费者，消费者因此能够以更低的价格购买商品。此外，连锁店还节省了广告开支：投放一次广告能够宣传所有连锁的店铺。20 世纪 20 年代，独立零售商抗议连锁店，称连锁店具有的优势对独立零售商而言是不公平的。随着连锁店进入越来越多的零售领域，包括五金、珠宝、家具、音乐和书籍，这一论点在整个 20 世纪断断续续地重复出现。唯一一次试图规范连锁店的建设性立法出现在 1936 年：《罗宾逊-帕特曼法》试图控制连锁店在零售领域的竞争。如今，连锁店约占美国零售行业的三分之一。

 百货公司始于何时？

　　不同部门销售不同商品的百货公司出现于 19 世纪中叶。许多百货公司是从杂货店（销售不同商品，但不分部门）演变而来的，而其他一些则从纺织品商店（销售纺织品及相关商品）演变而来。1838 年，第一家真正的百货公司乐蓬马歇在巴黎开门营业。19 世纪 50—80 年代，许多百货公司在美国开业，包括 1851 年在波士顿成立的乔丹·马什、1858 年在纽约成立的梅西百货（该店以其创意广告闻名）、1861 年在费城成立的沃纳梅克（该店首次以固定价格售货，这样顾客就无须再讨价还价）和 1881 年在芝加哥成立的马歇尔·菲尔德（在 25 年内成为世界上最大的批发和零售商店）。这些百货公司的先锋都位于市中心，拥有多层商铺，在商品销售方面创造了很多新方案，包括可退换货的政策、成品服装、明码标价和橱窗展示。到了20世纪初，百货公司已经风靡全美。

百货公司的出现可谓正逢其时。19世纪末，城市中心飞速发展，为百货公司提供了稳定的客源；电话、电灯和记账机的出现提高了零售业务的效率；交通的改善保障了大批量商品的运输；大规模生产出的各种成品，增加了供给，并降低了生产成本和销售价格。到了20世纪10年代，百货公司成了美国城市中新的大众文化的一部分。在20世纪期间，百货公司的年度销售额通常占零售业销售总额的 6% ～ 12%。

百货公司里的拥挤人群。

哪家公司首开邮购业务？

邮购业务的先驱是零售商蒙哥马利·沃德公司。1872年，美国商人阿龙·蒙哥马利·沃德在芝加哥的一家马厩上开设了一家商店，并印制了一张列有特价商品的"目录"。由于农产品批发价下降，成本上升，美国中西部农民不堪重负，他们是这些物美价廉的商品的主要消费者。火车将这些商品运送给农村的消费者。蒙哥马利·沃德的商店提供

30 种干货，价格为 1 美元或更低，并为格兰其会员提供优惠（格兰其是一个农民协会）。沃德直接从批发商那里购买商品，并且由于他不用维护商店建筑，所以开销很低。到了 1876 年，沃德的目录增加到了 150 页；到了 1884 年，则有 240 页，并提供近 10 000 种产品，包括家庭用品（如家具、餐具和书写纸）、农业用品（如马具和工具）和时尚用品（如成衣和阳伞）。沃德还承诺顾客"满意或退钱"。

1886 年，美国人理查德·W. 西尔斯进入邮购业务，其商店在明尼苏达州明尼阿波利斯开业。次年，他将业务迁至芝加哥。1889 年，他出售了其商店。1893 年，他与阿尔瓦·C. 罗巴克合作创立了西尔斯–罗巴克公司。西尔斯–罗巴克公司的商品目录很快达到了数百页，包含数千种商品，人们亲切地称之为"愿望书"。

随着美国邮政业务的扩展，蒙哥马利·沃德公司和西尔斯–罗巴克公司的发展从中获益良多。自 1896 年起，通过乡村免费邮递处（RFD），邮件可以直达偏远地区。1913 年，邮政业务增加了包裹邮寄服务，进一步方便了邮购公司及其日益增长的客户群。蒙哥马利·沃德公司和西尔斯–罗巴克公司不仅为美国农村地区提供了商品，更是构成了农村家庭与当时兴起的更广大消费群体之间的纽带。无论有多偏远，美国农村居民都能够购买到工厂大量生产的"店购"商品。

邮购公司为顾客提供了便利（顾客无需等到下一次进城时再购买商品）、多样（邮购目录是针对全国顾客的）以及低价（邮购公司能够从批发商那里以较低的价格购买商品）。时尚不再仅限于有能力到百货商店购物的中上层城市居民：每当蒙哥马利·沃德公司和西尔斯–罗巴克公司的目录送达时（在 20 世纪初，这种目录递送的频率是每年 2 次），农村顾客就能了解到最新款式。

尽管蒙哥马利·沃德公司和西尔斯–罗巴克公司在 20 世纪后期退出了邮购行业，转而专注于连锁店零售业务，但它们早期关于商品退货、竞争定价、灵活的支付方式和运输条款的政策，为现代邮购业务树立了标准。

💰 强盗大亨是什么？

强盗大亨是 19 世纪末兴起的美国工业和金融巨头，他们被一些人誉为工业界的领军人物，而另一些人则称他们为"强盗大亨"。强盗大亨包括银行家 J. 皮尔庞特·摩根和杰伊·库克，石油业巨头约翰·D. 洛克菲勒，钢铁业巨头安德鲁·卡内基，金融家詹姆斯·J. 希尔、詹姆斯·菲斯克、爱德华·哈里曼和杰伊·古尔德，以及铁路巨头科尔内留斯·范德比尔特和科利斯·亨廷顿。这些有影响力的商人因推广资本主义体系并使其现代化，以及他们对艺术和教育的慈善而受到赞誉。然而，也有人批评他们为机会主义者、不道德的剥削者。

造就"强盗大亨"现象的因素有很多。新兴的国家拥有丰富的自然资源，包括铁、煤和石油；技术进步不断改进制造业的机械和工艺；人口增长，加之大量移民涌入，提供了稳定而又愿意接受低工资的劳动力；美国政府将国家铁路的建设和运营移交给私人企业；美国政府遵循自由放任主义的理念（不干预私营部门），为商业活动提供了一个有利的环境。精明的商人利用这些因素为自己谋利，积累起庞大的帝国：将所得利润再投资于他们的企业，财富不断增长。特别是铁路公司和通过股票收购控制铁路公司的金融家，他们雇用的说客，争取获得联邦和州级的公司补助、土地赠予，甚至税收减免。

强盗大亨们将其在商业上的统治力转化为政治力量。然而，在华盛顿，政治家们烦透了寻求利益的商业代表。改革派的进步人士抱怨，强盗大亨们生活奢靡，而他们的工人只能勉强维持生计，家庭濒临崩溃。

19 世纪末的强盗大亨：希尔、卡内基、范德比尔特、洛克菲勒、摩根、哈里曼和古尔德。（贝纳达·布莱森 绘）

在把持美国经济数十年之后，19 世纪与 20 世纪之交的社会变化终于抑制了强盗大亨的影响。1890 年，美国联邦政府通过了《舍曼反托拉斯法》，宣布托拉斯（公司或企业联合起来避免竞争并垄断市场）非法。工会组织工人活动，在工会要求下，企业逐渐开始与工会谈判。1887 年，州际商务委员会成立，以防止虐待劳工。1913 年，第十六修正案通过，允许联邦政府征收分级所得税。尽管许多美国商人仍在 20 世纪发了大财，但强盗大亨的时代在 20 世纪 20 年代末就已宣告结束。

 黑色星期五是什么？

黑色星期五指的是 19 世纪下半叶的 2 个星期五，当时市场暴跌引发了美国的金融危机。

第一个黑色星期五是 1869 年 9 月 24 日。金融家杰伊·古尔德和詹姆斯·菲斯克共同谋划通过大量购买黄金来提高黄金的市场价格（减少公开市场上的供应，理论上会增加需求，从而提高价格）。在价格上涨后，这两位商人计划以高价出售他们的黄金储备。他们确实赚了大钱，净赚了约 1 100 万美元。金价激升引发了恐慌：需要黄金来履行责任的企业不得不以超高价格购买黄金。美国政府通过出售其价值 400 万美元的黄金储备来缓解这场危机，导致黄金价格暴跌。投机者受到了重创，但古尔德和菲斯克毫发无损，在金价暴跌前已经将手里的所有黄金都出售了。

4 年后，又一个星期五变成了"黑色"。杰伊·库克公司之前过度投资铁路证券，而这些证券此后下跌，库克公司投资失败。1873 年 9 月 19 日，该公司倒闭的消息一经发布，股价急剧下跌。所谓的 1873 年恐慌标志着一场经济萧条的开始，这场萧条影响了几乎整个 19 世纪 70 年代。

现 代 产 业

 纽约证券交易所成立于何时？

美国成立时间最早、规模最大的证券交易所——纽约证券交易所（NYSE），起源于 1792 年 5 月 17 日，本地经纪人在一棵指定的树下买卖证券。后来他们决定将他们的商业交易正式化。今天大多数人所熟悉的纽约证券交易所于 1825 年在纽约市华尔街 11

号开业。当时大多数交易的股份属于运河、收费公路、矿业和煤气照明公司。尽管早在 1831 年就有少数工业证券首次在纽约证券交易所交易，但又过了 40 年，交易的局面才更倾向于工业。美国经济日益转向制造业，而交易所上市的公司也反映了这种经济的转变。今天，如果公司希望在 NYSE 上市，那么它必须拥有至少 2 000 名股东，每位原始股东必须持有 100 股或更多股份，公司必须能够发行至少 100 万股股票，并且还必须提供过去 3 年的盈利记录。股票交易所的董事会有权破格同意个别公司上市。同一家公司可能会在其他股票交易所（如美国证券交易所）上市，或者允许其公司的股票作为未上市股票交易，这些股票在场外交易市场（OTC）中买卖。不允许股份公开交易的公司被称为非上市公司。

《华尔街日报》发行于何时？

1882 年，美国金融记者查尔斯·亨利·道与爱德华·戴维斯·琼斯创建了道·琼斯公司（后来去掉了名字之间的标点）。7 年后的 1889 年，《华尔街日报》首次发行，它被认为是全球最优秀的报纸之一，无疑也是美国最重要的金融报纸。自 1792 年纽约证券交易所成立以来，商业报道大都是道听途说或是妄加推测。道和琼斯决心为美国商人和投资者提供最新、最准确的股市报道。道·琼斯公司业务发展的头 7 年里，他们的出版团队从最初的 6 名员工发展到了 50 名。1889 年，道和琼斯将他们出版的 2 页日报《客户晚函》扩版为《华尔街日报》，其宗旨就是要提供有关股票、证券以及其他商品价格波动的完整而公正的信息，而且其关注的焦点是新闻不是各家观点。1884 年，《华尔街日报》开始刊登各主要股票的综合列表。之后的数十年内，它将报道范围延伸至商业和经济的各个方面。如今，为了迎合商界人士的休闲爱好，它还增添了对艺术、旅游、体育以及其他娱乐活动的报道。

道琼斯工业平均指数是什么？

道琼斯工业平均指数（DJIA）是一个衡量重要工业公司股票价格的指标。1897 年，在《华尔街日报》上首次发布道琼斯工业平均指数。这个指数反映了整体市场行情，投资者、股票经纪人和分析师使用它和其他指数来做出投资预测和决策。后来人们简称它为"道指"，认为它能总结性地衡量股市，是一个可以用来分析过去趋势、指示当前趋势，甚至预测未来趋势的指数。

最初的 DJIA 平均计算了 12 家主要公司的股价。此后数量不断扩大：1916 年，它平均计算了 20 家公司的股价；到了 1928 年，为 30 家。随着公司兼并和解散，计算结果也进行了相应调整。虽然它只评估纽约证券交易所这一家交易所，但道琼斯工业平均指数被视为股市的晴雨表，它的波动可以影响全世界的股市行情。

科学管理是什么？

科学管理，又称泰勒制，是由美国工业工程师弗雷德里克·温斯洛·泰勒开发的一套旨在从工人和机械中获得最大效率的系统。作为一家钢铁厂的领班，泰勒对时间和动作进行了研究，并开展相关实验以确定完成任何特定工作的"最佳方式"，开发出能够产生最大效率的详细系统。1903 年，他首次向美国机械工程师学会展示了他的理论。效率是泰勒制的基石：生产过程不应浪费时间或材料。1911 年，他发表了开创性著作《科学管理原理》，书中公布了他的理念。他就此成名，几家渴望最大化产出的公司争相聘请他为工程顾问。

科学管理深受美国工业界欢迎。随着交通网络的改善和 20 世纪初美国人口的快速增长，美国国内市场扩大，对工业的需求巨大。应用泰勒的科学管理，制造商能够将生产力提高 200%。由于泰勒制将生产过程分解为数个单独任务，每个单独任务都有最高效率，新工人可以迅速且容易地接受培训，这被认为是该理念的另一个好处。科学管理有许多拥护者，包括工程师弗兰克和莉莲·吉尔布雷斯夫妇，他们进一步推进了泰勒的工作，出版了如《动作研究》(1911 年)、《管理心理学》(1912 年) 以及其他关于动作、疲劳和时间的研究的作品。采用科学管理的公司包括福特汽车公司 (在开发 T 型车的生产线时)、波士顿零售商菲妮斯 (最早使用该方法的商业企业之一) 以及伯利恒钢铁公司 (在装载生铁方面)。

科学管理也有反对者。有人认为泰勒制让劳动者失去了人性。有人指责这一体系分离了工人的思维与双手，消除了对熟练工的需求，并使管理层对生产过程拥有绝对控制。尽管如此，科学管理的原则今天仍然在厂房里广为应用。一般认为，科学管理的应用提高了美国的生产力，增加了股东的利润。20 世纪下半叶，有关工人产出的理论得到了修改。

谁发明了生产线？

一般认为是福特汽车公司创始人亨利·福特发明了生产线。这一工业革新使生产汽车的速度更快，效率更高。在创立福特汽车公司 10 年后的 1913 年，亨利·福特在他的一家 T 型车制造厂中安装了第一条移动生产线。这一创新是消费时代的开始：生产线大大提高了汽车的生产效率，从而降低了优质汽车的价格，使其成为普通人也能够购买的消费品。很快，各种各样的商品都展开了大规模生产。

1913 年，忙碌在福特生产线上的工人。亨利·福特发明了生产线，这一工业革新使生产汽车的速度更快，效率更高。

福特汽车公司的 T 型车为何如此重要？

福特汽车公司推出的 T 型车自 1908 年问世，直至 1927 年停产。这十余年间它取得了巨大成功，引发了历史学家、社会学家、经济学家、职业作家和流行文化专家等各领域学者的广泛分析和评论。人们普遍认为，T 型车不仅改变了美国，而且定义了美国。当福特汽车公司创始人兼总裁亨利·福特在 1908 年 10 月展示了这款备受期待的 T 型车时，他说它将成为"面向普通大众的汽车"。这款产品兑现了福特的承诺。19 世纪 90 年代以后美国开始生产内燃机车，但在 T 型车首次亮相的前 10 年里，制造商和消费者都已经将这种"无马车"视为一种奢侈品，专为富有的美国人定制。福特构想了一个不同的、更好的理念，正如公司在整个 20 世纪所宣传的一样：一款操作简单、易于维修、乘坐舒适且价格合理的汽车。

　　T 型车采用木制车身和钢制框架、4 缸 20 马力（约合 14.7 千瓦）发动机、10 加仑（约合 37.9 升，用于旅行车型）或 16 加仑（约合 60.6 升，用于轻便车型）的油箱容量，以及完全封闭的动力装置和传动系统。它比其他车型更轻巧。由于部件可互换，生产规模庞大，一辆 T 型车的制造时间为 728 分钟（略超过 12 小时），售价为 850 美元，低于其他汽车的价格，但普通美国人还是购买不起。尽管如此，T 型车推出的当年，就在美国销售了 17 000 辆。福特改进了生产方法，实现了更大的经济效益，并且每年降低价格，销量稳步增长。当公司推出每天 8 小时工作制、每天 5 美元的工资时，这让同行们大吃一惊——这是其他工厂工人工资的 2 倍。福特解释说，这只是良好的商业惯例。通过提高工厂工人的工资，福特扩大了 T 型车的潜在消费市场。

　　1914 年，福特开创了移动式生产线。它采用了科学管理的原则，即每项工作都有一种"最佳方式"，为制造业带来了前所未有的效率。每辆车的装配时间降至仅 90 分钟。

▌1914 年的一款福特 T 型车。T 型车被昵称为"廉价小汽车"，象征着低成本的便利交通。

当年，美国密歇根州海兰帕克的福特工厂生产了近 250 000 辆 T 型车。为了跟上不断增长的需求，福特加快了操作速度，增加了产能，以至于到了 1925 年，福特汽车公司每 10 秒就生产出一辆 T 型车。那一年，这款车的零售价仅为 295 美元，使得所谓的"廉价小汽车"真正走入工薪阶层家庭。到了 1927 年，当福特汽车公司停产 T 型车，以便公司能够满足消费者对性能、动力和外观更佳的汽车的需求时，公司已经生产了 1 500 万辆 T 型车。

福特汽车公司的创新型 T 型车，是一款可靠、实用、利用生产线大规模生产的汽车，使得旧时的富人车飞入寻常百姓家。它改变了消费者的心态，让美国人将汽车看成一种必需品。

"霍拉肖·阿尔杰故事"是什么？

"霍拉肖·阿尔杰故事"讲述的是一个人仅凭借坚定的决心和良好的行为，从一贫如洗到腰缠万贯的故事。19 世纪下半叶，美国牧师和作家小霍拉肖·阿尔杰的小说极其畅销。他写了 100 多本书，包括《运气与勇气》和《衣衫褴褛的迪克》系列。所有的故事都围绕一个出身不幸的男孩展开，他通过努力的工作、节俭的生活以及一点点运气，最终出人头地。阿尔杰曾在纽约市与孤儿和离家出走的青少年一同工作，这些真实经历为他的作品提供了基础。这些作品激励了无数读者，并滋养了美国梦：美国是一片充满可能性的土地。尽管阿尔杰已经逝世 1 个多世纪，但他的名字依然流传：许多美国人在描述某人白手起家时，仍会说这是"一个真正的霍拉肖·阿尔杰故事"。

黑色星期二是什么？

黑色星期二指的是 1929 年 10 月 29 日星期二，当日股票市场崩盘，标志着被称为"大萧条"的世界范围内经济衰退的开始。

纽约证券交易所的普通股平均价格在 5 年内翻了 1 倍，然而在 1929 年 10 月 24 日星期四，股价迅速下跌。20 世纪 20 年代的繁荣景象，以及广泛买卖为资助第一次世界大战而发行的自由债券（美国政府债券），使许多美国人热衷于股票市场。市场强劲，似乎投机的时机已经成熟。因此，当 1929 年 10 月那个可怕的星期四股价急剧下跌时，许多人都受到了牵连。接下来的星期一，股价再次暴跌。到了 10 月 29 日星期二，恐慌的股民抛售了超过 1 640 万股，股价暴跌。许多机构也受到影响：作为投资者的银行损失了巨额资金，其中不少被迫关门。股市崩溃和银行倒闭的消息迫使许多美国人试图取出银行存款，导致了著名的银行挤兑。10 月下旬爆发的金融危机标志着 10 年大萧条的开始。

罗斯福新政是什么？

大萧条始于 1929 年 10 月 29 日"黑色星期二"的股市崩盘，但许多因素共同导致了这场金融危机，包括生产过剩、有限的国外市场（战争债务阻止了贸易往来）、信贷过度扩张以及股市投机行为。很快，整个美国都陷入了一场严重的经济衰退，几乎每个美国人都受到了影响。有些人受到的打击比其他人更严重：不少人丢了工作（危机最严重时，有 1 600 万人失业，占全美劳动力的三分之一）；许多家庭无法支付按揭贷款，失去了房子；由于很多人没钱购买食品，饥荒肆虐，随处可以看到人们排着长队领取面包。危机还迅速波及海外。

正是在这场危机中，1933 年，富兰克林·D. 罗斯福就任总统。在他的就职演说中，

在美国华盛顿州西雅图市的"胡佛村"，男女老少都住在棚户中。大萧条期间，这种棚户区层出不穷，人们称之为"胡佛村"，以讽刺当时的美国总统赫伯特·胡佛。

他呼吁美国民众要对未来充满信心："我们唯一需要恐惧的就是恐惧本身。"罗斯福很快推出了一系列国内改革计划，称为罗斯福新政。在美国历史上首次，联邦政府在组织商业和农业方面扮演了中心角色。罗斯福启动了援助计划，并以开展公共建设的形式提供岗位，让人们重新回到工作中。新成立的政府机构包括美国公共工程管理局（PWA）、美国联邦存款保险公司（FDIC）、美国证券交易委员会（SEC）、美国国家劳资关系委员会（NLRB）、美国田纳西河流域管理局（TVA）、美国全国复兴管理局（NRA）和美国平民保护团（CCC）。这些政府组织的简称（PWA、FDIC、SEC、NLRB、TVA、NRA、CCC）很快广为人知。罗斯福的批评者指责他赋予联邦政府过多权力，并开始将他的新政称为"字母汤"。而 FDR 也成了罗斯福的代称。

尽管新政措施缓解了局势，也确实让一些美国人重新找到了工作，但美国的大萧条局面并没结束，直到需要加大生产，为第二次世界大战提供武器、飞机、车辆和战争所需物资时，美国才真正摆脱了大萧条。正是在第二次世界大战初期军事工业的支撑下，美国经济最终实现了复苏。

许多新政时期建立的机构今天仍是美国联邦政府的组成部分。

💲 铆工罗西是什么？

铆工罗西指在第二次世界大战期间，在后方工厂为战争而工作的美国女性。美国的汽车厂和其他工业设施中的工作地点被转换为国防工厂，生产飞机、船只和武器。随着第二次世界大战的持续，越来越多的美国男性被派往海外作战，导致国内男工短缺，因此，女性更多地参与工厂生产。然而，在战争结束时，男兵回国复职，导致许多女工被替换。尽管如此，所有铆工罗西都对打赢这场战争贡献良多。

💲 为何二战后美国汽车工业蓬勃发展？

在第二次世界大战结束后的几年里，美国注册车辆从 1940 年的 2 750 万辆飙升至 1960 年的 6 150 万辆。美国人重拾往昔的汽车情结，因此，汽车与二战后的美国历史密不可分地联系在一起。许多因素共同促成了汽车的广泛流行。

在第二次世界大战期间，汽车制造商减少了汽车生产，转而进行军事生产，出产了价值约 290 亿美元的物资，包括卡车、吉普车、坦克、飞机、发动机、大炮和弹药。战事结束后，汽车制造商加大汽车生产，以满足战争年代未能满足的需求，并很快发现消费型支出的增加和郊区的发展创造出新的需求。20 世纪 40 年代末—50 年代的整体繁荣滋生了一种新的消费主义：通过工会组织的努力，美国政府提高了工人工资，改善了工人福利，这意味着大部分美国人都有了更多的可支配收入。广告商利用新兴的电视媒体触及更广泛且更热情的受众。在第二次世界大战期间基本停滞的房地产业，战后在美国城市郊区新建了许多社区，使汽车成为生活的必需品，而非奢侈品。三大汽车制造商（通用、福特和克莱斯勒）增加产能以满足巨大的需求，1949 年和 1950 年接连创下了生产纪录。到了 1960 年，每 4 个美国家庭中就有超过 3 个至少拥有一辆汽车。基础设施竞相发展，以跟上这个滚滚向前的国家的步伐：铺设超级高速公路，覆盖约 1 万英里（约合 1.6 万千米）的道路；汽车旅馆和快餐店沿路建立；购物中心建在城市中心以外。虽然在未来几十年后，进口车将挑战美国车，但主宰战后时期的是美国汽车制造商。

塑料的发明为何对工业如此重要？

塑料是一种人工合成的有机材料，可以在加热或受力后改变形状。塑料诞生于 20 世纪初期，影响了每一个行业和每一位消费者。作为一种可塑材料，塑料可以根据不同需要被加工成各种形状，既可用于商品的生产，也可用作成品的材料。1909 年，酚醛塑料被引入市场，在接下来的 30 年间，塑料工业稳步发展：20 世纪 30 年代开发了丙烯酸树脂、尼龙、聚苯乙烯和聚氯乙烯，40 年代开发了聚酯。塑料的应用似乎无穷无尽，从家庭用品如长袜、时钟、收音机、玩具、地板、食品容器、袋子、电插头和花园水管，到商业领域如汽车车身和部件、飞机舷窗、船体、包装和建筑材料。航空工业和医学行业也发现了塑料的重要用途。科学家们不断发现塑料的用武之地，如光盘、计算机软盘、户外家具和个人计算机等产品。这种材料已成为现代生活的必需品。

国际商业机器公司为何要进军个人计算机领域？

国际商业机器公司（IBM，成立于 1924 年）一直是开发和生产商用及科研用机器领域的领导者，但在 1981 年 8 月，该公司踏入消费者业务领域，与新兴的苹果公司竞争个人计算机的市场份额。IBM 推出的个人计算机使用了微软的磁盘操作系统（MS-DOS），很快就占据了 75% 的市场份额。IBM 的辉煌业绩使得其他公司纷纷模仿，开始生产能够使用与 IBM 个人计算机相同软件的"克隆机"。

微软公司创建于何时？

1975 年，计算机天才比尔·盖茨创立了如今成为计算机软件行业主导厂商的微软公司（其主导地位之强，以至于公司面临来自美国联邦政府的反垄断指控）。当盖茨与他的朋友保罗·加德纳·艾伦共同创立这家公司时，他只有 19 岁，为了自己的事业还从哈佛大学退了学。这一切得到了回报，盖茨在 30 岁时就已经是亿万富翁了。尽管他无疑是数学天才（他在美国高中毕业生学术能力水平考试中数学得了满分 800 分，并在 13 岁时就开始编写计算机程序），但盖茨不止一次表示，微软的成功不能仅归功于他个人的编程技能，是所雇的优秀编程人才给这个坐落于华盛顿州雷德蒙的公司带来了成功。

美国经济法规

 ### 《禁运法案》是什么？

1807 年 12 月 22 日，美国总统托马斯·杰斐逊签署了《禁运法案》，禁止预定前往外国港口的船只离开美国。这项法案旨在向英国和法国施压——当时英法正处于战争状态，因此一直扣押美国商船，以阻止对方接收美国货物。这种情况始于 1805 年 10 月法国海军在特拉法尔加战役中被霍拉肖·纳尔逊率领的英国海军击败后。法国统治者拿破仑·波拿巴转而采取长期经济战，指示所有受法国控制的国家都不得与英国进行贸易。英国的经济依赖于贸易，因此通过对法国实施海上封锁以进行反击。这很快干扰了美国的航运。自从 1793 年两个欧洲大国的斗争开始以来，美国一直试图保持中立。但是，与欧洲大陆的航运中断以及对船只的搜查和扣押严重影响了美国的出口。《禁运法案》试图在不卷入冲突的前提下解决这些问题，但没能奏效。禁运导致美国过剩的农产品无法销往海外。新英格兰的船运商对这一法案提出抗议，很快南方棉花和烟草种植者也加入了抗议队伍。尽管如此，禁运仍持续了 14 个月，在此期间美国经济遭受重创，许多船只转而进行走私活动。1809 年，美国国会通过了《互不交往法案》，将禁运限制在法国和英国，恢复了与其他所有国家的港口贸易。3 年后，美国被卷入了冲突，与英国展开 1812 年战争。

"可憎的关税"是什么?

1828 年,美国国会通过了一项法案,对进口商品征收高额关税,旨在保护新英格兰迅速发展的工业。19 世纪的前 30 年间,新英格兰地区开设了众多工厂,成品制造业成了该地区的经济特色。国会希望通过对其他国家的商品征收高额关税,驱使美国人购买本国制造的产品。但是,南方农民早已依赖于更便宜的进口商品。南方人认为 1828 年的立法过分保护了本国的工业利益,因此将其称为"可憎的关税"。来自南卡罗来纳州的副总统约翰·C.卡尔霍恩公开且强烈地批评这一税收政策,宣称任何州都可以宣布它认为违反宪法的联邦法律为无效。作为回应,国会采取措施,降低关税,但并未完全将其取消。南卡罗来纳州对这一立法仍不满意,在 1832 年宣布该关税法案无效,还威胁要脱离联邦。总统安德鲁·杰克逊不能容忍这种叛乱行为,决心不惜一切代价执行联邦法律,要求国会通过《军力动员法》———一项允许国家武装力量强制收税的立法。杰克逊的举动在国会中激起了强烈反对。参议院中反杰克逊阵营的领袖是来自肯塔基州的亨利·克莱。克莱因其在《密苏里妥协案》(1820 年)中的工作而赢得了"伟大的调解者"的称号,1833 年,他提出了另一项妥协案。他建议对某些商品保持高关税,对其他商品则应该逐渐降低关税。克莱提出的妥协方案避免了全面冲突。该关税案获得批准,此后关税根据现行经济状况进行调整。但是,对"可憎的关税"的愤怒进一步暴露了南北差异以及联邦政府与各州的矛盾,这些问题促使南方各州(以南卡罗来纳州为首)在 1860—1861 年脱离联邦,引发了美国南北战争。

美国个人所得税始于何时?

美国征收个人所得税可以追溯到 1913 年。1909 年 7 月 12 日,美国宪法第十六修正案在美国国会提出,1913 年 2 月获得批准。第十六修正案授予美国政府(具体来说,是美国国会)征收所得税的权力。修正案表明,可以对"任何来源的"收入收税,而且不必进行人口普查。换句话说,公民要交多少税由国会说了算,而且不必根据各州人口进行税收分配。

早在第十六修正案获批的 1 个世纪前,国会已经开始考虑将征收所得税作为为政府收集资金的一条途径。立法者首次考虑征收所得税是为了为 1812 年战争筹款,当时新生的共和国正因航运争端与英国作战。在美国南北战争期间,国会首次征收所得税,向工人和商人收取收入 3%～5% 的税，并在 1862 年建立了税务局以管理税收项目。战争结束后，所得税逐渐停收。1894 年，迫于日益增长的经济和政治压力，立法机构再次通过了所得税法，规定对所有收入超过 4 000 美元的人征收 2% 的税，这是《威尔逊-戈尔曼关税法》的一部分。但美国最高法院在波洛克诉农民贷款与信托公司案（1898 年）中宣布这一法律违宪。20 世纪初，所得税第一次获得了广泛的政治支持。进步派政治家看到国家的财富分配不均，贫富差距越来越大。保守派政治家担心，如果缺乏资金，那么政府将无法应对国家紧急情况。不同政治派系在支持累进所得税（根据收入水平征税：收入越高，税率越高）这一点上达成了共识。为了绕过美国最高法院，国会需要提出一项宪法修正案；只要批准这项修正案，各州就授予了国会设定税率和收取所得税的权力。

自从第十六修正案通过以来，税率一直在波动，在第二次世界大战期间，税率飙升至 91%，达到顶点。战争还带来了一项革新：自动预扣，即税款直接从工资中扣除。几十年来，税法变得越来越复杂，近期还出现了支持平头税（与累进税相对）的运动，即所有纳税人都按相同的税率缴税。

💲 美国州际商务委员会组建于何时？

1887 年，美国国会通过法案，成立了州际商务委员会。该机构负责监管州际货运（无论是原材料还是成品）和客运的特定运输公司的收费和服务。后来国会通过后续法案，拓展了其管辖范围，包括卡车运输业务、公交业务、水上运输业务、快递业务，甚至输油管业务。这是美国的第一个监管机构，是应 19 世纪末的需求诞生的，特别是当时农民指责铁路公司的货运业务有歧视性。随着铁路线纵横交错地覆盖全美，谁来管理收费、监督运营成为一个日益难以回答的问题。许多州，特别是中西部各州，设立了自己的监管部门，但由于铁路公司跨州运营，对它们执行州法律既麻烦又不切实际。与此同时，由于没有任何有效的监管机构，铁路公司自行设定标准，结果导致权力滥用。

1877 年，在芒恩诉伊利诺伊州一案中，美国最高法院做出裁决，支持了州委员会监管铁路的权力。但不到 10 年后，在沃巴什-圣路易斯和太平洋铁路公司诉伊利诺伊州案中，最高法院推翻了其早期的决定，并宣布只有美国国会有权监管州际商业活动。《美国宪法》第一条第八款规定"国会有权……管理与外国的、州与州间的，以及对印第安部落的贸易"，根据这一条款，1887 年通过了《州际商务法》，设立了州际商务委员会来监管州际铁路。州际商务委员会的监管范围后来扩展到所有州际运营的地面和水上运输公司。除了控制收费外，该机构还负责执行反歧视的法律。后来国会通过《赫本法案》（1906 年）和《曼恩–埃尔金斯法》（1910 年）等法案，州际商务委员会的权威进一步加强。

💰《舍曼反托拉斯法》是什么？

1890 年，美国国会通过了《舍曼反托拉斯法》，旨在打破企业托拉斯（为避免竞争并垄断市场而形成的公司或企业的联合）。该法声明"任何托拉斯或其他形式的合约、组合，或任何限制贸易的阴谋"都是非法的。虽然该法案明文规定，任何被发现限制贸易的人都将面临罚款、监禁以及赔偿损失等惩罚，但该法案没有明确规定什么构成限制贸易。法院有责任解释《舍曼反托拉斯法》，而法官们面对大企业时和国会一样犹豫不决。

由于各州政府和民众的呼声越来越高，要求通过一项国家反托拉斯法，俄亥俄州参议员约翰·舍曼向国会提出了该法案。许多州已经通过了自己的反托拉斯法案，制订法律条款禁止托拉斯，但这些法规难以执行，大企业总能找到规避它们的方法。当舍曼的法案送达参议院时，保守派国会议员进行了修改，许多人指责参议员故意含糊其词。在该法案通过后的 10 年里，联邦政府仅起诉了 18 起反托拉斯案件，法院在打破垄断方面几乎毫无作为。但进入 20 世纪后，美国的进取精神高涨，改革者的要求之一是政府监管企业。1911 年，美国司法部在打击垄断方面赢得了关键性胜利，拆分了约翰·D. 洛克菲勒的新泽西标准石油公司和詹姆斯·B. 杜克的美国烟草公司。这些裁决为执行《舍曼反托拉斯法》设定了先例，并展示了国家决不容忍垄断贸易行为的态度。1914 年，《克莱顿反托拉斯法》的通过进一步加强了国家的反托拉斯力度，该法案禁止限定价格行为（定价低于成本，以消除竞争产品的做法），禁止同一董事管理 2 个或更多竞争公司（连锁董事），并禁止任何公司持有竞争公司的股票。同年成立的美国联邦贸易委员会（FTC）进一步保证了从事不公平活动的美国公司将受到政府调查。

💰 美国是如何整治托拉斯的？

从 1880 年到 20 世纪初，托拉斯在美国迅速蔓延，成为强大的商业力量。《舍曼反托拉斯法》措辞模糊，法院又不情愿基于该法案起诉大企业，所以该法案对于打破垄断巨头几乎没有什么作用。1901 年 9 月，威廉·麦金利遇刺身亡后，西奥多·罗斯福继任总统之位，政府对托拉斯的态度发生了转变。罗斯福发起了反托拉斯运动，通过检察长办公室，针对美国烟草公司、标准石油公司和美国电话电报公司（AT&T）等美国公司发起了约 40 起诉讼。在伍德罗·威尔逊任美国总统期间，1914 年，美国国会通过了《克莱顿反托拉斯法》，并创建了联邦贸易委员会，后者负责维护自由和公平的商业竞争，这加强了政府打破垄断的力度。在 20 世纪 20 年代的繁荣期间，打击托拉斯的力度有所下降，但到了 30 年代，即富兰克林·D. 罗斯福执政期间，重获强劲势头。

今日美国经济

 《北美自由贸易协定》是什么？

1992 年 12 月 17 日，美国总统乔治·H.W. 布什、加拿大总理布赖恩·穆罗尼和墨西哥总统卡洛斯·萨利纳斯·德戈塔里签署了《北美自由贸易协定》（NAFTA）。该协定于 1994 年 1 月 1 日开始生效。受到欧洲共同体的启发，NAFTA 的设计者旨在在北美三个最大的国家之间创造自由贸易。1988 年，美国和加拿大签订了一项协定，已经消除了两国之间的许多贸易壁垒；通过一系列谈判（初步获批于 1992 年 8 月），该协议扩大到墨西哥，并在 1992 年晚些时候签署了 NAFTA。该协定取消了包括海关税和关税在内的贸易壁垒，允许三国之间自由贸易商品和制成品。NAFTA 还包括允许美国和加拿大服务公司进入墨西哥市场的条款。

 20 世纪 90 年代的美国有多繁荣？

20 世纪 90 年代是美国历史上最长的经济扩张期。根据公认的经济指标，这一繁荣期开始于 1991 年 3 月，时任美国总统是老布什，结束于 2001 年 3 月，时任美国总统是小布什。其中有 8 年是在克林顿任职总统期间。

20 世纪 90 年代繁荣的标志包括新增近 2 400 万个工作岗位，平均每月增加 20 万个工作岗位；国家失业率在较长时间内降至大约 4% 的水平；月复一月的生产率增长；国内生产总值（GDP）一月强似一月；股市投资达到了空前水平，10 年间华尔街增加了 10 万亿美元的财富；1 000 亿美元的首次公开募股（IPO）撑起了牛市局面，其中许多是科技股；低利率；年均 2.6% 的低通胀率；联邦预算赤字的消除；许多美国工人工资上涨。

上一次类似的经济指标出现在 20 世纪 60 年代。在 2000 年 1 月，这一繁荣局面超越了以往任何时期，成为美国历史上最长的经济扩张期。

经济学家总结出导致繁荣的众多因素。一位《基督教科学箴言报》的作者将其归功于"无处不在的美国企业家精神、大量的技术，以及一个名叫格林斯潘的人"。但是，掌控利率和信贷的美国联邦储备委员会主席艾伦·格林斯潘，却认为信息技术造就了"这一特殊时期"。"其主要贡献是节省了工人的生产时间。"格林斯潘说。

繁荣局面终止于 2001 年 3 月，随之终结的还有互联网泡沫。美国开始了一次短暂的衰退，根据经济指标，这次衰退结束于 2001 年 11 月。之后，经济开始缓慢复苏。

互联网泡沫是什么？

互联网泡沫是 20 世纪 90 年代晚期的一种现象，当时人们对互联网企业持有盲目乐观的态度。《牛津英语词典》对"泡沫"的定义是"任何脆弱的、无实质的、空洞的，或无价值的东西"；自 17 世纪以来，这个词被用来指"虚幻的商业或金融计划"。

互联网泡沫迅速膨胀。20 世纪 90 年代初期，图形用户界面（GUI）的万维网与超链接一起，被整合进此前以学术为导向的互联网中，使得普通人也能方便地使用互联网。互联网应用范围迅速扩大。各企业意识到即使不在互联网上进行商务活动，它们也需要在互联网上有一个展示或营销的平台。网络交易（其成本被错误地低估了）的前景让企业家们跃跃欲试。不断涌现出利用网络商务，即电子商务优势的新企业。它们通常没有实体店，仅通过互联网接触消费者来赚钱。互联网泡沫时期的初创企业包括亚马逊、易趣等。

这些初创企业有几大特点：由于投资者看好电子商务的前景，企业能够快速获得风险投资基金；管理者通常是勇于冒险的年轻人（其中一些是不领薪水的员工，他们赚的是股票期权的高额利润）；在办公空间和员工福利上花费巨资；花重金开展广告和营销活动；一旦股票公开上市（IPO，即首次公开募股），原始所有者和投资者能获取丰厚回报，至少在纸面上是这样。互联网公司一经上市（不少公司在偏重科技股的纳斯达克上市）就引起个人投资者的青睐，即使许多公司还未赚到一分钱，也会被人为地抬高股票价格。股票的市盈率是投资者用来衡量公司运作情况的一个指标，这一指标就互联网公司而言几乎失去了意义。

互联网泡沫的顶点出现在 2000 年 1 月的超级碗期间，当时近 20 家互联网公司都以超过 200 万美元的价格在黄金时间段做广告。2000 年 3 月 10 日，偏重科技股的纳斯达克综合指数达到了 5 048.62 点的峰值——1 年前，该指数大约在 2 500 点左右，是这一峰值的一半；1 年后，它徘徊在 2 000 点左右，是其峰值的约 40%。

　　一些人把 2000 年 3 月的崩盘视为"灾难"，但也有分析师和投资者认为互联网泡沫的结束是一个必要的纠偏或筛选，之后诚信的参与者可以继续打造互联网公司，而且从长远来看这些公司会获得成功。不管怎样，互联网泡沫是有史以来最大的市场泡沫，许多投资者损失惨重。

安然公司是什么？

　　安然公司是一家野心勃勃的能源交易和通信公司，总部位于美国得克萨斯州休斯敦。它曾是美国第七大公司，华尔街的宠儿，并连续六年（1996—2001 年）被《财富》杂志评为美国最具创新性的公司。然而，2001 年 12 月，安然公司申请破产重组，在商业界掀起了轩然大波，震惊了投资者以及普通员工。一时间，这成为美国历史上最大的一次破产。联邦调查人员后来发现，公司通过做假账夸大收益并隐瞒债务，这最终导致了破产。这个企业在账本上记下子虚乌有的数十亿美元利润，并虚拟了几家公司来掩盖巨额亏损。安然公司的股价暴跌，引发大规模裁员，员工退休账户（大量投资于安然股票）损失惨重，高管纷纷辞职，随之而来的是刑事起诉。其会计师事务所——总部位于芝加哥的安达信，也因卷入这一丑闻而倒闭。

　　安然公司很快成为一个更大问题的象征，即所谓的"美国企业的崩溃"。继安然公司之后，美国又发生了好几起大企业倒闭事件，其中最大的是电信巨头世通公司的倒闭。世通公司在 1999 年达到顶峰时估值 1 800 亿美元，服务于 1 500 万客户，但在 2002 年 7 月，该公司申请了破产保护。世通公司超越安然公司，成为美国历史上最大的一次破产。这次的罪魁祸首还是欺诈性商业行为。2005 年 3 月，一个联邦陪审团判定前世通公司首席执行官伯纳德·埃贝斯策划了 110 亿美元的欺诈行为。他还被判共谋罪和提交虚假财务报告的罪行。

　　《财富》杂志的一位作者反思了企业道德危机，认为："虚假收益，收入虚高，华尔街分析家的利益冲突，董事会失职——这不仅仅是几只坏苹果的事……（这是）整个系统的故障。"安然公司恰好是第一个，成了诸多类似公司的象征。

第**3**章
政治和社会活动

 民族主义始于何时?

民族主义是人们因为共享历史和文化,通常还共用一种语言和／或宗教,而感到自己属于同一个国家的观念,在中世纪末期初见端倪。到了 18 世纪,几个国家,特别是英国、法国和西班牙,已经发展成为"民族国家",即有共同背景的人拥有一片独立治理的土地。作为政治和经济实体,民族国家出现在封地、部落、城邦和帝国之后,这些组织单位彼此重叠,分散了人们的忠诚。

到了 19 世纪,民族主义已经成为一股强大的力量,形成了这样一种观点:任何民族群体都有权建立自己的国家。基于这种被称为"民族自决"的观点,一些国家实现了独立(比如希腊,它在 1829 年摆脱土耳其的控制,以及比利时,它在 1830 年从荷兰手里赢得自治权),一些国家通过统一许多较小的国家形成了更大的新国家(比如意大利和德国都是通过统一一众多较小的国家而创建的;意大利在 1870 年,德国在 1871 年),还有一些国家是从庞大的帝国中分裂出的较小国家(比如第一次世界大战后奥匈帝国的解体促成了奥地利、匈牙利、捷克斯洛伐克、波兰、南斯拉夫等国家独立)。20 世纪末,世界地图上的边境线大多是民族主义运动的产物,其中一些引发了冲突,而且部分冲突至今仍在继续。

在 19 世纪的美国,民族主义表现为天命论,即扩大国家疆域、尽可能占据更多的北美土地的使命。到了 19 世纪末,美国已经占领了现今的全部领土。

虽然民族主义是爱国主义的源泉,并且产生了许多积极的结果,但一些领导人(特别是德国独裁者阿道夫·希特勒)走上了极端民族主义的道路,他们发起了大规模运动,迫害其他民族,甚至实施种族清洗的恶劣行为。

犹太复国主义是什么？

犹太复国主义是为建立一个独立的犹太人国家而进行的民族运动。它始于 19 世纪 90 年代，大约 50 年后的 1948 年，该运动最终促成了以色列建国。自那时以来，犹太复国主义就致力于为以色列和全球犹太人搭建沟通的桥梁。

犹太复国主义最早可以追溯到 1882 年。当时，一场运动鼓励犹太人到巴勒斯坦定居，该地区位于中东，西临地中海，北接黎巴嫩，东邻叙利亚和约旦，西南接埃及（西奈半岛）。持有这些主张的人认为巴勒斯坦是犹太人的故土。

作为一项政治运动，犹太复国主义是由奥地利记者西奥多·赫茨尔在 19 世纪 90 年代末发起的。1894 年，赫茨尔参与报道了对法国军官阿尔弗雷德·德雷富斯的审判，他被冤枉犯下了叛国罪。尽管这名犹太裔炮兵上尉后来被宣判无罪（第一次审判强加给他的罪名被宣告无效），但许多人感到该案件暴露了欧洲大陆"根深蒂固的反犹主义情绪"。赫茨尔认为如果反犹主义能在法国扎根，那么就会蔓延到任何地方。基于这一想法，赫茨尔开始为在中东建立犹太国家而努力。1897 年，赫茨尔在瑞士巴塞尔主持召开了第一届犹太复国主义者代表大会，引起了全世界的关注。1917 年，在第一次世界大战的大背景下，英国外交大臣阿瑟·詹姆斯·鲍尔弗发表声明，声称英国支持犹太民族在巴勒斯坦建立自己的家园。此前英国军队已帮助中东摆脱奥斯曼帝国的控制。1920 年，随着第一次世界大战的结束，奥斯曼帝国瓦解。依照国际协议，英国获得了对巴勒斯坦的统治。

大批犹太人涌入巴勒斯坦，结果在那里与早已定居的阿拉伯人爆发了冲突。尽管之前英国支持犹太人建国，推动了犹太复国主义的发展，但在 1937 年，这些犹太复国主义者却遭受了重创——当时欧洲战争一触即发，为了能在对德战争中争取到阿拉伯国家的支持，英国改变了在巴勒斯坦问题上的一贯政策。第二次世界大战接近尾声时，英国将中东问题转交给了新成立的联合国。联合国最终决定在巴勒斯坦分别建立一个独立的犹太人国家和一个自治的阿拉伯人国家。1948 年，出生于波兰的温和派犹太复国主义者戴维·本-古里安正式宣布以色列建国，戴维任该国临时政府首脑。犹太复国主义者代表大会后来从政府中独立了出来。此后，该组织开始关注移民和文化活动。出生于德国的科学家阿尔伯特·爱因斯坦是犹太复国主义最杰出的支持者之一。

印度的非暴力不合作运动是什么？

非暴力不合作运动是由印度民族主义领袖莫罕达斯·甘地领导的运动，通过抵制、绝食、祈祷守夜和访问骚乱地区等方式来终止冲突。

甘地决心为印度带来变革，结束英国对印度的统治，并推翻印度根深蒂固的种姓制度（严格分明的社会结构）。甘地相信，不使用暴力需要极大的勇气，他开始了被称为"萨蒂亚格拉哈"（意为"坚持真理"）的非暴力抵抗运动。甘地主张的这种不合作行为吸引了广泛的追随者，且确实为他的祖国带来了变化。人民称甘地为圣雄（意为"伟大的灵魂"），他被尊奉为印度独立（1947年）的奠基人。他一生都忠于他的非暴力信仰。他还坚定支持宗教宽容的政策。正因为这个原因，1948年，这位精神领袖和民族主义领导人被一个印度教极端分子杀害。

 ## 波兰的团结工会是什么？

团结工会是20世纪80年代波兰工人主导的政治改革运动，最终导致统一工人党执掌的政府垮台。

1979年6月，教皇约翰·保罗二世访问他出生的国家波兰。在华沙，他向数百万人发表演讲，呼吁建立一个自由的波兰和一种新的"团结"。

1980年，团结工会成立，50个工会联合起来抗议波兰政府，造船厂电工莱赫·瓦文萨成为团结工会的领导人，工会举行了罢工运动和示威游行。到了1981年，团结工会已经拥有大批支持者，对波兰政府构成威胁，当年12月，政府在苏联的支持下实施了戒严令。军方打压了工会的活动，于1982年废止了团结工会，逮捕了瓦文萨在内的若干领导人。但是这一强大的人民运动是无法被压制的。1983年中期，戒严令解除，但政府继续左右着人民的自由。同年，瓦文萨因争取工人权利和防止暴力的努力获得了诺贝尔和平奖。团结工会继续为改革而努力。1989年，东欧剧变风雨欲来，波兰政府恢复了与团结工会领导层的谈判。同年举行了自由选举，团结工会大获全胜。1990年，瓦文萨当选为总统，同时他辞去了团结工会主席一职。很快波兰人民共和国便被废除，取而代之的是如今的波兰共和国。

1988 年，在波兰琴斯托霍瓦市举行支持团结工会的集会。团结工会展开了由波兰工人主导的政治改革运动。

反种族隔离运动是什么？

反种族隔离运动是一项国际运动，旨在推翻南非长达几十年的种族隔离制度。

1948 年，南非国民党正式实行种族隔离制度，少数白人得到了比非白人群体更高的地位。该制度进一步隔离白人和非白人群体，以至于混血儿、亚洲人（主要为印度人）和非洲土著也被彼此隔离。该政策十分严格，甚至划分开了当地的班图部族。尽管黑人一直都占南非人口的大多数，但他们却被禁止参与选举。种族隔离制度对整个社会都极具破坏力，因而引发了来自国内外的抗议。然而，南非政府却始终坚持该制度，且声称这是维护国内不同种族间和平的唯一途径。1961 年，由于南非政府在种族隔离问题上与英联邦发生争执，南非退出了英联邦。

反对种族隔离的抗议者们组织了示威游行及罢工运动，这些活动有时会演变成暴力事件。南非变得日益孤立，因为反对种族隔离的国家拒绝同南非进行贸易往来。南非民权领导人、圣公会前大主教德斯蒙德·图图力荐这种拒绝贸易往来的政策，他领导了旨在终结种族隔离制度的非暴力活动，并因此获得了 1948 年的诺贝尔和平奖。20 世纪 80 年代，经济抵制对南非白人政府施加了很大压力，促使其废止种族隔离法律。南非政府最终于 1991 年正式废除了种族隔离制度。

1989 年，南非白人 F.W. 德克勒克被选为总统，他在终结种族隔离制度方面发挥了重要作用。1994 年 4 月，南非举行了首次黑人享有选举权的选举活动。毫不意外的是，南非黑人掌控了议会，随后选举出黑人总统纳尔逊·曼德拉，德克勒克为副总统。1993 年，因结束种族隔离制度以及引导南非各民族参与政府活动方面所做的努力，两人双双获得诺贝尔和平奖。1996 年，"真相与和解委员会"开始运作，它由德斯蒙德·图图领导，负责调查种族制度下所犯的政治罪行。调查活动一直持续到 1999 年，许多调查结果都引起了争议。

 比科是谁？

斯蒂芬·比科是反对南非种族隔离制度和白人统治的黑人领导者。1969 年，当时还是医学生的比科创立了南非学生组织，该组织在反对种族隔离的黑人觉醒运动中发挥了积极作用，是反对种族隔离斗争中的一股强大力量。比科宣扬黑人自助、自尊的思想，组织了包括反政府罢工和游行在内的抗议活动。白人政府认为此类活动挑战了它的权威，担心骚乱升级，于 1977 年 8 月逮捕了比科。不到 1 个月，比科死于狱中。有证据表明他是死于狱卒之手，这一发现加强了反政府情绪。比科与纳尔逊·曼德拉（曼德拉也因其政治活动于 1962—1990 年被南非政府监禁）一起，成为反种族隔离运动的象征，激发了南非国内外对种族平等的支持。

废 奴 运 动

 美国哪个州最先废除了奴隶制？

1777 年，佛蒙特州成为美国第一个废除奴隶制的州。当年的 7 月 8 日，佛蒙特州通过了一部禁止奴隶制的州宪法。这是美国第一个宣布奴隶制违宪的文件，其中部分内容如下："法律禁止任何在美国出生或从海外来到美国的男性在年满 21 岁后，以佣工、奴隶或学徒的身份侍奉任何人。任何年满 18 岁的女性同理。除非他们在到达这一年龄后自愿受约束，或按照法律要求，因支付债务、赔偿、花销等而受约束。"佛蒙特州的宪法还赋予了所有男性选举权，不论种族。佛蒙特州诞生了第一个黑人议员：1836 年，亚历山大·特怀莱特被选为佛蒙特州议会代表。特怀莱特还拥有另一项第一：1823 年，他毕业于佛蒙特州的明德学院，成为美国第一个获得本科学位的黑人。

 美国的废奴运动始于何时？

19 世纪初，美国的废奴呼声日渐高涨。1807 年，大西洋彼岸的废奴主义者成功地游说英国政府禁止奴隶贸易。次年，美国政府也宣布奴隶贸易违法，但拥有奴隶仍然是合法的，而且能带来丰厚利润。19 世纪 30 年代，在北方福音教派复兴浪潮的推动下，号召废除奴隶制和解放奴隶在美国变成了一项积极运动。废奴主义者认为奴隶制不道德，违背了基督教信仰，因此呼吁废除这一制度。但这一制度对南方各州的农业经济起着至关重要的作用，而南方的种植园生产棉花、烟草和其他作物，供应美国国内和国际市场。

 废奴运动的领导者有哪些？

废奴运动的领导者包括记者威廉·劳埃德·加里森，他创始了颇具影响力的废奴报纸《解放者》，并创立了美国反奴隶制协会（1933年）；亚瑟和刘易斯·塔潘兄弟，这两位著名的纽约商人也是美国反奴隶制协会的创始人；西奥多·德怀特·韦尔德，他是学生抗议活动的领袖，美国及海外反奴隶制协会的组织者，还出版了《圣经反对奴隶制》一书及其他废奴作品；哈丽雅特·塔布曼，这位地下铁路组织的指挥官帮助数百名逃离南方奴隶制的黑人前往北方各州及加拿大，以此来反抗奴隶制。此外，像《汤姆叔叔的小屋》的作者哈丽雅特·比彻·斯托这样的作家们也推动了废奴事业的发展，在影响公众情感方面发挥了作用。然而，在一些激进主义者那里，废奴运动也会演变成暴力事件：1859年，

地下铁路组织的指挥官哈丽雅特·塔布曼通过帮助数百名黑人前往美国北方及加拿大来反抗奴隶制。

狂热的废奴支持者约翰·布朗突袭了一家位于哈珀斯费里（位于今美国西弗吉尼亚州）的兵工厂，这是一次通过武力解放奴隶的失败尝试。

 哈丽雅特·塔布曼对地下铁路组织有何贡献？

地下铁路组织是一个致力于解放奴隶的网络。美国废奴主义者、演说家和护士哈丽雅特·塔布曼是该组织的重要领袖。

塔布曼在1849年成功争取到了自由，并渴望她的家人也能享有同样的自由，这是她解救奴隶的动力："我已经跨越了我长久梦想着要跨越的界限。我自由了，但却没有人在自由的国度中欢迎我。"在接下来的10年里，塔布曼担任地下铁路的向导，至少15次深入南方蓄奴州，指引她的父母和手足，还有300多名奴隶前往北方自由之地。前往自由的旅程艰难又危险。因其解放奴隶的努力，她被誉为"黑摩西"。尽管塔布曼身材娇小，但她拥有非凡的领导才能。作家、牧师和军官托马斯·温特沃思·希金森称她为"这个时代最伟大的女英雄"。

利比里亚的建国与废奴运动有什么关系？

为了将解放的奴隶送回他们的故乡，美国殖民协会（成立于 1816—1817 年）的成员在非洲西海岸购买了一片土地。这片土地被命名为"利比里亚"（Liberia），在拉丁语中意为"自由"。第一批非裔美国人于 1822 年抵达该地。但该协会的计划引起了争议，即使一些废奴主义者和黑人也反对它，因为他们认为解决奴隶问题的唯一方法是从美国根除奴隶制，让被解放的奴隶在美国这个新的家园中安居乐业，享有完整的公民权利。尽管如此，到了 1860 年，已有 1.1 万名被解放的黑人奴隶离开美国，被安置在那里；最终共有 1.5 万人横跨大西洋，到利比里亚获得了自由。1847 年 7 月 26 日，利比里亚宣布成立独立的共和国。

美国南北战争前，立法者为解决奴隶制问题做了哪些工作？

对美国而言，19 世纪中期是一段艰难的时期。当时，北方自由州与南方蓄奴州（越来越依靠农业奴隶劳动力）之间的分歧日益加深。政府虽然做出了尝试，但未能找到奴隶制引发的冲突的解决之道，相反，政府似乎在努力维持南北双方微妙的政治平衡。

《瓜达卢佩-伊达尔戈条约》正式宣告美墨战争的结束，美国获得了得克萨斯和西部的一些领土。战后，美国国会议员开始考虑是否将奴隶制拓展至新领土，这让奴隶制问题成了众人关注的焦点。议员最终达成了《1850 年妥协案》，但此次妥协没能缓解日益紧张的局势：法律准许得克萨斯州作为蓄奴州加入联邦，加利福尼亚州则作为自由州（禁止实行奴隶制）加入联邦，新墨西哥州和犹他州的选民自行决定奴隶制问题，华盛顿特区禁止开展奴隶贸易，同时还通过一项严格的《逃奴追缉法案》，在全国实行。

美国国会曾经决定路易斯安那州以北的领土禁止蓄奴（1820 年《密苏里妥协案》的一部分）；但《1850 年妥协案》达成 4 年后，在酝酿如何将堪萨斯州和内布拉斯加州纳入联邦时，国会却一改之前所做的决定，在这两个新州构建了一种危险局势：堪萨斯州和内布拉斯加州是否采取奴隶制由本州的选民决定。内布拉斯加州的居民大都反对奴隶制，但堪萨斯州的情况更为复杂，来自北方和南方的定居者纷纷涌入堪萨斯州，支持奴隶制与反对奴隶制的两股力量在这一背景下发生了暴力冲突。双方都决心通过派遣占地者定居该地的方式影响选票。这种做法最终导致了冲突，大多数占地者都聚集在堪萨斯州与密苏里州的边界，在密苏里州，奴隶制是合法的。1856 年 5 月 24 日，狂热的废奴主义者约翰·布朗策划了一场屠杀，5 名奴隶制的支持者在睡梦中被残忍地杀害。这是一起报复行动，针对早先在堪萨斯州劳伦斯发生的几起废奴主义者遇害事件。布朗声称此次行动是上帝派他完成的任务。这一系列致命冲突最终导致 50 余人丧生，报纸称之为"流血的堪萨斯"。这一局势证明，国会妥协和选民自决都无法解决国家深层的意识形态分歧。

 林肯为何在南北战争结束前发表《解放黑人奴隶宣言》？

南方联盟与北方联邦的战事激烈，似乎还要很长时间才能决出胜负：1862 年夏天的局势似乎对联邦军队非常不利，他们在第二次布尔河之战中失利（8 月 29—30 日发生于弗吉尼亚州东北部地区）。但是，在 9 月 17 日的安提塔姆会战中（在马里兰州），北方联邦军队最终迫使南方军队撤回波托马克河对岸的弗吉尼亚，可以说，9 月 17 日是战争中最血腥的一天。美国总统亚伯拉罕·林肯认为这次南方联盟的撤退是让他发表宣言的绝好机会。于是，9 月 22 日，他召开了一次内阁会议。当天，林肯向他的顾问们展示了《解放黑人奴隶宣言》的初稿。

随后的 1863 年 1 月，《解放黑人奴隶宣言》正式发表。定稿后的宣言与初稿的不同之处在于：它明确指出解放黑奴将只在参与叛乱的南方各州中执行。总统做出这一重要改变的依据是美国国会授权总统没收叛军的财产，而且禁止军方将叛军的奴隶归还给他们的主人。

北方废奴主义者批评总统将废奴范围限制在南方叛乱的州，因为这样会使没有参与叛乱的州（即北方各州）里主奴关系的处理变得无章可循。然而，林肯已摆明了立场。宣言扩大了南北战争的范围，使其变成了反对奴隶制的战争。

1865 年 1 月 31 日，《解放黑人奴隶宣言》发表 2 年多后，美国国会通过了第十三修正案，宣布全国范围内禁止奴隶制。林肯为该修正案的正式通过耗尽心力，他对此结果感到十分满意。北方联邦军彻底取得胜利（1865 年 4 月 9 日）后，南方联盟的各州才释放了他们的 400 万奴隶。

 美国以外的地区何时宣布奴隶制非法？

英国于 1807 年终止了奴隶贸易。当时英国政府同意了数量渐增的废奴主义者（他们认为奴隶制度不道德且违背基督教信仰）的观点，宣布奴隶制非法。1833 年，英国各殖民地都废除了奴隶制，英国的废奴运动达到了高潮。美国于 1808 年禁止了奴隶贸易，但蓄奴仍然合法，因此，黑市上的奴隶买卖始终存在。直到英国加大废奴力度，实施海上封锁，对非洲海岸展开突击搜查，这才有效终止了奴隶贸易。众所皆知，1970 年，全美洲都宣布奴隶贸易非法，奴隶贸易这才正式宣告结束。如今，联合国在全球范围内展开废除奴隶制和其他强迫性劳动制度的活动。

如今仍有奴隶制吗？

是的，奴隶制一直延续到了 21 世纪。联合国人口基金会（UNFPA）表示："尽管奴隶制已在全球正式废除，但买卖人口的悲惨交易仍在继续。"如今，这种交易被称作"人口贩卖"。其严重程度很难估计，但据联合国人口基金会估算，每年大概有 400 万人口被跨国买入或卖出。该组织称人口贩卖的问题很普遍，但主要出现在亚洲，紧随其后的是非洲和拉丁美洲。根据联合国亚洲及太平洋经济社会委员会（UNESCAP）的说法，亚太地区有"庞大的人口金字塔、持续发展的城市化和普遍的贫困状态"，所以这一地区问题重重。

一些人权组织估计，当今世界上的奴隶数量可高达 2 700 万人。专家认为在全球化的推动下，这一问题日趋严峻。男人、女人和孩子（尤其在发展中国家）被迫在"血汗工厂"、田间地头出卖苦力，或到妓院从事卖淫活动。在一些极度贫困的地区，有的家庭被迫将孩子卖为奴隶。有的受害者则是因为受到诱骗才沦为奴隶，根据联合国毒品和犯罪问题办公室的说法，"从喜马拉雅山的村落到东欧城市，人们（尤其是妇女和女孩）被美好前程所吸引，即做家政人员、服务员或工厂工人等，以赚取丰厚的收入"。人贩子通过虚假广告、邮购新娘目录，偶尔也通过熟人，招募受害者。这些受害者最终都会被人贩子控制，违背自己的意愿被剥削以赚取非法收入。

进入 21 世纪，人权组织和各国政府开始组织人们对抗日益增多的人口贩卖活动。联合国的几个机构也在努力解决问题的根源并援助受害者。非政府机构也在此问题上发挥了重要作用，其中一个就是由美国国会议员琳达·史密斯于 1998 年创立的"共享希望国际组织"。该机构旨在"通过提供全方位服务以满足需求，营救和治疗处于危机中的妇女和儿童"。意大利政府站在打击人口贩卖的最前沿。1999 年，意大利政府通过了一项法案，为受害者提供居住许可，并资助当地庇护所。2000 年，美国国会通过了《涉及走私、人口贩运和暴力犯罪的保护受害者法案》（TVPA），并宣布性贩卖是"现代奴隶制"。官方数字估算每年有 4.5 万～5 万名妇女、儿童被贩卖到美国，他们被困在类似现代奴隶制的生存境地中，被迫从事诸如卖淫一类的活动。但是，美国及其他各国的人口贩卖问题并非仅仅局限于从其他国家贩入妇女和儿童。美国司法部 2001 年 9 月的一份报告称，美国每年有 40 万名儿童被诱骗或强迫从事卖淫活动。许多受害者来自中产阶级的白人家庭，通常是从问题家庭中出走的街头流浪者。

2004 年 9 月，前任华盛顿州代表约翰·R.米勒宣誓就任美国国务院监测和打击人口贩运活动办公室新设立的特使一职。米勒在一次演讲中说道："当下奴隶制不是在种植园和家庭中，而是在工厂里，在军队里，尤其在妓院里。但是今天的奴隶主们使用的工具和从前的奴隶主们相同：绑架、欺骗、威胁，以及殴打，其目的就是要迫使妇女、儿童和男性去做工，并对他们进行剥削。"

专家们一致认为，要结束 21 世纪的人口贩卖问题，需要政府、特殊利益团体、人权组织及其他非政府组织之间的合作，确定问题的范围和提高公众意识是重要的第一步。

黑人民权运动

 尼亚加拉运动是什么？

尼亚加拉运动是一个虽然短暂但很重要的非裔美国人组织，主张"让黑人完全融入主流社会，享有其他美国人所拥有的所有权利、特权和福利"。1905 年，尼亚加拉运动在尼亚加拉瀑布旁成立，由作家、学者和活动家 W. E. B. 杜波依斯领导，当时他是亚特兰大大学的经济学和历史学教授。时人称该组织为反布克派：奴隶出身的教育家布克·T.华盛顿于 1881 年创立了亚拉巴马州的塔斯基吉学院，他认为黑人应通过教育和自我提升来实现地位的改变，而非通过要求。华盛顿反对一些改革者所青睐的社会和政治骚动。而尼亚加拉运动将美国的种族问题完全归咎于其白人群体。尼亚加拉运动的 30 个分支向由布克·T.华盛顿领导的"塔斯基吉机器"的保守派发起挑战。尽管尼亚加拉组织在 1909 年解散，但全国有色人种协进会继承了其思想和行动，该组织在杜波依斯的帮助下创立。1910—1934 年，杜波依斯负责编辑该组织的官方期刊《危机》，在"黑人群体面临的几乎每一个重要的社会问题上"发表观点。

只有黑人民权运动家公开反对种族隔离吗？

不是，黑人社会的每个阶层以及许多白人都对种族隔离持反对态度。黑人民权运动的声音代表了工人、农民、教育家、运动员、艺人、士兵、宗教领袖和政治家们——所有这些人都经受过吉姆·克劳法的压迫。

W. E. B. 杜波依斯年轻时离开位于美国马萨诸塞州大巴林顿安逸的家，到纳什维尔的菲斯克大学求学。1885年，他在那里接触到了严格隔离白人与黑人的田纳西州吉姆·克劳法。他被"南方制度"吓得很少离开校园。最终，他回到新英格兰，在哈佛大学完成了学业。然而，后来他又回到了南方，并成为亚特兰大大学经济学（1897—1910年）与历史学（1932—1944年）的教授。作为全面的种族平等的首批倡导者之一，杜波依斯于1919年协助创立了美国全国有色人种协进会，该组织在黑人民权运动期间发挥了领导作用。

1942年，一位名叫杰克·罗斯福·鲁宾逊的年轻佐治亚州男子应征入伍，并申请到位于堪萨斯州赖利堡的预备军官学校学习。尽管已获准入学，但鲁宾逊和其他黑人学员却一直没有受到任何培训，直到华盛顿方面施压，当地指挥官才准许这些黑人进入基地的培训学校。后来，鲁宾逊成为少尉，并继续抗议军事基地的种族隔离政策。有一次，因为附近的密苏里大学拒绝与有黑人队员的球队进行比赛，所以军队没有派鲁宾逊上场，结果鲁宾逊退出了基地球队以示抗议。在得克萨斯州的胡德堡，鲁宾逊还抗议军用大巴上的种族隔离，因此被带到军事法庭受审。1944年11月，法庭宣判他无罪。在第二次世界大战结束前他荣誉退伍了——军队已无意再让这样一名黑人激进分子留在军中，而且正如鲁宾逊后来所说的，他也"受够了军队生活"。1947年，鲁宾逊加盟布鲁克林的道奇队，成为第一个在大联盟中效力的黑人棒球运动员，打破了美国职业棒球界的种族障碍。

二战后，因为拒绝出任哈里·杜鲁门政府的助理国务卿一职，美国外交官拉尔夫·邦奇引起了公众的关注。邦奇是霍华德大学教授，战争期间曾在美国战略情报局工作。他解释说，之所以拒绝该职位，是因为他不愿让家人受制于华盛顿的吉姆·克劳法。邦奇经常发表反对种族主义的言论，并于1944年与人合作出版了分析美国黑人困境的《进退维谷的美国》一书。

以上只是诸多个人抗议的几个实例，这些抗议是美国黑人民权运动的先声。

埃米特·蒂尔是谁?

埃米特·蒂尔是一名来自芝加哥的 14 岁黑人少年。1955 年 8 月,他在美国深南部被人残忍地肢解并杀害。当时这名少年正在密西西比探亲,据称他向一位白人女店员吹口哨。8 月 28 日清晨,蒂尔和自己 12 岁的表弟正在一张床上休息时,被两名白人带走,他之后就离开了人世。人们在一条河里找到了他的尸体,被带刺铁丝绑在轧棉机的风扇上。一个全白人的陪审团宣判两名涉案人员——女店员的丈夫罗伊·布赖恩特及其同母异父的兄弟 J. W. 米尔曼无罪。这一事件激起黑人群体及黑人民权运动拥护者的极大愤慨,触发了黑人民权运动。

几十年来,蒂尔的恐怖谋杀案一直令那些坚信正义迟早会得到伸张的人们深感忧虑。这一凶案中没有人被判刑,受审的那两个白人已于 2005 年去世。但蒂尔的一些亲友及案件调查者们相信,这起私刑中,还有其他参与者活着。2005 年 6 月,为了搜集证据,蒂尔的尸体被挖出;后来在一次安静的葬礼上他又被重新安葬。其家属希望调查终有一日会让这起疑案的真相水落石出,还他们一个公道。

 ## 黑人民权运动是如何爆发的?

黑人民权运动始于 1955 年 12 月 1 日星期四。那天,亚拉巴马州蒙哥马利市区一家百货公司的女裁缝罗莎·帕克斯乘坐克利夫兰大道公交车回家。帕克斯坐在第一排的黑人指定座位上。但公交车前部的白人座位很快就坐满了,当帕克斯被要求给一名白人男子让座时,她拒绝了。她随后被逮捕入狱。

蒙哥马利的黑人领导人酝酿发起一次活动,以抗议公交车上的种族隔离。在浸礼会牧师马丁·路德·金的领导下,黑人很快便组织了起来。从 1955 年 12 月 5 日开始,数以千计的黑人拒绝乘坐城市公交车,蒙哥马利巴士抵制运动拉开了序幕。该运动持续了 1 年多(382 天),直至美国最高法院宣判公交车上的种族隔离违反美国宪法规定才告结束。这是首场为结束美国种族隔离与歧视所进行的斗争,抗议者及民权运动家获胜。

帕克斯在被捕后丢掉了工作。事后,她解释说,她之所以那么做是因为坚信自己受到了不公正的待遇。通过此事,帕克斯表明了自己的立场,并掀起了一场运动。

非暴力抗议运动是什么？

牧师小马丁·路德·金致力于通过举行和平抗议活动来促成变革。在黑人民权运动中，他还领导过一次非暴力抗议活动。1955年，金做了一次体现其基督教信仰的演讲，为非暴力运动确定了基调，他也因此成为蒙哥马利巴士抵制运动的杰出领导者。他在演讲中说道："我们在这里不是提倡暴力……我们拥有的唯一武器……是抗议这一武器。"金终生坚守着这些信仰，甚至在恐怖分子炸毁了自家的房屋后仍旧如此。金的抗议"武器库"里有抵制、游行、他激动人心的演讲（其口才之雄辩令人印象深刻）和静坐。金还与其他非裔美国牧师一起建立了南方基督教领袖会议（1957年），在黑人民权运动时期扮演了领导角色。

事实证明，美国黑人进行的非暴力抗议活动是反对种族隔离和歧视的强大武器。1963年，在美国亚拉巴马州伯明翰市举行的大规模游行动摇了公众的观念；新闻报道了警察用警犬和大型消防水管压制和平抗议者，这促使华盛顿的立法者采取行动。针对伯明翰事件引起的强烈抗议，总统约翰·F.肯尼迪向国会提交了《民权法案》，该法案于1964年获得通过。1964年，小马丁·路德·金因其倡导的非暴力抗议运动获得了诺贝尔和平奖。

2年后，金的和平方式遭到了挑战。受够了和平抗议者经常遭遇暴力回击的状况，学生非暴力协调委员会（SNCC）鼓动运动的参与者采取一种更为果断、更具攻击性的态度，并开始推广"黑人力量"的口号。在如何实现变革这一问题上，领导者们（包括极具影响力的马尔科姆·X）产生了分歧，致使已取得重大进展的黑人民权运动变得支离破碎。

1968年4月4日，金在美国田纳西州的孟菲斯市，支持那里举行的环卫工人罢工运动。傍晚5点30分刚过，他在旅馆房间外被人枪杀。金去世的消息在全国传开后，美国有168个城镇发生黑人暴乱，暴乱者纵火焚烧建筑，并洗劫白人店铺。在评价这一事件时，激进的非裔美国领导人斯托克利·卡迈克尔说："当白人美国杀害金的时候，它已向我们宣战。"混乱持续了1周之久。4月11日暴乱结束时，共有46人死亡（大部分是黑人），3.5万人受伤，2万人入狱。然而，夺走了这位领袖生命的罪行以及在其死讯公开后引发的暴力事件，几十年后并没有掩盖他留下的和平遗产及其主张的全国人民手足情深的理念。

牧师马丁·路德·金通过和平抗议活动促成变革。1965 年，这位充满号召力的演讲者在亚拉巴马州塞尔玛向支持者发表演讲。

自由乘车者是什么？

自由乘车者是为了检验美国最高法院取缔州际旅行中的种族隔离制度的执行效果而发起的一系列公交车之旅。

在 1960 年的博因顿诉弗吉尼亚州案中，最高法院支持美国霍华德大学学生布鲁斯·博因顿的诉讼，宣判弗吉尼亚州里士满市的公共汽车站的种族隔离制度违反了联邦反种族隔离法。种族平等大会（CORE）决定发起一场自由乘车者运动，以此来检验联邦法律的执行情况。1961 年 5 月 4 日，13 人（既有白人又有黑人）搭乘一辆前往美国南部的公交车。原本只是针对当地种族隔离制度的非暴力示威游行，但这几个人却遭到了暴力对待：5 月 20 日，公交车到达美国亚拉巴马州的蒙哥马利时，一群白人暴徒正等在那儿，自由乘车者们遭到了殴打。城里很快发生了骚乱，美国法警被派去维持秩序。此次为废止隔离制度而发起的不同种族参与的运动最终取得了胜利，但需要政府介入来执行法律，因为很多南方白人表明他们不会自愿遵守这一法律。

马丁·路德·金何时发表了"我有一个梦想"的演讲？

1963 年 8 月 28 日的华盛顿大游行中，马丁·路德·金发表了"我有一个梦想"的演讲。那个夏日，为了游说美国国会通过《民权法案》，超过 25 万人聚集在林肯纪念堂聆听演讲，演讲者中就包括独具魅力和影响力的金。他雄辩的演讲让这场运动流传青史，并仍然激励着那些为改革而不断奋斗的人们。在演讲中，他说："我有一个梦想，有一天，这个国家会站立起来，真正实现其信条的真谛：'我们认为这些真理是不言而喻的——人人生而平等。'"

美国国会在 1964 年通过了《民权法案》。这是自重建时期（南北战争后的 12 年）开始以来最全面的美国民权法。《民权法案》将公共场所的种族歧视定义为违法行为，确保所有公民的平等选举权利，禁止雇主和工会的种族歧视，并呼吁教育平等。

 ### 马尔科姆·X 名字中的 X 是什么意思？

马尔科姆·X 是极具影响力又备受争议的美国黑人领袖、黑人权利的坚定守卫者。1952 年出狱后，他改姓为"X"，并解释说"X"代表祖辈们不为人知的非洲名字。马尔科姆·X 本姓"利特尔"，这是奴隶主给他的奴隶祖先起的。把姓改成"X"会让他时时记得家族的奴隶史，也是对他已不为人知的非洲根源的肯定。

 ### 美国南方州是如何阻拦黑人投票的？

在 19 世纪初的美国南方州，除恐吓外，还使用 3 种方式剥夺黑人的选举权：1. 投票税；2. 识字测试；3. 祖父条款。投票税规定投票人付费后才能享有选举权。通过识字测试成为投票的先决条件，它不仅阻止了未能通过测试的黑人参与投票，也剥夺了很多文化程度较低的白人的投票资格。多数南方州还通过立法，只将选举权赋予 1866 年或 1867 年前可以投票的人；即使有黑人满足这一条件，恐怕也是少之又少。因为这些法律有利于过去拥有选举权的人的后代，所以被讽刺为"祖父条款"。这些剥夺公民选举权的企图在1964 年、1965 年和 1966 年先后被宣布为非法。1964 年通过的第二十四修正案禁止所有联邦选举和初选的投票税。1965 年通过的《选举权法》宣布压制少数族裔选票的措施为违法。1966 年则宣布州和地方级别的投票税也是非法行为。识字测试和祖父条款也被裁定为违宪。

三 K 党是如何发展起来的？

三 K 党是一个奉行白人至上主义的团体，1865 年组建于美国田纳西州普拉斯基。最初叫"白人种族集会"，由几个南方联盟军队的退伍老兵组成。前南方联盟军队将军内森·贝德福德·福里斯特被选举为首任全国领袖（亦称"大龙头"）。1864 年 4 月 12 日，也就是美国南北战争后期，福里斯特曾在田纳西州的皮洛堡带头屠杀了北方联邦军队的300 名黑人士兵。

作为一股抵制共和党重建国家、阻止黑人（昔日的奴隶）享有完整公民权的非官方力量，三 K 党在重建时期，即南北战争后的 12 年间，发动反黑人的暴力运动。为避免暴露身份，三 K 党成员都身着长袍，头戴面罩，他们威胁、殴打、杀害了无数黑人。他们剥夺黑人受害者的公民权，同时还试图威胁所有黑人，阻止黑人参与政治。那些支持美国联邦政府赋予全体黑人公民权的白人也经常成为三 K 党的无辜受害者。三 K 党成员的数量迅速增加，势力遍及整个南方地区。

1871 年，美国国会通过了《军力动员法》，授权总统尤利西斯·S. 格兰特指挥联邦军队取缔三 K 党。这一行动十分成功，三 K 党销声匿迹了——但只消失了一段时间。1915 年，该组织在美国佐治亚的石山上再次成立。新三 K 党将迫害范围扩大到了天主教徒、外来移民、犹太人，当然，还有黑人。上述所有这些人都成了三 K 党的骚扰目标，手段包括酷刑、鞭打，以及当众施以私刑。该团体宣扬"种族纯洁"，规模不断壮大，并逐渐成为全国性组织——在全国许多州都有该组织成员进入公职，而不再局限于南方。其暴力行为激起了公愤，到了 20 世纪 40 年代，美国的全部注意力都在第二次世界大战上，三 K 党逐渐解散，或是完全转入地下活动。20 世纪 50—70 年代，三 K 党势力又死灰复燃，当时美国正经历黑人民权运动。今天，三 K 党依然存在，它在成员中培养极端情绪，举行游行以向世人展示其存在。

 美国应该如何赔偿黑人？

赔偿指给被冤枉者或被迫害者的经济补偿或其他补偿。20 世纪 90 年代—21 世纪初，美国立法者和学者迫切要求弥补奴隶制给黑人带来的伤害，一些学者称奴隶制是美国大屠杀或黑人大屠杀。当时赔偿黑人成了新闻热点。

最近一次关于赔偿的讨论始于 1989 年，当时密歇根州代表约翰·科尼尔斯在国会上提出了一项议案，即 H. R. 40。该议案提出"建立一个委员会来调查奴隶制……以及针对非裔美国人的经济歧视"，还要"向国会推荐合理的赔偿方案"。20 世纪 90 年代，赔偿的提议受到美国公众的广泛支持。支持者们认为，对奴隶制做出赔偿有助于愈合昔日种族关系遗留的"伤口"；同时，那些昔日为美国经济做出贡献的黑奴，其后代也可以从中获得经济补偿。他们进一步指出，奴隶制使美国黑人长期受到歧视；几个世纪以来，政府认可一种基于不公的体制，美国黑人就是这一体制的受害者。美国黑人活动家和作家兰德尔·鲁宾逊解释道："一个国家奴役一群人数百年，使其狼狈不堪、身无分文，而后又给予其自由，让其毫无抵抗能力地生活在一个充满敌意的环境中，与那些享有特权的加害者竞争，然后想当然地希望奴役者与被奴役者后代之间的差距越来越小——这是不可能成真的。一旦两条线开始平行，它们就永远不会交汇。"支持赔偿的鲁宾逊指出了这种"巨大的不公"造成的后果：美国黑人承受着高婴儿死亡率、低收入、高失业率、低于标准值的教育、高死亡率、低于平均值的寿命，还有高犯罪率和死刑率。

赔偿法案的反对者们认为对昔日黑奴的后代进行赔偿并不现实，仅是认定赔偿对象这一条，政府就需要花费巨资。他们也质疑，政府已经废除残酷的奴隶制 1 个多世纪了，为什么还需要向黑奴后代进行赔偿。另外，他们认为，通过一系列黑人民权运动，非裔美国人已经争取到了所谓的平等。

尽管有人反对，但是科尼尔斯仍然执着地向国会多次提出议案，直到国会最终采纳才会罢休。他强调，他的目的是建立委员会，由市议会初步确定是否应该给予赔偿，如果决定赔偿的话，再决定给谁、给多少。H. R. 40 得到了美国底特律、克里夫兰、芝加哥和亚特兰大等市议会的支持。

禁 酒 运 动

 禁酒运动是什么？

禁酒运动是 19 世纪中期在美国兴起的一场运动，旨在禁止酒精饮料的生产和消费。许多人认为酒精饮料对美国家庭有腐蚀性的影响。到了 1855 年，随着支持禁酒的社会力量不断增长，美国 31 个州宣布在某些情况下生产或消费酒精饮料是非法的。但是许

多人仍不断努力，希望出现全国性的禁酒政策。19 世纪 70 年代，禁酒运动成为不断壮大的女权运动的基石之一。当时的美国妇女，加上其他积极分子，一边努力为妇女争取选举权，一边倡导广泛的文化变革。1874 年，一群妇女成立了基督教妇女戒酒联盟（WCTU）。1895 年，反酒馆联盟成立。这些社会团体是基督教激进派的产物，它们争取到了越来越多的社会支持，并最终促使立法者付诸行动——许多立法者都是这些团体所支持的候选人，他们滴酒不沾。甚至连当时的美国总统伍德罗·威尔逊也是禁酒运动的支持者，并将禁酒作为他的新自由主义计划的国内政策之一。

这一运动在 1919 年 1 月 16 日取得了成功，那天美国国会通过了《美国宪法》第十八修正案，禁止在美国管辖的所有领土内生产、销售或运输含酒精饮料。虽然国会给各州 7 年时间来落实，但由于立法者们当时的普遍精神，仅过了 1 年多，该修正案就在全国范围内得到了执行。在制定了第十八修正案后，国会又通过了《沃尔斯特德法案》。尽管如此，在禁酒过程中，政府还是遇到了执行难的问题。私酿酒者通常在夜间蒸馏非法烈酒，所以这种酒被叫作月光酒；走私者主要从邻国加拿大和墨西哥进口烈酒；地下酒吧向顾客兜售烈酒。这些犯罪行为十分猖獗。不久，有组织的犯罪在全国蔓延，私酒所到之处从不乏买家。屋漏偏逢连夜雨，这时，政府发现自己正面对更大的问题：美国联邦调查局和警察竭力控制和打击黑帮暴力，而全国又在经受大萧条。这种情况下，华盛顿的立法者们开始重新考虑这一修正案。1933 年 2 月 20 日，美国国会提议废除第十八修正案。同年 12 月，各州通过了第二十一修正案，宣布第十八修正案无效，在美国境内生产、销售、运输和饮用含酒精饮料为合法行为。由此，长达 13 年之久的禁酒令宣告结束。时任美国总统赫伯特·胡佛称，禁酒令是一次"高尚的试验"。

卡里·纳辛是谁？

卡里·纳辛出生于美国肯塔基州，20 世纪初，她因积极参与禁酒运动而闻名。在当时的美国堪萨斯州，酒馆是非法场所。纳辛感到自己背负着神圣的责任，只要有地方非法售酒，她就会手持短柄斧砸掉那家酒馆。1899—1909 年，她从未停止过对非法酒馆的破坏活动，足迹遍布全州，结果引起酒馆主和政府官员的愤慨。尽管当时很多美国人支持禁酒运动，但是纳辛的做法太过极端，她甚至被捕入狱多达 30 次，还受过枪伤。然而她从未动摇，认为自己是在为社会服务，甚至认为这是上帝赋予她的责任。然而她没能等到全国范围内禁酒的法令，也没看到 1933 年禁酒令被废止。

女 权 运 动

 美国的妇女选举权运动始于何时？

　　19世纪40年代，越来越多的美国妇女开始有组织地争取选举权。妇女选举权运动从妇女力争社会变革开始，例如废除奴隶制、通过禁酒令（杜绝饮酒）、获取更好的工作机会和薪酬等。改革家们很快意识到，只有得到了选举权才能实现变革。

　　女权主义者和改革家伊丽莎白·卡迪·斯坦顿是此次运动的领导者之一。1848年，她与废奴运动者卢克雷茨娅·莫特一起在美国纽约州的塞尼卡福尔斯组织了第一次女权大会，由此发起了争取妇女选举权的运动。1869年，她与苏珊·B. 安东尼携手组建了全国妇女选举权协会。同年，另一组织美国妇女选举权协会成立，该协会的领导者是女权运动者和废奴运动者露西·斯通和其丈夫亨利·布朗·布莱克韦尔。1870年，美国国会通过了第十五修正案，宣布所有合众国公民，不分种族和肤色，都享有平等的选举权；上述两个组织的事业从此有了更强的法律支持。1890年，两个组织合并，组成了全美妇女选举权协会（NAWSA）。

　　美国妇女选举权运动的新一代领导人包括斯坦顿的女儿哈丽奥特·伊顿·布拉奇、艾丽丝·保尔（她创建的组织后来发展成了全国妇女党），以及与保尔配合密切的组织者、编辑露西·伯恩斯。

　　妇女选举权运动迎合了中产阶级和工人阶级的女性，以及学生和激进分子。他们在各州发起运动，散发材料，组织集会，发表演说，并举行示威游行。他们还游说联邦立法者，进行抗议，用锁链把自己锁在美国白宫的围栏上。被捕后，他们会进行绝食抗议，有时还会遭到残忍对待。争取妇女选举权的斗争十分惨烈。当时人们普遍认为，如果妇女有权投票，那么她们就会忽视自己作为妻子和母亲的传统责任，反对派正是利用了这种想法，借机压制妇女选举权运动。

　　第一次世界大战期间，妇女选举权运动的力量不断壮大。由于男人们远赴欧洲战场，留在国内的妇女们在国家生活的方方面面展示出了自己的智慧。战时用于争取选举权的一张海报写下了长长一串："由于战争，国家要求妇女成为农民、机械师、护士、医生、军需品工人、矿工、文员、煤气工、门童、通信员、售票员、驾驶员、军队厨师、电报员、救护车司机、国防委员会顾问。"而在另一个短列中，它说："由于战争，妇女们要求国家给予她们选举权。"到了1918年，该运动得到了广泛支持。当年，国会提出了一项宪法修正案，声明："美国公民的选举权，不应因性别而在美国和各州遭到否定或限制。"该修正案即第十九修正案，分别于 1918 年、1919 年在众议院和参议院得到了通过。1920 年 8 月 18 日，美国田纳西州的立法机构批准了该修正案，第十九修正案达到了四分之三州批准的要求，正式通过。

1917 年 2 月，来自美国纽约的抗议者们为争取妇女选举权，在白宫外游行示威。1920 年通过的第十九修正案赋予了妇女在美国各州以及联邦选举中的选举权。

 恐怖之夜是什么？

1917 年 11 月 14 日，在美国弗吉尼亚州洛顿的奥科宽劳改所，发生了一件鲜为人知的事，是美国妇女选举权运动中的一个插曲。

1917 年 1 月，美国总统伍德罗·威尔逊上任。不久，妇女选举权运动的积极分子整天守在白宫外，要求赋予妇女选举权。这是有史以来第一次有示威者在白宫前集会。她们手持横幅，上面写道："总统先生，女性到底还要等多久才能获得自由？"更激进的横幅则写道："威尔逊皇帝：2 000 万美国妇女没有自主权。"她们就是要揭露政府的伪善：4

月，美国参加了第一次世界大战，据说是为美国领土之外的民主而战，然而美国国内却无民主可言——全部女性都被剥夺了选举权。

从6月开始，警察以一些轻微的罪名（例如妨碍交通）逮捕示威者，但这根本无法动摇积极分子的决心。她们一获释出狱，就又会马上奔赴白宫，继续抗议。共有168名妇女被捕，包括全国妇女党成员艾丽丝·保尔和露西·伯恩斯。

1917年11月14日晚上，警卫逮捕了33名抗议者，将她们关押在奥科宽劳改所。之前，被逮捕的妇女们在奥科宽劳改所遭受过强迫进食或单独禁闭；但这次，还有新的酷刑在等着她们，她们被殴打、拖拽、勒颈、戴手铐。很快，劳改所里的暴行便传了出去。事情过去不到2周，就有法官裁定这些妇女遭到了虐待，而这一切只是因为她们行使了宪法赋予她们的言论自由权。妇女们返回了战场，这一次她们得到了更多的社会舆论支持。尽管如此，第十九修正案过了3年才得以通过，妇女的选举权这才有了法律保障。

1982年，人们在监狱广场上树立了一个标志，以纪念经历了"恐怖之夜"的女英雄们。

 艾丽丝·保尔是谁？

艾丽丝·保尔是一位开天辟地的女权主义者。她活跃之时，"女权主义"一词尚未流行。美国新泽西芒特劳雷尔的一所以她名字命名的研究院说她是"代表20世纪女性的许多最杰出政治成就的建筑家"。

1885年，保尔出生在一个贵格会家庭，从小父母就给她灌输男女平等的思想。她以班级最优异的成绩完成了高中学业。1905年，从斯沃斯莫尔学院毕业后，保尔开始攻读更高学位。1906年，她前往英国继续学业，同时进行社会工作，并积极参与了当地的妇女选举权运动，还因此3次被捕入狱。

1916年，美国的妇女选举权运动陷入分裂和停滞不前的境地，这时，保尔成立了全国妇女党（NWP），率领全国妇女争取选举权。时至21世纪，该组织仍然在为妇女权利与平等而工作。妇女选举权运动之所以促成保障妇女选举权的第十九修正案获得通过，保尔的领导能力起了关键作用——她曾成功地组织上千人示威游行，给白宫和美国国会施加了巨大压力。保尔运用了当时被认为最不符合淑女形象的战略，即持久的、激烈的、非暴力的抗议。这场运动的特点是全国性的巡回演讲、游行和集会（包括有史以来第一次在白宫前举行的集会）。抗议者们被捕后，有时要忍受恶劣的监狱环境，并进行绝食抗议。

第十九修正案通过后，保尔继续深造。1907 年，她拿到社会工作硕士学位；1912 年，又取得了经济学博士学位。接着，她又拿到了 3 个学位，并最终于 1927 年在美国大学获得法学博士学位。1942 年，她当选为全国妇女党主席。之后，她将"性别平等"一词加入了《联合国宪章》和 1964 年《民权法案》。保尔于 1977 年逝世，她的一生是为争取女性权益而勇敢奋斗的一生。

 ## 埃米琳·潘克赫斯特是谁？

埃米琳·潘克赫斯特是妇女选举权运动的关键人物、一个充满战斗精神的改革者，她发动了一场长达数十年之久的运动，为英国妇女争取选举权。潘克赫斯特的做法有时十分激进，极大地影响了她的美国"战友"。她最初是通过建立组织来推行社会变革的。1889 年，她成立了妇女选举权联盟。5 年后，联盟为所有妇女，无论婚否，争取到了当地选举活动的选举权。1903 年，她又成立了女性社会和政治联盟，该团体以极端的策略而闻名。1928 年，《人民代表法》通过，将英国妇女选举权运动推上了高潮，该法让所有妇女拥有了选举权。同年，潘克赫斯特逝世。

 ## 女权运动始于何时？

女权主义者认为女性应该享有与男性同等的经济、政治和社会地位，这一思想存在已久。女权主义者经常被文学和历史作品描述为"走在时代前列的女性"。尽管思想出现得很早，但女权运动与妇女选举权运动一样，直到 19 世纪中期才真正展开。

早期的女权主义者很可能都受到了一本革命性著作的影响——1792 年英国作家和教育家玛丽·沃斯通克拉夫特出版的《为女权辩护》。沃斯通克拉夫特的女儿玛丽·雪莱写作了著名的《弗兰肯斯坦》。沃斯通克拉夫特攻击了当时的陋俗，称正是这种陋俗使得中产和上层妇女处于一种无知的状态，把她们变得毫无用处。作为一个坚强的教育推动者（她自学成才），沃斯通克拉夫特是首位重要的女权主义哲学家。

 ## 平等权利修正案是什么？

平等权利修正案（ERA）是美国国会在 1972 年提出的宪法修正案。该修正案声明：

"法律所规定的平等权利，不应因性别而在美国和各州遭到否定或限制。"该案提出后，国会打算给各州 10 年的时间来批准它。但直到 1982 年，也只有 35 个州支持该案，而要通过一份修正案，至少需要 38 个州的支持，因此，该修正案最终没能通过。平等权利修正案之所以夭折，是因为对于如何解读该案出现了不同意见。支持者们认为，该案使妇女的平等权利受到法律保护；反对者们则认为该案可能会使妇女失去丈夫的经济支持，可能要求妇女服兵役。

 贝蒂·弗里丹的《女性的奥秘》是如何掀起现代女权运动的？

1963 年，美国作家、活动家贝蒂·弗里丹出版了划时代著作《女性的奥秘》。她看到二战后的美国社会希望妇女们只担任全职主妇和母亲的角色，这种隐秘的想法被提倡并接受。在《女性的奥秘》一书中，弗里丹质疑了这种流行思潮，带动许多妇女重新审视自己的生活。毕竟在第二次世界大战期间，当男人们奔赴战场时，是女人们走进工厂，让工业不停运转。军人们从战场上归来后，妇女们重新回到了家里，而社会也不希望她们继续工作。就在妇女们坦然接受这一事实 20 多年后，弗里丹抛出了一个问题："如果妇女能胜任工作，那么为什么不许她们工作？"看清了幸福的方向后，许多妇女选择走出家门，寻找工作机会。现代女权运动就此开始。妇女们很快开始组织活动，推动社会和政治改革，以废除工作中的性别歧视，消除女性接受教育和进入政界的障碍。1966 年，在弗里丹的帮助下，美国全国妇女组织成立。该组织不断发展壮大，直到 21 世纪还在为争取妇女的平等权利而斗争。

节 育 运 动

 节育运动是如何兴起的？

死亡率的下降，意味着全球人口整体增加，这引发了节育运动。18 和 19 世纪的科学发展为发达国家的人们带来了更优良的食物、更先进的医疗水平和更安全的工作环境。同时，挽救和延长人类生命的医药领域也在不断进步。出生率曾经长期和死亡率持平，但在 19 世纪，日益超越死亡率的出生率成了很多人担心的问题。人们担心人口增长会超过地球的承受能力，以致没有足够的资源维持生命。

1798 年，英国经济学家和社会学家托马斯·罗伯特·马尔萨斯发表了《人口原理》这一著作，称人口的增长速度将超过粮食供应的增长速度，因此他得出结论，贫穷和痛苦是无法避免的。马尔萨斯认为，只有战争、饥荒、疾病和"道德约束"才能控制人口增长。马尔萨斯的论断对 19 世纪势头日益强劲的节育运动起到了推波助澜的作用。

20 世纪初期，玛格丽特·希金斯·桑格成为美国节育运动的领导者。桑格曾在贫民医院做过护士，这一经验让她坚信只有控制家庭规模才能取得社会进步。她认为，应该用节育的方式来避免意外怀孕。不管是当时还是现在，这一观点都备受争议。尽管当时散发节育材料是违法的，但她仍然奉劝人们应该这样做。1914 年，她创办了《叛逆妇女》杂志，并通过信件方式传播节育知识，结果遭到逮捕和起诉。但她并没有退缩。1916 年，在美国纽约的布鲁克林，桑格建立了美国第一家节育诊所。1921 年，她在纽约组织了第一届美国节育大会。同年，她创立了美国节制生育联盟，该组织后来发展成为美国计划生育联合会。桑格的努力得到公众越来越多的支持，最终促成了允许医生向病人传授节育知识的法案。

桑格的做法在其他国家也引起了类似的节育运动，但是发展中国家的出生率至今还是很高。在世界人口节节攀升的今天，人口过多的担忧再次激发了人们对节育的兴趣。

 人口零增长运动是什么？

人口零增长运动（ZPG）是一次旨在控制人口的国际运动，它起源于一个叫"人口零增长"的组织，该组织在美国生物学家保罗·埃利希的帮助下成立于 1968 年。在《人口炸弹》一书中，埃利希预测世界人口的增长速度将会超过自然资源的再生速度，因此他得出结论：人口过多将不可避免地引起大范围的饥荒和死亡。反对者们反驳，这种对人口问题的阐释过于简单了。埃利希和他的支持者们则认为，人口过多也许不是导致地球上自然资源严重短缺的唯一原因，但绝对是主要原因。

零人口增长运动号召每对父母只生 1 或 2 个孩子，这样，出生率就能与更替水平持平，人口总数就不会增长。20 世纪 90 年代后期，学者们发现，在美国和许多欧洲国家，出生率在更替水平以下；而在世界上一些较为贫穷的国家，居然每个妇女平均生 8 个孩子。

美国进步运动

 美国进步运动是什么?

美国进步运动是一场涉及美国社会、政治和经济等各个领域的变革。此次变革开始于 1873 年金融恐慌引起的经济萧条时期,结束于 1917 年美国参加第一次世界大战。

在《美国宪法》颁布后的 1 个世纪里,美国联邦的立法者和大法官们一直都不太愿意着手规范私营企业,这种不干预政策默许了贫富差距的不断加大。19 世纪末,美国早期的工厂主们纷纷建起了豪宅别墅,而很多工人和农民却还在为了生计而痛苦挣扎。为了解决不断涌入的外来移民带来的住房问题,城市里建起了大片廉价公寓楼(但是住房还是严重不足)。刚刚成立的工会为工人争取合理待遇,常常遭到暴力打压。目睹这些情况,持进步观点的改革家与美国中产阶级、妇女和记者组成了强大阵营,开始在本地和各州范围展开改革运动,并最终在全美产生了影响。

进步的改革家对之前民粹主义者所支持的许多理念都表示赞同,包括反对垄断的反托拉斯法,以及为建立公共财政而更广泛地向国内富商征收累进税。另外,进步运动的支持者还与当地的腐败政府做斗争;抗议让工人、农民在工厂、煤矿和农场等肮脏而危险的环境中工作;希望改变旧城区的落后面貌。最低工资、《纯净食品和药品法》和芝加哥赫尔会所都是进步运动的产物。

美国工人运动

 美国工人运动是如何发展的?

美国工人运动开始于 19 世纪初,当时木匠和铁匠等熟练工人为了争取更高工资,在本地联合起来创建了许多组织。南北战争的时候,美国第一个全国性工会已经成立,同样是由熟练工人组织的。然而,这样的早期组织很难获得广泛支持,很快就分崩离析了。但是到 19 世纪末的时候,美国出现了一些全国性工会,包括美国矿工联合会(1890 年)和美国铁路工会(1893 年)等。19 世纪的最后 20 年里,工人的抗议和罢工运动总是伴随着暴力,造成反工会情绪高涨:公司互相分享被怀疑参与工会活动的工人的黑名单;雇打手破坏罢工;聘请律师援引《舍曼反托拉斯法》成功镇压罢工——律师认为根据《舍曼

反托拉斯法》，罢工扰乱了州际商业活动，因而是违法的（这是对立法者本意的曲解）。

20 世纪的前几十年里，工会得到了发展，但不少美国人仍视其组织者和成员为激进分子。大萧条时期，这种政治气氛发生了变化。由于大量美国人失业，很多人将经济萧条归咎于企业家，并开始以全新眼光看待工会。1935 年，美国联邦政府通过了《全国劳工关系法》（亦称《瓦格纳法》），保护工人集会的权利和与资本家谈判的权利（当工人代表——通常是工会代表，与雇主协商时），因此，工会运动有了法律保障。根据该法，还成立了美国国家劳工关系委员会（NLRB），该委员会至今仍在发挥作用，处罚那些不公平对待员工的企业。1937 年，法院质疑该法的合宪性，但最高法院维持了这项立法。

在接下来的 10 年里，工会变得越来越强大。到了 1945 年，超过三分之一的工人加入了工会。工会在第二次世界大战期间取得了重要进展，包括医疗保险、带薪休假和养老金，而工会领导人继续号召工人通过罢工以争取更多权益，他们认为这是在二战后前所未有的繁荣时期工人应得的权利。但罢工很快影响了普通美国人的生活，消费者认为消费品短缺、服务中断和价格上涨都是罢工导致的。1947 年，美国国会通过了《劳资关系法案》（亦称《塔夫特–哈特利法》），该法案限制了工会的影响力，禁止某些类型的罢工，规定工会应该如何组织工人活动，并为可能影响国家安全的罢工设立了处理指南。

 莫莉·马圭尔斯是什么？

莫莉·马圭尔斯是美国宾夕法尼亚州东部的爱尔兰裔美国煤矿工人组成的一个秘密组织，成立于 1854 年，目的是发起一场针对煤矿所有者和经营者的暴力活动。名称来自一个爱尔兰的社团，该社团通过武力对抗残忍的地主。这些美国矿工决心不惜一切代价打败压迫者。他们的人数不断增加，在南北战争后的 10 年里，莫莉·马圭尔斯十分活跃，不仅煽动工人，还策划暗杀。1875 年，该组织煽动了一场煤矿工人罢工活动，但被奸细破坏。奸细是爱尔兰裔美国人詹姆斯·麦克帕兰，他是平克顿公司的保安，受雇于费城和雷丁煤铁公司，潜入莫莉·马圭尔斯之中打探消息。麦克帕兰透露了杀害 9 名煤矿工头的枪手的身份。该组织的几名成员被逮捕、审判和定罪（1876 年），并被绞死（1877年）。莫莉·马圭尔斯的恐怖活动被刊登在各大报纸头条上，打消了当时美国社会对矿工处境的同情。1877 年，该组织解散。然而，在很长一段时间内，宾夕法尼亚的煤矿公司如同惊弓之鸟，时刻警惕工人组织；公司的警卫严密监督矿井内的各种活动，遏止了多起集会活动。

美国第一个全国性工会是哪个？

　　1869 年，美国宾夕法尼亚州费城的几个裁缝组建了劳工骑士团，这是美国有记录的第一个全国性工会。妇女、黑人、外来移民、非熟练工人和半熟练工人都可以加入。开放的会员制度使劳工骑士团有了广泛的群众基础，这是以往以行业和技术为条件吸纳成员的工会所不能比拟的。该组织的目标是规定 8 小时工作制、禁止使用童工（14 岁以下）、给予女工平等的工作机会和薪资、废除劳改犯制度等。自 19 世纪 70 年代晚期到 80 年代中期，该组织参与了无数次罢工。

　　同时，劳工骑士团中的温和派势力也在不断增长。1883 年，属于温和派的美籍机械师特伦斯·鲍德利当选为领导。在鲍德利的领导时期，劳工骑士团开始分裂。温和派追求通过和解政策解决劳资纠纷，并支持建立劳动局和公共仲裁系统；而激进派则不仅反对开放会员资格，还强烈支持通过罢工立即达成目的，包括用一次全天大罢工来要求实施 8 小时工作制。1886 年 5 月，在美国芝加哥干草市场广场聚集了大约 1 500 名工人，警察到达驱散游行队伍时，一枚炸弹爆炸，随后引发了骚乱。在这场混乱中，11 人死亡，1 000 多人受伤。许多美国人在这次事件后将工人运动和无政府状态联系起来。同年，几支派系脱离劳工骑士团，加入美国劳工联合会（AFL）。此后 30 多年，劳工骑士团依旧活跃，直到 1917 年，劳工骑士团才正式解散，当时美国劳工联合会和其他联盟的势力已大大压过该组织。

 美国劳工联合会–产业工会联合会始于何时？

　　美国劳工联合会–产业工会联合会，简称"劳联–产联"（AFL–CIO），其起源可以追溯到 1881 年。当时，代表美国和加拿大大约 5 万名成员的工会领导人在宾夕法尼亚州匹兹堡成立了有组织行业与劳工工会联合会。1886 年重组后，该联盟改名为"美国劳工联合会"，并选举塞缪尔·冈珀斯为领导。不同于劳工骑士团（1886 年该组织的一些派系加入了美国劳工联合会）的开放会员制，美国劳工联合会以行业和技术为标准吸纳会员。

　　1863 年，冈珀斯从英国移民至美国，1864 年，他成为国际雪茄制造商联盟的首批注册成员。20 多年来，他一直积极工作。自从当选为美国劳工联合会领导之后，冈珀斯一直指导该组织工作（唯有 1 年除外），直到 1924 年逝世。在近 40 年中，他规范了美国劳工联合会，并制定了一条政策，赋予成员工会自治权，这是该组织的一项巨大进步。

劳工骑士团追求的是长期目标，比如其领袖特伦斯·鲍德利所说的抽象目标："让每个人做自己的主人，做自己的雇主。"与劳工骑士团不同，美国劳工联合会致力于具体的短期目标，例如提高工资、缩短工作时间、获得劳资谈判权（雇主同意与工人或工会代表协商）。

19世纪90年代，由于工人活动中出现的暴力激起了社会公愤，美国劳工联合会的势头遭到削弱。1892年7月，美国宾夕法尼亚州霍姆斯特德的卡内基钢铁公司发生了一起罢工事件，后来罢工转变成一场骚乱，愤怒的钢铁工人与平克顿保安之间发生了暴力冲突。美国国民警卫队被调来监管罢工。5个月后，这场与美国劳工联合会的钢铁工人有关的罢工以失败告终。尽管如此，在冈珀斯的领导下，1901年，美国劳工联合会的会员增加到了100多万人；1917年，达到250万人，共拥有111个全国性工会和2.7万个地方工会。联合会向工人收取会费，并建立了资助工人罢工的专项基金。该组织不论政治派系，凡拥护者尽皆吸纳，并向他们提供支持。美国劳工联合会协助建立了美国劳

▎1929年，美国北卡罗来纳州加斯托尼亚，罢工的面粉厂工人正在示威。

工部（1913 年），该部门负责管理和执行提高美国劳工福利、推动美国劳工进步的法规；还协助通过了《克莱顿反托拉斯法》（1914 年），该法案加强了 1890 年《舍曼反托拉斯法》，最终打击了垄断行为。

产业工会联合会（CIO）成立于 1938 年。20 世纪 30 年代初，几个美国劳工联合会的工会联合起来，成功发起了多次招募运动，吸纳来自大规模生产行业的工人，如汽车制造业、钢铁业和橡胶业。由于这些工会对所有产业的工人敞开大门（这一举措使该团体增加了数百万新成员），违背了美国劳工联合会以行业和技术为吸纳标准的制度，美国劳工联合会出现了分裂。参与那些会员招募活动的工会被美国劳工联合会开除。1938 年，产业工会联合会正式独立。

1955 年，在日益高涨的反工会情绪的氛围中，美国劳工联合会和美国产业工会联合会重新合并，形成一个强大的阵营。今天，该组织在国际、美国、州级和地方层面都拥有附属机构，会员达数百万。

 ## 世界产业工人联盟是什么？

世界产业工人联盟（IWW）是一个早期的激进组织。1905 年，来自 43 个不同劳工组织的领导人成立世界产业工人联盟。矿工兼社会学家威廉·"大比尔"·海伍德和矿工领袖玛莉·"母亲"·琼斯是世界产业工人联盟的创始者和领导者。该组织旨在联合煤矿或所有行业的工人，以让工人彻底得到工业设备的管理权。它通过罢工和破坏来实现短期目标，其长期目标是推翻资本主义，以社会主义思想为原则重建社会。一名 IWW 的组织者宣称，该组织的"最终目标是革命"。该联盟在美国西部组织了木材和煤矿工人罢工；在宾夕法尼亚州组织了轧钢厂工人罢工；在新英格兰组织了纺织厂工人罢工。领导人提倡使用暴力来实现改革目标，反对调解（由第三方出面解决的协商）、劳资谈判（工人代表与雇主之间的谈判）和仲裁制度（第三方调解）。该组织激进的观点和策略引起了全美关注，20 世纪的前几十年里，IWW 家喻户晓。

第一次世界大战期间，由于世界产业工人联盟领导的罢工受到了美国联邦政府的压制，从此该组织开始衰败。领导人被捕，组织被削弱。海伍德因"煽动叛乱"（带头反对合法政府）而被判刑，但他成功地逃出了美国。他在苏联逝世。由于他崇尚社会主义思想，苏联人给了他一个英雄般的葬礼。

从此，世界产业工人联盟再也没有达到过早期的辉煌。许多有关 IWW 的历史记载称该组织"在 20 世纪 20 年代解体"。但世界产业工人联盟的成员自称，直到 21 世纪，他们还"或有或无地持续存在着"。2005 年，在世界产业工人联盟庆祝它 100 周年纪念时，它仍在组织各行各业的工人，秉持着它的最初目标。按照世界产业工人联盟的计划，世界上的工人可以组织成一个大的联盟，并分为 6 个部门：农业和渔业、煤矿业、建筑业、生产制造业、交通运输业和服务业。21 世纪初期，世界产业工人联盟在美国拥有 10 多家分会，在澳大利亚、日本、加拿大和英国拥有数十家分会。

 尤金·德布斯是谁？

尤金·德布斯是一名激进的劳工领袖。1893 年，他成立了美国铁路联盟（ARU），一个包含美国所有铁路工人的工会。

德布斯是一个极有号召力的演说家，但在 19 世纪末 20 世纪初的美国生活中也备受争议。1894 年，普尔曼车辆公司工人罢工，抗议公司大幅削减他们的工资。位于美国伊利诺伊州普尔曼（芝加哥附近）的普尔曼车辆公司是一家生产火车车厢的公司。普尔曼镇是"公司城镇"的典范：1867 年，美国发明家乔治·W. 普尔曼在这里创建了普尔曼车辆公司，这家公司拥有小镇上的所有土地和建筑，管理着学校、银行和公共事业。由于公司收入下降，1893 年，为了维持利润，普尔曼车辆公司削减了工人 25% ~ 40% 的工资，却没有调整小镇上的房租和物价，许多雇工和他们的家人因此生活窘迫。1894 年 5 月，一个劳工委员会接洽普尔曼车辆公司管理层，试图解决这一问题。公司一贯拒绝与员工谈判，解聘了劳工委员会的成员。这激起了所有 3 300 名普尔曼工人的罢工。为支持工人运动，德布斯接管了罢工的领导权（其中一些普尔曼工人已于 1894 年加入了美国铁路联盟），并指示美国铁路联盟成员不要运送任何普尔曼车辆公司的产品。紧随其后的是一场全面铁路罢工，致使全国的交通陷于瘫痪。这一事件后来被称为"德布斯叛乱"。1894 年 7 月 2 日，为解决这一事件，美国联邦法庭命令所有工人停止罢工、回到工作岗位，但是遭到了美国铁路联盟的拒绝。美国总统格鲁弗·克利夫兰下令联邦军队制止罢工，称罢工干扰了邮件递送。政府的干预使罢工转变为一场暴动。德布斯因为藐视法庭和共谋罪受到审判。尽管公众一再抗议，1895 年，戴布斯还是因违反法院命令而入狱。出狱后，戴布斯宣称自己是社会主义者，并成为美国左派领袖，作为社会党候选人参加了 1900 年、1904 年、1908 年、1912 年和 1920 年 5 次总统大选，但均未成功。他积极支持世界产业工人联盟的事业——这是一个成立于 1905 年的激进劳工组织。

发生在三角地纺织厂的那场大火为何对劳工运动如此重要？

1911 年 3 月 25 日，一场造成 146 人死亡（多数是妇女）的大火激起了社会公愤，立即促成了消防安全立法的通过，并推动了劳工运动。

三角地纺织厂占据着美国纽约曼哈顿一栋办公大楼的最高三层。该厂是当时纽约市最成功的制衣厂之一，有员工 1 000 人左右，其中多数是女性移民。但是其工作环境非常危险：空间狭小，只能经由楼梯和走廊进入；走廊十分狭窄，只能一次一人通过；4 部电梯中，只有 1 部可以使用；工作间里的裁剪机是煤气驱动的；织物残料随处可见；用于灭火的水桶里没有装满水；禁止吸烟的规定也没有严格执行。简而言之，事故随时会发生。

在那个周末火灾发生时（大楼被焚毁得太过严重，因此无法查明起火原因），大约有一半的工人在上班。烟与火并不是造成死亡的唯一原因，惊惶逃生时，有人互相踩踏，有人掉进电梯井，有人从几层楼高的地方跳下，逃生通道熔化和坍塌也是造成人员死亡的原因。

《纽约世界》头版报道了 1911 年 3 月发生在三角地纺织厂的大火。146 人在此次灾难中丧生。

虽然这场火灾发生在劳工运动时期，但是改革来得太迟，没能挽救三角地纺织厂工人的生命。他们被极度恶劣和危险的工作环境夺去了生命。火灾后，成千上万人在纽约市游行，悼念大火中的死难者，呼吁公众关注当时的严重社会问题。

纽约州立即采取了一系列消防安全改革：立法机关委派调查委员会对全州的工厂安全进行了检查；纽约市发布了30项法案以执行防火措施。最早的一项法案是《1911年10月莎里文-霍伊火灾预防法案》，它联合6家机构，组建了高效的防火委员会。不久，所有工厂都被要求安装了洒水系统。

对于整个国家来说，三角地纺织厂大火是一次惨痛教训，它推动了各方改革势力的团结。但是，人们急需的针对恶劣工作环境的改革直到多年后才姗姗来迟。

 塞萨尔·查韦斯是谁？

墨西哥裔美国农场工人塞萨尔·查韦斯是一位工会组织者、贫民的代言人。查韦斯出生在美国亚利桑那州。10岁的时候，家庭失去了农场。后来全家到加利福尼亚州做流动工人，那里的农产品生产，尤其是葡萄，主要依靠临时工。查韦斯深刻了解流动工人的生活状态，这位年轻人开始为改善同伴们的生活而奔走。1962年，他组织加利福尼亚的葡萄采摘工人，成立了全国农场工人协会。4年后，该组织与另一组织合并成联合农场工人组织委员会〔UFWOC；1973年，该组织更名为美国农场工人联合会（UFW）〕。查韦斯是个极富激情的演说家，每次演讲总会捏碎手中一串串的葡萄。由于种植园主拒绝了联合农场工人组织委员会的劳资谈判，查韦斯领导了一次全国性的抵制鲜食葡萄的行动。到了20世纪70年代末，加利福尼亚州所有的种植园主都接受了美国农场工人联合会。像马丁·路德·金一样，查韦斯坚持认为非暴力抗议是实现变革的关键所在。

反传统文化运动

 避世运动是什么？

第二次世界大战后的时代，美国出现了前所未有的繁荣，其发展速度令人不安。在这种大环境下，出现了"垮掉的一代"。这些疏离在社会之外的年轻人反对新物质主义，摈弃"传统"的态度,重新定义了"酷",这就是避世运动。20 世纪 50 年代,这些人打破常规,冲破旧俗,备受瞩目。主流社会把他们视为无政府主义者和堕落者。但是美国很多青年人却追随避世运动的思想,并且乐于阅读其领导人的文章,包括作家艾伦·金斯堡、杰克·凯鲁亚克(其 1957 年出版的小说《在路上》是垮掉的一代的"圣经")、威廉·伯勒斯以及劳伦斯·费林盖蒂。批评家称他们为"垮掉派"。他们提倡和平、民权,并支持以激进的抗议实现变革。同时,他们又吸食毒品,信奉神秘主义,崇尚性自由——所有这些都是第二次世界大战后具有争议性的想法。垮掉派作家和艺术家多住在美国旧金山的北岸、洛杉矶的威尼斯海滩和纽约的格林威治村。避世运动融合了包括嬉皮士在内的 20 世纪 60 年代的反传统文化运动。垮掉派文学就是这场运动的产物。

嬉皮士是什么?

20 世纪 60—70 年代的大多数嬉皮士都是来自中层家庭的年轻白人(15 ~ 25 岁)。反传统(反主流)文化运动提倡和平、爱和美。他们摒弃现代社会的规训,转而关注自身感受。这些花季少年因其政治和社会信仰以及具有争议性的生活方式而引人关注。他

1968 年,越战抗议者们聚集在美国纽约第五大道上。

们反对美国参与越南战争，反对金钱至上的工业社会。他们崇尚俭朴生活，有时生活在共享财产、共同劳作的小公社中，有时则过着流浪生活，几乎无须担负任何责任。他们身穿破烂的牛仔裤，通常由天然面料制成，留着长发，还把珠子编到头发里，赤脚或穿凉鞋到处逛，听着新一代艺术家的音乐，包括甲壳虫乐队、感恩而死乐队、杰斐逊飞机乐队、鲍勃·迪伦和琼·贝兹。有些嬉皮士还吸食大麻和致幻剂等，他们希望通过吸食毒品以获取深刻的洞察力，甚至救赎自己的灵魂——嬉皮士的领袖蒂莫特·利里告诉他们这些是有可能实现的。

纽约市的东村和旧金山的海特-阿什伯里一带成为反传统文化运动的避风港。这一运动起源于美国，但是很快波及了其他地方，主要是加拿大和英国。

 嬉皮士最后为何销声匿迹？

越南战争结束时，风靡一时的嬉皮士们已逐渐老去，毒品对一些人产生了影响。到了 20 世纪 80 年代，自由和爱的理念已不复存在。仍有一些人继续过着另类的生活，而另一些人又重新融入了主流社会。还有一些人保持着年轻时的信念，适应于不断变化的世界，一边维持生计，一边在工作和养育子女方面尽可能地保持自己的社会和政治意识。

消费者运动

 纳德袭击队是什么？

纳德袭击队是与美国律师和消费者运动倡导者拉尔夫·纳德合作的侦查员。在纳德袭击队的帮助下，1965 年，纳德撰写了具有里程碑意义的《任何速度都是不安全的》一书。该书指责很多机动车都没有达到消费者有权享有的安全水准。1966 年有关车辆安全标准的《国家交通和机动车安全法》得以通过，该书也是功不可没。纳德从未间断过监督工作，后来他成立了公共市民组织，调查消费品，促进消费者意识，同时积极推动立法者制定提高消费品安全的法案。

虽然纳德可能是消费者运动中最著名的人物，但这一运动早在他之前就已经出现。消费者时代开始于 19 世纪末 20 世纪初，当时大规模生产技术已开始广泛应用。一些观察者谴责某些工业标准（或欠缺标准的产品）置消费者于危险境地。20 世纪初，一批揭发丑闻的记者揭露了早期工业中的一些有害或欠妥的行为，引起了人们的警觉，并且最终引发了相关改革。例如，厄普顿·辛克莱创作了一部极具影响力的小说《屠场》，揭露了肉类加工厂的糟糕状况。民众感到愤怒，时任美国总统的西奥多·罗斯福阅读此书后也下令展开调查。在确认书中内容属实后，美国政府迅速在 1906 年先后出台了《纯净食品和药品法》和《肉类检疫法》。进入 20 世纪后的几十年间，行业监督者继续着他们的监督工作：1929 年成立了消费者研究公司，1936 年组建了美国消费者联盟，这两个独立的机构主要对消费品进行检验和鉴别，消费者联盟定期在月刊《消费者报告》中发表调查结果。

这些保护消费者权益的活动提高了公众意识，迫使行业做出改变，并普遍提升产品的安全性。虽然不良现象依然存在，但在进入消费者时代后的约 100 年中，像纳德袭击队这样的消费者权益监督者的工作大大降低了消费者的风险。

环境保护运动

 《寂静的春天》与环境保护运动有何关系？

《寂静的春天》是美国生态学家蕾切尔·卡森于 1962 年创作的一本书，它为世界敲响了警钟，促使人们关注化学品对环境造成的负面影响。卡森认为环境污染和化学品的使用，尤其是杀虫剂，会减少生物的多样性。这部畅销书影响广泛，增强了人们保护环境的意识，许多工业国家也因此发起了环境保护运动。

 《京都议定书》是什么？

《京都议定书》全称《联合国气候变化框架公约京都议定书》，是一个由 141 个国家签署的环境保护协议，旨在通过减少气体排放（截至 2012 年减少 5.2%）减缓全球变暖的速度，同时要求各国制定并达到相应的目标。该议定书于 1997 年 12 月 11 日在日本古城京都起草，并于 2005 年 2 月 16 日生效。美国没有签署。美国官方表示此议定书存在缺陷，因为它没有要求大型发展中国家立即实现减排气体的目标。为加强该议定书的执行效果，日本首相号召未签署国家重新考虑，并表示世界需要建立一个"共同框架来阻止全球变暖"。他的号召得到了环保主义者的支持。

第4章
天灾人祸

自 然 灾 害

 古代社会是如何诠释灾难性天气的?

对于灾难性天气或其他自然现象,不同文化都给出了解释,却都毫无科学性可言,这些解释大都基于现存的神话或当地流传的民间传说。例如,古代玛雅人(居住于墨西哥尤卡坦半岛和部分中美洲地区)认为地震是天神解决人口过密的一种方式。墨西哥中部的印第安人在大群的蚱蜢或蝗虫破坏了他们的庄稼之后对这些害虫顶礼膜拜。日本的神话认为日本诸岛坐落在一条大鲇鱼的背上,鲇鱼不悦就会烦躁不安地乱动,导致地震的发生。夏威夷的神话则认为基拉韦厄火山喷发是火山女神佩勒在发脾气。

 历史上著名的火山爆发有哪些?

科学家用火山释放到大气里的物质总量来衡量火山爆发的强度。根据这一测量方法来看,最大的几次火山爆发包括(按强度降序排序):美国黄石国家公园火山爆发,发生在大约 60 万年前;印度尼西亚的托巴火山爆发,发生在大约 7.4 万年前;1815 年印度尼西亚的坦博拉火山喷发;公元前 1470 年希腊的桑托林火山爆发;1783 年冰岛的拉基火山爆发(同时也是有史以来喷发岩浆最多的一次);1883 年印度尼西亚的喀拉喀托火山爆发。

美国黄石国家公园的那次火山爆发的具体强度很难测量。位于今美国怀恩明州的火山爆发留下的火山口面积达 30 英里 ×45 英里(约合 48.3 千米 ×72.4 千米),释放到大气中的物质总量大概有 10 000 立方千米。直观一点说，排名第二的托巴火山爆发释放的物质总量是黄石国家公园的十分之一，也就是 1 000 立方千米；而坦博拉火山爆发释放的物质总量是托巴火山的十分之一，大约 100 立方千米；上述其他的火山释放到大气里的碎片大概加起来一共 10 立方千米。

1980 年 5 月 18 日，美国华盛顿州西南部的圣海伦斯火山爆发了。它是历史上最著名的火山爆发之一，也是近代历史上美国本土 48 个州中最大的一次火山爆发。圣海伦斯火山爆发释放出的物质总量相对来说比较小，只有 1 立方千米，但火山爆发后的破坏力却很大。该地区大部分都被火山灰覆盖，大面积的森林被毁坏，图特河北汊河道被火山灰及其他火山碎片填塞，深度达 600 英尺（约合 182.9 米）。这次火山爆发导致 57 人罹难。

 历史上最致命的火山爆发有哪些？

1815 年 4 月 5 日，位于今印度尼西亚的坦博拉火山爆发，造成 9.2 万人死亡，成为最致命的火山爆发事件。1883 年 8 月末，发生在印度尼西亚喀拉喀托的另一次火山爆发夺去了 3.6 万人的生命。1902 年 8 月 30 日，位于法属西印度群岛中的马提尼克岛上的培雷火山爆发，造成至少 2.9 万人死亡。较近的一次致命火山爆发是 1985 年 11 月 13 日发生在哥伦比亚的鲁伊斯火山爆发，共造成 2.3 万人死亡。

1783 年，冰岛的拉基火山爆发。从死亡人数看，也许不能把它列入"最致命"的火山爆发名单，但是死亡人数的比例的确很惊人，约有 20% 的冰岛人因此丧命。

由于人口的增长，如今越来越多的人居住在离火山很近的地方，不管是活火山还是休眠火山，与火山相关的死亡人数也因此有所增加。

 历史上最强的地震是哪次？

最强的地震发生在 1960 年 5 月 22 日的智利，震级为里氏 9.5 级。共造成 2 000 人死亡，3 000 人受伤，200 万人无家可归。损失高达 5.5 亿美元。地震引发的海啸导致夏威夷 61 人死亡，日本 138 人死亡，菲律宾 32 人死亡或失踪。

 发生在市区的最强地震是哪次？

1755 年 11 月 1 日，发生在葡萄牙里斯本的地震被认为是发生在市区的最强地震。这次地震震级最少有里氏 9.0 级，持续了 6 ～ 7 分钟。整个海港城市被摧毁，6 万多人丧生。遥远的瑞典都有强烈的震感。地震引发的海啸袭击了加勒比海的西印度群岛。里斯本大地震在欧洲思想家中引发了一场激烈辩论，当时里斯本是宗教裁判所的所在地，思想家试图去解释为什么上帝要在万圣节举行大弥撒的时候摧毁这座城市。

 ## 4·18 旧金山地震的破坏有多大？

1906 年 4 月 18 日清晨 5 点 12 分，美国旧金山发生地震，震级达到里氏 8.3 级。20 秒的轻微抖动后是 45 ～ 60 秒的剧烈震动。地震破坏了自来水总管和煤气总管，引发了持续 3 天的大火，三分之二的城市毁于一旦。这场地震的破坏力极大，人员伤亡和财产损失惨重：约 3 000 人丧生（旧金山共有 40 万人口），整个商业区被毁，490 个城市街区被摧毁，五分之三的房屋坍塌或烧毁，25 万～ 30 万人无家可归。1906 年的旧金山大地震至今仍是美国历史上最严重的一次地震。

这次地震是美国新闻业的一个里程碑。《旧金山观察报》（威廉·伦道夫·赫斯特所有）、《召唤》和《旧金山纪事报》等旧金山报纸的办公室全部被烧毁。但在灾难后的第

▍1906 年大地震过后，美国旧金山萨克拉门托街上，人们看着浓烟从火中升起。

一天，这 3 家报纸就联合起来在奥克兰海湾发行了一份合印版报纸：《加利福尼亚纪事-观察者报》。《纽约太阳报》的记者威尔·欧文凭借记忆撰写了一篇名为《昔日的城市》的文章，风靡全美。威尔曾于 1900—1904 年任《旧金山纪事报》的记者和编辑。这篇文章被全美多家报纸转载，成为新闻业的一个典范。旧金山的悲剧展示了美国新闻界空前的能力，即迅速向全国报道一个地方事件的能力。

1989 年，这一海湾地区再次遭遇大地震袭击。当时，数百万美国人正在观看在旧金山城外的烛台公园球场上演的世界大赛，突然电视的镜头开始摇晃。因为当时媒体正在转播棒球比赛，所以这场地震实际上被直播到了全世界。煤气管道损毁再次引发大火，造成了巨大损失。这场地震震级为里氏 7.1 级，有 67 人在地震中死亡，造成的经济损失高达 150 亿美元。旧金山海港区遭到了重创，至少有一部分原因是该区基本建在 1906 年地震后的废墟上。

 ## 20 世纪最强的地震有哪些？

按里氏级别来衡量，20 世纪最强的地震依次为：1960 年智利的 9.5 级地震、1964 年美国阿拉斯加威廉王子湾的 9.2 级地震、1957 年美国阿拉斯加阿留申群岛的 9.1 级地震；1952 年俄罗斯东北部堪察加半岛的 9.0 级地震、2004 年印度尼西亚苏门答腊岛北海岸的 9.0 级地震、1906 年厄瓜多尔西海岸的 8.8 级地震、1965 年美国阿拉斯加拉特群岛的 8.7 级地震、1950 年中国西藏和印度阿萨姆边界上的 8.6 级地震、1923 年俄罗斯东北部堪察加半岛的 8.5 级地震、1938 年马来群岛东南班达海的 8.5 级地震、1963 年亚洲东海岸（从俄罗斯北部一直延伸到日本南部）的 8.5 级地震。

 ## 海啸的发生有多频繁？

在太平洋上，大概每 6 年发生一次海啸，发生时间大部分在 3 月、8 月和 11 月。海啸由地震引起的，地震引发的一连串大浪以 500 英里 / 小时（约合 804.7 千米 / 小时）的超高速度向前推进，形成了海啸。到达浅水区域后，海浪开始升高，有时可达 100 英尺（约合 30.5 米）以上。1883 年，印度尼西亚的一座海岛遭遇海啸时，海浪达到了 130 英尺（约合 39.6 米）之高，摧毁了 150 多个村庄，造成 3.6 万人丧生。

人们认为正是古时候的一次海啸摧毁了古希腊的米诺斯文明（一个居住在地中海的克里特岛上的民族所创造的文明）。在大约公元前 1450 年，克里特岛遭遇高达 200 英尺（61.0 米）的海啸袭击，此次海啸可能摧毁了这座海岛，可能卷走了大批居民，以至于克里特岛最终被来自希腊大陆的迈锡尼人征服。

众所周知，海啸基本上都发生在环太平洋地区沿岸，因此借助高端复杂的工具，气象学家们可以监测并预报这一地区的灾难，警告公众撤离潜在的危险区域，从而把损失降到最低。然而，2004 年 12 月 26 日，里氏 9.0 级的地震在印度尼西亚苏门答腊岛海岸发生的时候，海啸预警系统还没有在印度洋沿岸地区建立起来。

 ## 2004 年东南亚海啸的破坏有多大？

2004 年 12 月 26 日的东南亚海啸是有记录以来造成死亡人数最多的一次。地震波肆无忌惮地穿越印度洋，造成了如同《圣经》中所述的大洪水一样的海啸，因此出现了史无前例的大规模人道主义救济与援助。

那天清晨，里氏 9.0 级的大地震袭击了印度尼西亚苏门答腊岛西北部。海啸目击者称，地震发生后，海水突然从海岸线上回撤，数小时后，巨浪呼啸而来，冲过海岛，席卷了包括印度尼西亚、缅甸、印度和斯里兰卡在内的 12 个国家的沿海村落。海浪一路向西，冲到了非洲海岸。

此次灾难造成超过 15 万人丧生，仅印度尼西亚就有超过 8.5 万人死亡。国际社会立即做出反应，救灾金额达到了数十亿美元。尽管如此，由于位置偏僻、基础设施毁坏和一些地区正在进行的冲突，救援行动受到了很大的阻碍。海啸过后的几个星期里，印度尼西亚官方表示真实的死亡人数还有待确定，因为还需要对幸存者进行调查，看看他们是否还有失踪的亲友，最初统计的死亡人数没能包括被海水卷走的人，估计这一数字不小。从世界银行出具的最初报告来看，仅印度尼西亚的损失就达到 45 亿美元，但官方表示具体的损失需要数月时间才能计算出来。

2004 年 12 月 26 日发生的地震是过去 100 年中的第三大地震，也是 1964 年以来最大的一次（1964 年在美国阿拉斯加发生了里氏 9.2 级地震）。科学家认为东南亚地震发生在海面 6.2 英里（约合 9.9 千米）以下，造成海底变形，产生的海浪在清晨的几个小时内穿越了大洋。尽管这些海浪在海上可能没有那么大，但越接近海岸就越高，因为大量的水被挤到了海面上。

2004 年 12 月末，地震引发的海啸横扫东南亚，摧毁了印度尼西亚的班达亚齐。幸存者们徘徊在灾后的瓦砾中。

美国遭遇过海啸吗？

答案是肯定的。事实上，有记载以来海浪最高的海啸在 1964 年 3 月 28 日袭击了美国阿拉斯加，浪高达到 220 英尺（约合 67.1 米）。引发此次海啸的是阿拉斯加威廉王子湾大地震，里氏 9.2 级。海啸袭击了该州西南海岸，导致 107 人死亡。

夏威夷也时常发生海啸。最著名的一次海啸发生在夏威夷成为美国的一个州之前。1946 年 4 月 1 日，宽达 3 英里（约合 4.8 千米）的希洛港突然干涸了，紧接着便发生了海啸。巨浪冲上海岸，摧毁了码头。这个过程重复了 2 次，导致夏威夷 150 多人死亡。

 美国历史上最恶劣的飓风是哪次？

2005 年 8 月末，卡特里娜飓风袭击了美国的墨西哥湾沿岸地区。它不仅是美国历史上最具破坏力的飓风，还是美国最恶劣的单一天气灾难。"卡特里娜"是只怪兽，风暴直径大概为 200 英里（约合 321.9 千米），风速为 145 英里／小时（约合 233.4 千米／小时），所到之处，暴雨倾盆，巨浪滔天，还在当地引发了龙卷风，虽然只是四级飓风，但风暴潮高达 28 英尺（约合 8.5 米）——这种高度的风暴潮一般只出现在五级飓风中。

8 月 29 日星期一，卡特里娜飓风登陆墨西哥湾沿岸地区。由于预测到了飓风，位于海平面以下的新奥尔良立即疏散了当地居民。但仍有成千上万的人没有撤离（如执法人员和医务工作者），其中大概有 2.3 万人躲在超级圆顶体育馆内，那里被用作紧急避难所。这座老旧的建筑无法承受卡特里娜飓风的猛烈吹打，部分穹顶被吹掉。卡特里娜飓风肆虐了路易斯安那州、密西西比州和亚拉巴马州之后，在进入内陆地区时开始逐渐减弱。星期二早上，美国官方和新闻媒体都表示美国沿海地区经受了不可思议的惨重损失，但新奥尔良躲过了一劫，这座绰号为"大逍遥"的城市没有遭受到最严重的损失。密西西比州的格尔夫波特与拜洛希遭到了重创，其受损程度令人震惊。随着损害报告的出具，人们了解到墨西哥湾沿岸大概 90% 的建筑物都被破坏了，数千人被卡特里娜飓风夺去了生命。具体的死亡人数还不清楚，官方表示还需时间统计。暴风雨的破坏力巨大（有人说简直就如《圣经》里所述的大洪水一样），以至于救援和重建工作需要花上数周乃至数月时间。后来，人们看到了全部的破坏程度，重建所需的大致时间被修改成了数年。

星期二晚些时候，新奥尔良的命运急转直下。保护这个城市的岸堤没能挡住涨水的庞恰特雷恩湖，新奥尔良 80% 的地区充满了积水，水深达 25 英尺（约合 7.6 米）。水面上涨的时候，洪水中的受害者躲在房顶上或阁楼里避难，救援人员和志愿者无法及时救出这些受害者。城市陷入一片混乱与无序之中，悲痛和绝望之情充斥着媒体报道，令整个美国为之动容。美国人开始捐钱捐物。美国红十字会发起了有史以来最大的一次动员活动。美国联邦应急管理局（美国国土安全部的一部分）、美国海岸警卫队（也是美国国土安全部的一部分）和美国军队都参与了卡特里娜飓风的灾后营救工作。

尽管展开了各种营救工作，但是人们普遍认为美国政府对于灾难的反应不足且滞后。9月2日星期五，美国总统乔治·W. 布什发表讲话时说结果是不可接受的。他还进一步承诺要"做出合理的解释"。政界和民众大肆谈论这一主题，一些专家表示灾难摧毁了应急体系。国家应急体系主要靠地方和州政府，联邦政府做后备支持。卡特里娜飓风灾难中，超强的破坏力使地区和州政府根本无法应对，或无法提供足够的援助；这时，联邦政府就需要尽快提供大规模援助以减轻民众痛苦并保卫生命安全。不过，政府官员似乎达成了一致：真相可以以后再查，但救援受害者却不能以后再做。全美各州各市都开始往墨西哥湾地区派送物资，并开始建立应急中心来接待难民。他们需要短期的（水、食物、衣物、住处、药品、医疗和心理辅导）和长期的（工作、学校和长久的住处）帮助。

9月7日星期三，在卡特里娜飓风袭击后的第九天，局势进一步明朗。新奥尔良市强制疏散所有滞留人员。城里依然充斥着有毒的洪水。与此同时，防洪堤坝正在维修，有毒洪水也开始往外抽排。人们努力寻找混乱中失散的亲人。前几天，负责营救的工作人员在墨西哥湾地区挨家挨户地寻找生还者，如今又开始了辨认死者和确定死亡人数的工作。死亡人数估计有上千人，受灾面积达9万平方英里（约合14.4万平方千米），大概相当于明尼苏达州的大小，承保的财产损失至少达260亿美元，未承保的财产损失大概是这一数字的2倍。

卡特里娜飓风造成的后果影响了全美各州。为了减轻受灾地区的重负，一些幸存者被转移，志愿者们竭尽所能地帮助他们。全美的学校都敞开大门，接纳受灾学生。由于近海钻塔和墨西哥湾炼油厂地区受到飓风的破坏，燃料价格急剧上涨，天然气和燃油价格也随之上涨。许多美国人都开始怀疑美国政府对灾难的应对能力。此次灾难也在世界范围内产生了影响，有95个国家提供了各式各样的援助。

在卡特里娜飓风之前，美国遭受的最致命的一次飓风是1900年9月8日发生在得克萨斯州加尔维斯敦的四级飓风。这次飓风共造成至少8 000人丧生（有人估计死亡人数多达1.2万人）。

按照萨非尔—辛普森飓风等级，一级飓风最弱［持续风速至少在 74 英里 / 小时（约合 119.1 千米 / 小时），风暴潮达 4 ~ 5 英尺（约合 1.2 ~ 1.5 米）］，五级飓风最强［持续风速至少在 155 英里 / 小时（249.4 千米 / 小时），风暴潮达 18 英尺（约合 5.5 米）以上］。自有记载以来，美国共遭受过 3 次五级飓风的袭击。第一次发生在 1935 年的劳动节，飓风袭击了佛罗里达州的珊瑚群岛，共造成 408 人死亡。第二次发生在 1969 年，卡米尔飓风袭击了密西西比州和路易斯安那州东南部地区，共造成 256 人死亡。1992 年 8 月末，安德鲁飓风袭击了佛罗里达州迈阿密达德南部地区，当时测定的风力为四级，但后来在 2002 年，美国国家海洋和大气管理局（NOAA）重新定级为五级。安德鲁飓风共造成 100 多人死亡，破坏了大片地区，主要在佛罗里达的霍姆斯特德小镇周围。

为飓风命名始于何时？

为飓风命名有着悠久的历史。据美国国家飓风中心的解释，几百年前，加勒比海的飓风的命名规则是飓风袭击当天是哪位圣人的礼拜日，就以哪位圣人的名字命名该飓风。但当飓风袭击发生在不同年份的同一天时，命名就会导致混淆，结果就会出现像"圣费利佩第二飓风"这样的名字。在第二次世界大战期间，美国军方开始用女人的名字来命名飓风。1951 年，美国国家气象局开始按照英文字母表的顺序［埃布尔（Able）、贝克（Baker）、查利（Charley）等］来命名大西洋飓风。仅仅几年后，预报飓风的人又重新采用以女人名字命名的方法，每个大西洋飓风季节（6 月 1 日—11 月 30 日）都有一组新名字出炉。从 1959 年开始，太平洋一些地区的风暴也被命名。到了 1964 年，所有太平洋地区都采用了这种命名规则。世界上会产生热带气旋的每个地区（大西洋、太平洋东北部、太平洋中北部、太平洋西北部等）每年都会列一个命名列表，这些名字在世界气象组织的国际会议上得到认可。为风暴命名有助于气象学家同时跟踪多个风暴，清晰地传达警告，而且由于主要风暴的名字会被退役以避免日后混淆，因此还有助于研究。1979 年，命名规则引入了平等原则，每个季度的列表中不仅引入了男人的名字，还引入了不同文化的名字。

因为每一季度的风暴都是按字母顺序来命名的，所以以字母 A、B、C 开头的风暴就占了绝大多数。1995 年，飓风奥佩尔（Opel）袭击了美国佛罗里达州潘汉德尔，自从预报人员为飓风命名以来，还从没用过 O 开头的名字。字母 Q、U、X、Y 和 Z 不被使用，因为以这些字母开头的名字太少。

约翰斯敦洪水事件是什么？

约翰斯敦市位于美国宾夕法尼亚州西南（匹兹堡以东），曾经多次发生洪灾，最大的一次发生在 1889 年 5 月 31 日。当时科纳芒河上的南福克大坝决堤，洪水汹涌而出。因为大坝位于阿勒格尼山脉上高约 14 英里（约合 22.4 千米）的地方，所以决堤洪水以 50 英里 / 小时（约合 80.5 千米 / 小时）的速度冲进约翰斯敦，其超强的撞击力将一辆 48 短吨（约合 43.5 吨）重的机车抛出了 1 英里（约合 1.6 千米）远。洪水造成 2 000 多人丧生，也有消息说死亡人数多达 5 000 人，发生洪水的时候，约翰斯敦有 3 万人，也就是说有 6% ~ 16% 的人口葬身于此次灾难。1977 年，约翰斯敦再次遭受洪水袭击，只不过这次由于预警系统发挥作用，死亡人数被控制在了 77 人。

1889 年 5 月，一场巨大的洪水袭击了美国宾夕法尼亚州的约翰斯敦，造成至少 2 000 人丧生。洪水过后，人们站在房顶上等待救援。

 美国 1993 年大洪水的规模有多大？

发生在 1993 年夏天的洪灾规模巨大。美国艾奥瓦州大部分地区都被洪水淹没，以至于监视地球湿度的卫星传来的图片显示受灾地区看起来有密歇根湖或苏必利尔湖那么大，被水淹没的区域粗略看起来有 2 个马萨诸塞州大小。不过，此次洪水覆盖的区域比不上 20 世纪早期（1926 年和 1973 年）的洪灾面积。

由于 1993 年春夏降雨量过大，密西西比河一些地方的河面宽度达到了 7 英里（约合 11.3 千米），密苏里河水也溢出了河堤。尽管美国联邦政府很早就布置了堤坝防洪体系，但洪水还是夺走了 50 人的生命，致使 8.5 万人背井离乡，破坏了 8 000 多座房屋，2 万多座房屋里的财产被毁，2 000 多艘满载货物的驳船搁浅，400 多个县成为洪灾区。财产和农作物损失共计 150 亿美元。

 美国遭遇的最恶劣的暴风雪有哪些？

美国的某些地区（特别是大平原、中西部和新英格兰）经常会经历极端冬季天气，但有些暴风雪确实非同寻常。1888 年 3 月，美国东北部突遭暴风雪袭击，这场暴风雪被称为"白色飓风"。一段时间的温暖天气让纽约中央公园里百树萌芽，3 月 12 日该市的温度骤降至 10°F（约合 – 12.2℃），大西洋海面吹起的大风以 48 英里 / 小时（约合 77.2 千米 / 小时）的速度袭来，带来了一场意想不到的大雪，断断续续地一直下到 3 月 14 日凌晨。3 天的累计降雪量达到了 20.9 英寸（约合 53.1 厘米），深达 15 ~ 20 英尺（约合 4.6 ~ 6.1 米）的雪堆阻断了交通。有的地方雪下得更大，纽约东南部和新英格兰南部的部分地区平均降雪量达到 40 英寸（约合 1.0 米）以上。这场暴风雪一直吹进了切萨皮克湾，使国家首都与外界隔绝了 1 天多的时间。约有 200 艘船只失事或搁浅，至少 100 人死在了海上。雪灾共造成至少 400 人死亡，其中一半在纽约市。就在这场东北地区的暴风雪发生前 2 个月，另一场暴风雪横扫了大平原地区，向东袭击了明尼苏达州。那里，风雪交加，温度骤降，暴风雪夺去了很多人的生命，导致成千上万头家畜死亡。

1993 年的大暴风雪肆虐整个美国东海岸，从缅因州到佛罗里达州，造成了大量伤亡和惨重破坏。超过 300 人死亡，其中近 50 人死在海上，经济损失总计 30 亿 ~ 60 亿美元。虽然仅在 20 世纪 90 年代，东海岸就遭受了几场所谓的"百年一遇的暴风雪"（几个月前的 1992 年 12 月就发生了一场），但 1993 年 3 月的这场暴风雪确实令人刻骨铭心，其数据可能足以让它成为 20 世纪之最。东海岸地区的风速超过 75 英里 / 小时（约合 120.7 千米 / 小时），北卡罗来纳州的弗拉托普等地点测得的风速超过了 100 英里 / 小时（约合 160.9 千米 / 小时）。此次暴风雪中，田纳西州的降雪量最大，勒孔特山区的降雪量达到 56 英寸（约合 142.2 厘米）。东北地区也有大量降雪，积雪甚至延伸到了佛罗里达州的西北部。专家估计，此次降雪换算成水量，相当于密西西比河流经新奥尔良 40 天的流量。从低温纪录来看，这场暴风雪超过了雨果飓风（1989 年）和黑兹尔飓风（1954 年）。

然而，中西部和大平原北部的居民可能会争论，像 1993 年的大暴风雪这样的灾害在他们那个地区是相当常见的。比如，1975 年 1 月 10—11 日发生在中西部地区的另一场暴风雪很轻松地就能获得世纪之最的头衔。这场暴风雪伴随着 90 英里 / 小时（约合 144.8 千米 / 小时）的风速，温度低至 -80°F（约合 -62.2℃）。火车被困在雪堆中，至少 80 人死亡。农场主和农民受到严重打击，损失牲畜达 5.5 万头。

 ## 黑色风暴事件是什么？

黑色风暴事件是美国历史上最严重的沙尘暴。1934 年春，全美都处在大萧条之中。美国大平原地区的农民目睹了 2 场巨大的沙尘暴。第一次是在 4 月中旬：在经历了多日的炎热、干燥和无云天气之后，刮起了时速 40 ~ 50 英里（约合 64.4 ~ 80.5 千米）的大风，风卷起干燥的土壤，形成了厚重的沙尘云。在美国得克萨斯州和俄克拉何马州，沙尘云吞没了大地。在接下来的 1 个月里，天气出奇炎热。5 月 10 日，大风再次袭来，掀起了第二次沙尘暴，这次形成了浅棕色的雾。

5 月 11 日，专家估计从大平原地区吹来的沙尘暴将 1 200 万短吨（约合 1 088.6 万吨）的沙土带到了芝加哥，同样的沙尘暴还遮挡了克利夫兰的天空。5 月 12 日，沙尘暴抵达东海岸地区。2 次沙尘暴一共从大平原地区带走了 6.5 亿短吨（约合 5.9 亿吨）地表土。

黑色风暴横跨新墨西哥州、科罗拉多州东部、得克萨斯州、俄克拉何马西部和堪萨斯州，覆盖面积达到 30 万平方英里（约合 77.7 万平方千米）。损害极其严重：农作物，主要是小麦，被平地折断或连根拔起；牛因吃了带有沙尘的草而死；尘土飘移，在谷仓和房屋前堆起了土垒；为了不让沙尘渗入房屋，各家用湿毯子、油布和胶带塞住房屋的裂缝，但家中的一切仍然被沙尘覆盖；车辆和机器也被沙土堵塞。除了因窒息而死在田里的农民外，成百上千的人还患上了"尘肺病"。

 ## 黑色风暴事件造成了哪些影响？

1934 年春天的沙尘暴尘埃落定后，许多大平原地区的农业家庭决定逃离这片荒原。35 万多人收拾行装，向西迁徙，灾难永远地改变了他们的生活。美国作家、诺贝尔文学奖得主约翰·斯坦贝克在他的小说《愤怒的葡萄》中记载了一个来自俄克拉何马州的家庭悲惨而艰辛的西行之旅。这些移民放弃了大平原上被摧毁的土地，到其他地方去寻求更好的生活。

这场沙尘暴不仅仅是大自然之威。19 世纪末，大平原地区的农民们利用大型拖拉机和收割机耕耘，连根除掉了原来保持水分、使土地不至于被风吹走的野牛草。有草覆盖的时候，即使再强的风、再严重的干旱也没能扰乱这片土地。第一次世界大战后，对小麦的需求激增，农民们因此新开垦了超过 2 700 万英亩（约合 1 092.7 万公顷）土地。1930 年的小麦产量几乎是 10 年前的 3 倍，代价是大部分防尘的野牛草都被除掉了。下一个旱季（1934 年春）来临的时候，大风刮起了沙尘。

政府介入，试图亡羊补牢。土地保护成为美国联邦机构关注的核心，美国林务局在100 英里（160.9 千米）宽的区域内展开了一项"防护林"工程，覆盖了从加拿大到美国得克萨斯州的潘汉德尔的广大区域。雨季来临，重建工程进展顺利，野牛草很快再度布满土地，避免了沙尘暴的再次发生。

火　灾

 伦敦大火造成的损失有多大？

1666 年 9 月 2 日星期日早上，伦敦突发大火。大火烧了 4 天 4 夜，吞没了五分之四的城区（当时还围着城墙），城外 63 英亩（约合 25.5 公顷）的土地也遭了灾。大火从伦敦桥附近的布丁巷开始，迅速烧过拥挤的木屋区，一直烧到了泰晤士码头仓库。毁坏的地方包括伦敦市政厅、海关、伦敦交易所及圣保罗大教堂。此外还烧毁了 44 个车马行、86 间教堂和 13 多万间房屋。

尽管此次大火毋庸置疑是一场灾难，但伦敦很快重建了城市，并借此机会成为欧洲最现代的城市之一。火灾破坏了成千上万座老建筑，这些地方以前都遍布虱子和老鼠，英国鼠疫传播的一部分原因就是它们。

 美国拉斯维加斯米高梅大酒店发生的火灾造成了什么影响？

美国拉斯维加斯米高梅大酒店的火灾发生于 1980 年 11 月 21 日，共造成 85 人死亡、

600 多人受伤。全美范围内在这场火灾后发起对地区防火规范的修改，使得这次悲剧事件极具政治意义。

米高梅大酒店事实上通过了防火检查，但这个世界上最大的赌博娱乐场所花了 8 年时间才装修好，从设计（包括防火系统）到竣工，酒店都没能与持续改进的高层建筑安全标准保持同步。一次短路导致了火灾的发生，黑色的浓烟穿过通气管道和楼梯间进入这座 21 层酒店的每间客房里。很多人因吸入浓烟而死亡，美国公众因此开始意识到烟的危害——它甚至比火还危险。

这一事件成为改革的催化剂。在 11 月的火灾之前，大多数社区都没有要求现有的建筑随着每次防火安全规范的修订而进行改造。这次大火之后，许多社区都要求建筑商遵守最新的防火要求。

芝加哥大火真的是一头牛引发的吗？

据说，1871 年 10 月 8—9 日发生在芝加哥的大火是一头牛引发的（人们一般认为这头牛属于一位姓奥利里的女士）。这头牛踢翻了德科文大街上的一盏煤油灯而引发了这场火灾。但火灾真正的原因无人知晓。关于芝加哥大火的原因有多种猜测，从奥利里的牛到流星都有：有人认为一颗流星在空中爆炸，致使大量燃烧着的碎片落在这片区域，引发了这场大火。

芝加哥历史学会记载了这次火灾的破坏力：“所谓的‘火灾地区’长 4 英里（约合 6.4 千米）、均宽 0.75 英里（约合 1.2 千米），面积多达 2 000 英亩（约合 809.4 公顷），包括超过 28 英里（约合 44.8 千米）长的街道、120 英里（约合 193.1 千米）长的人行道和 2 000 多个路灯，还有数不清的乔木、灌木丛以及这座‘西部花园’里的众多开花植物。1.8 万座建筑倒塌。财产损失高达 2 亿美元，大概占整个城市资产的三分之一；其中大概有一半是承保财产，但是由于许多保险公司倒闭，因此实际赔偿额只有保险额的一半。10 万芝加哥人失去了家园，失去了工作场所的人不计其数。”

在 10 月 17 日的日记中（1933 年由 W. W. 诺顿发表），芝加哥居民朱莉娅·纽伯里这样描述火灾的惨状：“10 月的一个星期日晚上，大火从 12 号街（原文如此）爆发，迅速席卷了 2 条主干道，12 号街南侧的所有建筑被焚毁，坍塌进河里。存放着原版《国父遗嘱》和天知道有多少无价资料、法律文件、法庭记录的法院，美丽的克罗斯比歌剧院——歌剧院中的宝石（原文如此），还有所有银行、保险机构、火车站、教堂，满街区的商店——无与伦比。紧接着，天啊，太惨了，大火，鲜红的、狂暴的、肆虐的大火越过（芝加哥的）河，烧啊烧啊，烧得只剩下马伦·奥格登先生的房子还挺立在林肯公园旁。是的，整个北岸都化为了灰烬……"

尽管美国还遭受过其他火灾，包括破坏了大概 500 座建筑物的 1835 年纽约大火，但芝加哥大火是整个北美地区有史以来最严重的一次火灾。受灾地区不仅仅局限在芝加哥城区，火星引发的森林大火从 10 月 8 日一直烧到 10 月 14 日，焚毁了密歇根州和威斯康星州上百万英亩（1 英亩约合 0.4 公顷）的林地。火灾又造成威斯康星州的佩什蒂戈以及周围 16 个社区的 1 000 多人失去了生命。

与 200 多年前英国伦敦的大火一样，灾后人们开始了如火如荼的重建工作，使芝加哥成为美国最具建筑风格的城市之一。事实上，大火推动了建筑学上的芝加哥建筑学派的发展，芝加哥建筑学派的建筑风格也被称为商业风格，因为其大多数建筑是办公楼、仓库和百货大楼。芝加哥建筑学派推动了美国现代建筑运动的开展。

 2003 年的加州山火的破坏力有多大？

2003 年末，肆虐美国加利福尼亚南部的大火不仅是加利福尼亚州历史上最具破坏力的火灾，还是加州历史上所遭遇过的最严重灾难之一。15 起大火摧毁了 3 000 多座房屋，烧毁了 75 万英亩（约合 30.4 万公顷）的土地，导致 24 人死亡、200 多人受伤。

山火始于 10 月 21 日，在圣塔安娜风的推动下，大火席卷了森林密布的峡谷和洛杉矶山上的社区、河畔，还有圣贝纳迪诺、圣迭戈和文图拉等县镇。10 月 27 日，美国总统布什公布了受灾区域，为美国联邦政府的援助指明了方向。消防人员一直工作到 11 月初才把火势控制住。大火迫使人员疏散，并造成了大面积的空气污染。造成的经济损失达 25 亿～30 亿美元。

尽管在 2003 年，南加州惨遭这次突发事故破坏，这场西部地区山火也成了美国的头条新闻，但总体来说，2003 年的火灾数量没有超出平均水平。美国国家跨部门防火中心（NIFC）的数据显示，2003 年共发生山火 8.6 万起；过去 10 年（1993—2002 年）中，平均每年发生火灾 10 万起。2003 年火灾烧毁的土地面积为 492 万英亩（约合 199.1 万公顷），过去 10 年中平均每年的烧毁土地面积为 466 万英亩（约合 188.6 万公顷）。2004 年的火灾烧毁土地面积比 2003 年多了近 200 万英亩（约合 80.9 万公顷）。但是

2003 年，一场山火沿着美国加利福尼亚州阿罗黑德湖边的高速公路燃烧。这场肆虐加利福尼亚南部的大火是加州历史上最具破坏力的火灾。

NIFC 承认 2003 年因火灾受损的建筑数量要高于平均数：共有 5 781 个建筑被烧毁，包括 4 090 个普通住宅，导致很多人无家可归。2003 年，仅联邦政府就花费了 13 亿美元来控制全美的山火，这个数目比过去 10 年的平均数要高得多。

意外及科学事故

 ## 塔科马海峡大桥怎么了？

1940 年，大风袭击了一座长 2 800 英尺（约合 853.4 米）的新建悬索桥（它跨越华盛顿皮吉特湾），导致桥体变形，随风摇动。简单地说，就是一个工程上的错误导致一根悬索无法承受大风，以致桥体变成了带状，如波浪一样晃动。10 年后，第二个横跨皮吉特湾的大桥建成，才通车运营。1940 年的事故促使工程师和桥梁设计师在设计悬索桥的时候提高警惕。

 ## 关于"泰坦尼克号"轮船我们知道什么？

"泰坦尼克号"轮船是威廉·詹姆斯·皮里勋爵和 J. 布鲁斯·伊斯梅的智慧结晶，是英国技术和美国资金的结合。皮里是哈兰德与沃尔夫造船厂的负责人，这家公司在英伦三岛建造最坚固、最优秀的船舶，以此闻名于世。伊斯梅是白星航运公司的董事长，该公司隶属于美国金融家 J. 皮尔庞特·摩根的美国国际海运公司。

1907 年，皮里和伊斯梅计划与当时顶尖的冠达邮轮竞争，建造在大小和豪华程度上都超过冠达邮轮船只的新船。他们计划的邮轮"泰坦尼克号"在贝尔法斯特建造，同时建造的还有它的姐妹船"奥林匹克号"。"泰坦尼克号"在总吨位上超过了"奥林匹克号"，但在长度上却不及后者。泰坦尼克号长 882 英尺（约合 268.8 米），宽 92 英尺（约合 28.0 米），总吨位为 46 328 吨，9 层钢制甲板有 11 层楼那么高。"泰坦尼克号"注册为英国船只，由英国官员管理。1911 年 5 月 31 日，"泰坦尼克号"正式下水。

"泰坦尼克号"完全符合皮埃里和伊斯梅的计划，它的尺寸不仅允许增加更多的空间来容纳越来越多前往美国的三等舱（最便宜的舱位）的移民乘客，也能为头等舱和二等舱的旅客提供奢华的设施和服务。人性化的舒适设施包括世界上第一个船载泳池、土耳其浴室、健身房和壁球场。头等舱更是极尽奢华，起居室里有壁炉，卧室里有超大的四柱床。此外，船上还配备了一台装载起重机和一个汽车舱。船上的医院甚至还设有现代化的手术室。

1912 年 4 月 10 日，皇家邮轮"泰坦尼克号"从英格兰的南安普敦港正式起航。船上的三等舱满员，当时一些显赫的社会名流也上了船。纽约是这次航行的目的地。4 月 14 日，轮船在北大西洋异常平静且冰冷的水域中航行，靠近纽芬兰。晚上 11 点 40 分，船体撞上冰山，导致从船头到中部右侧沿线受损，海水立即进入船体。4 月 15 日凌晨，事故的 2 小时 40 分后，"泰坦尼克号"沉入了大海。

"泰坦尼克号"上的 2 224 人中仅有 711 人幸存。1 513 名遇难人员中有美国工业家和商人约翰·雅各布·阿斯特四世、伊萨多·斯特劳斯、本杰明·古根海姆以及哈里·埃尔金斯·怀德纳。幸存者大都是头等舱的妇女和孩子，他们被"卡帕西亚号"轮船救起。

图中，幸存者正在奋力逃离即将沉没的"泰坦尼克号"。1912 年，"泰坦尼克号"沉没，2 224 人中仅有 711 人幸存。

这艘船在 50 英里（约合 80.5 千米）外的海域收到了"泰坦尼克号"的求救信号，花了 3.5 小时才到达出事地点，这时"泰坦尼克号"早已沉没。

 为何当时的人们认为"泰坦尼克号"是"永不沉没的轮船"？

"泰坦尼克号"使用了当时的尖端技术，这艘豪华的远洋巨轮配备了最先进、最优质的设备。庞大的船体使之具备良好的稳定性。其结构使用的钢材比以往任何船只都要多。它建有双底结构，两层底板无论在厚度还是重量上都要优于其他船。整个船体被 15 道水密隔墙分开，船体分成了 16 个水密隔舱，任意 2 个进水都不会导致轮船沉没。这一现代技术的杰作是白星航运公司皇冠上的一颗宝石，它被称为"永不沉没的轮船"。

然而，轮船的设计者没有（也不可能）为发生在 1912 年 4 月 14 日的事故做任何准备。快到 12 点的时候，轮船还在以 21 海里 / 小时的高速穿越北大西洋，尽管其他轮船曾警告，平静的水面往往布满冰。当"泰坦尼克号"的 2 名值班船员（没有用望远镜）发现航线上出现冰山的时候，轮船距离冰山已经只有 0.25 英里（约合 0.4 千米）的距离了。尽管轮船立刻向左转向，但为时已晚。水下的冰架撕开了右舷上的镀层，船体接缝处裂开缝隙，海水肆虐而入。一旦一个"不透水的"舱室被填满，冲进来的海水就会灌入下一个舱室。

"泰坦尼克号"象征了人类的傲慢。船主和船长都认为"泰坦尼克号"是无敌的，因此，船上没有配备足够的救生艇，"泰坦尼克号"的救生艇仅够容纳一半乘客。由于缺乏安全演习，许多救生艇在半空状态就开走了。显赫的社会名流和移民美国的普通民众都葬身大海。大量的人员伤亡使此次海难成为航运史上的一大悲剧。

 "泰坦尼克号"沉船事件对海洋航运造成了什么影响？

"泰坦尼克号"沉船事件之后，海洋航运出台了新的规定，以提高海航的安全度。首先，也许是最简单的，就是所有轮船都要配备足够的救生艇，确保船上每个人都能上救生艇。（"泰坦尼克号"航行的时候，救生艇的数量是根据轮船的吨位来定的，而不是乘客和船员的人数。）同时，新规定还要求在轮船起航后不久就要进行救生演习。

航线也被南移了很多，以远离冰山地带，同时还要有巡逻艇进行巡视。轮船在接近冰山地带的时候需要减速或更改航线。

直到 1912 年，大部分轮船还都只雇用一个无线电报员，"加利福尼亚号"轮船也不例外。"泰坦尼克号"上的无线电报员杰克·菲利普斯发出求救信号时，"加利福尼亚号"就在离它不到 20 英里（约合 32.2 千米）的地方。但"加利福尼亚号"的电报员那时正在休息。菲利普斯坚守岗位，拼命寻找附近的船只，但最终还是同"泰坦尼克号"一起沉入了海底。在这次灾难后，美国国会迅速通过了《1912 年无线电法案》，规定无线电必须昼夜有人监守，还要配备 1 台备用的能源装置（除了轮船的发动机外）；无线电要能达到 100 英里（约合 160.1 千米）的范围。另外，电报员要持证上岗，坚持一个固定的频率段，在接收求救信号方面要遵循严格的规范。这一措施旨在摈弃那些业余的电报员，他们发的电波曾经在 1912 年 4 月 15 日晚上误导了政府的电报员。一个业余电报员传递的错误信息说"泰坦尼克号"正安全地朝着加拿大新斯科舍省的哈利法克斯前进。

 "泰坦尼克号"沉船事件是史上最大的沉船灾难吗？

尽管"泰坦尼克号"沉船事件是史上最著名的沉船灾难，但它并不是最大的沉船事故。根据航运记载，有 3 次沉船事件比"泰坦尼克号"更惨烈。

1865 年 4 月，明轮蒸汽船"苏坦娜号"在美国密西西比河上爆炸，船上大约载有 2 300 人，其中 1 653 人丧生。这艘汽轮之前一直定期在圣路易斯和新奥尔良之间运送乘客和货物。

1917 年，在加拿大新斯科舍省的哈利法克斯港口，"勃朗峰号"轮船发生大爆炸，造成 1 635 人死亡、1 000 多人受伤。这艘法国的弹药运输船（当时一战战事正酣），在途中与一艘名为"伊莫号"的挪威救援船相撞。当时"勃朗峰号"装载着上千吨的炸药和燃料，这些都在碰撞时被点燃。巨大的爆炸炸毁了哈利法克斯港的大片区域，并引发了一次席卷哈利法克斯城的海啸。

最近的一次灾难发生在 1987 年，当时"多纳帕兹号"与"维克多号"在菲律宾海域相撞，造成 1 840 人死亡。

 "兴登堡号"飞艇发生了什么？

许多人都很熟悉这样一个场面：巨大的飞艇燃起熊熊大火。1937 年 5 月 6 日晚上 7 点 25 分，德国最大的飞艇"兴登堡号"在试图降落在美国新泽西的莱克赫斯特海军基地时发生了大爆炸。"兴登堡号"刚刚结束横渡大西洋的飞行，将系泊缆绳抛给地勤人员时，支持飞艇飘浮的氢气导致了爆炸。仅仅 32 秒，"兴登堡号"就只剩下了在地面暗燃的碎片。飞艇上的 97 人中有 62 人幸存。除了飞艇上丧生的 35 名乘客和机组人员外，美国的 1 名地勤人员也在这次事故中死亡。这次事故的真正原因一直没有确定，有人认为是大气中的电火花（而不是人为破坏）点燃了飞艇中泄漏的氢气所致。爆炸前几秒，有人发现飞船尾翼的外罩在颤动，这一事实证实了燃气泄漏问题的存在。

　　这次事故被完整地记录了下来。当时，乘飞艇旅行已经有 25 年的历史，输送了约 5 万名乘客，而且没有 1 人伤亡。即便如此，"兴登堡号"登陆新泽西仍是一件大事，旁观者的数量可以证明这一点。飞艇是科技创造的奇迹，而"兴登堡号"尤其值得一看，因为它是当时最大的飞行物。尽管"兴登堡号"的到达时间比原定计划晚了 12 个小时（由于大西洋的天气），但大家还是热切地期盼它的到来。整个事件都被拍了下来，此事在新闻节目中被广泛传播。报纸和广播也把"兴登堡号"以及飞艇旅行与恐怖的科技灾难联系在了一起。

　　对此次事故的大肆宣传使飞艇旅行戛然而止。"兴登堡号"发生爆炸事故时，它的姐妹飞艇"格拉夫·齐柏林号"正在从里约热内卢返回德国的途中。"格拉夫·齐柏林号"

▌1937 年，德国的"兴登堡号"飞艇在美国新泽西的莱克赫斯特海军基地上空爆炸坠毁。

一到德国就被停飞，直到查明"兴登堡号"事故的原因。从此，飞艇再也没有运送过乘客。年后，一架飞机载着第一个付费的乘客穿越了大西洋。

今天，诸如固特异之类的大公司将飞艇用在美国的国家大事上，主要是体育运动。有些飞艇还被用来勘察和巡逻。

"兴登堡号"为何要使用氢气？

事实上，"兴登堡号"使用氢气也许是飞艇唯一的缺陷，但是在当时的政治气候下必须这么做。

"兴登堡号"是德国飞艇设计者胡戈·埃克纳的杰作。他的齐柏林公司有着多年的成功经验。1934 年，埃克纳觉得虽然他的成名之作"格拉夫·齐柏林号"已经成功穿越了几次大西洋，但还是不太适合进行这么长距离的飞行。埃克纳盼望设计一艘体积更大、速度更快的飞艇。1936 年 3 月 4 日，"兴登堡号"完成了首次飞行，埃克纳的梦想变成了现实。它的名字源于德国战争英雄保罗·冯·兴登堡。这艘巨艇长 803 英尺（约合 244.7 米），直径达 135 英尺（约合 41.1 米），可以承载的气体量是其他飞船的 2 倍。这艘飞艇采用了最先进的科技，包括 4 个戴姆勒-奔驰柴油发动机，时速可达 85 英里（约合 136.8 千米）。"兴登堡号"也是一艘奢华的飞艇。飞艇上有私人船舱，有淋浴间、餐厅、散步甲板、落地窗，甚至还有一个密封的吸烟室（香烟、烟斗和雪茄必须用电子打火机点燃，严禁携带火柴上飞艇）。

但是有一个问题："兴登堡号"的最初设计是使用氦气来飞行。但是当时氦气很稀缺，美国又拒绝销售任何氦气给德国，因为当时德国已经处在极端民族主义者阿道夫·希特勒的统治下，美国政府怀疑德国可能不久就会把飞艇用于军事。因此，"兴登堡号"不得不采用了氢气这种可燃气体，它共用了 700 万立方英尺（19.8 万立方米）氢气。

在"兴登堡号"之前还有其他飞艇事故吗？

有。1934 年，在胡戈·埃克纳和齐柏林公司计划建造豪华巨艇"兴登堡号"的时候，大多数国家不是已经放弃就是快要放弃飞艇项目，因为所有飞艇公司都经历过灾难性的碰撞事故。其中之一就是英国飞艇"R101 号"。1930 年 10 月 5 日，"R101 号"首航飞往澳大利亚时，在巴黎西北部的上空发生了爆炸，造成 54 人死亡。

历史上最致命的飞机事故是哪次?

自有航空业以来，发生过成千上万次飞机事故。记录表明，事故情况各不相同，有的是地面碰撞，有的是空中撞机，有的则是单架飞机事故。另一些记录则表明了不同的事故起因，包括飞行员失误、天气，以及燃料不足。

最严重的地面碰撞事故，也是历史上最致命的飞机事故，是发生在 1977 年 3 月 27 日的西班牙特内里费空难，造成 583 人死亡。2 架波音 747 飞机在大西洋加那利群岛的特内里费机场相撞。一架是泛美世界航空的"维克多快帆号"，它从美国洛杉矶国际机场启程，飞往加那利群岛，经停纽约肯尼迪机场；就在降落前 1 分钟，目的地拉斯帕尔玛斯的机场传来炸弹威胁的消息，"维克多快帆号"因而转飞邻近的特内里费机场。另一架波音 747 来自荷兰皇家航空（KLM），叫"赖恩号"，它从阿姆斯特丹出发，飞往拉斯帕尔玛斯的洛斯罗德奥斯机场，因为同样的原因转场。再次起飞的时候，荷兰皇家航空的客机撞到了正在滑行的泛美国际航空的客机。跑道上的大雾是灾难发生的一个原因，但通信问题也难辞其咎。根据塔楼的记录，当时还没有为 KLM 航班起飞做好准备。碰撞后，这两架大型喷气式客机发出熊熊火光。61 名幸存者（54 名乘客和 7 名机组人员）都来自泛美航空公司的飞机。

1996 年 11 月 12 日，在印度杰尔基达德里的上空发生了最严重的空中撞机事故。一架沙特阿拉伯的波音 747 飞机与一架塔吉克斯坦的伊尔 II-76 飞机在空中发生碰撞，机上 349 人全部遇难。

最严重的单架飞机事故发生在 1985 年 8 月 12 日。一架日本航空公司的波音 747 飞机在国内飞行时撞到山上，造成机上 520 人遇难。仅 4 人生还，全部为乘客。

 "阿波罗 13 号"发生了什么?

1970 年 4 月 13 日，一个损坏的线圈导致美国登月航天飞机"阿波罗 13 号"的一个氧气罐发生了爆炸，置宇航员吉姆·洛弗尔、杰克·斯威格特和弗雷德·海斯于极端危险的情况之中。爆炸破坏了燃料箱和隔热板——航天飞机返回地球大气层时，需要隔热板来保护舱体。在美国国家航空航天局（NASA）经历 1967 年的大灾难以前（发射台失火导致 3 名宇航员死亡），还从来没有碰到过这么严重的情况。还从没有过一个美国人死在太空中。

一声巨响后，"阿波罗 13 号"宇航员发现氧气罐空了，他们马上向约翰逊航天中心的飞行控制台报告："喂，休斯敦，我们遇到了麻烦。"宇航员转移到了飞行器窄小的登月舱中，它可以让 2 个人存活 2 天。宇航员此时已经离开地面 4 天了，NASA 的工程师们放下了手头所有工作来营救他们。为了保存氧气和电力，登月舱的温度降到了 38°F（约合 3.3℃）。整个世界都在期待着、关注着。登月舱掉入南太平洋时，氧气差不多用尽了。3 名宇航员都幸存了下来，这就是人们所熟知的"成功的失败"。"阿波罗 13 号"没能到达目的地，但是排除万难后，它安全地返回了地球。

 ## "挑战者号"发生了什么？

1986 年 1 月 28 日，美国国家航空航天局在佛罗里达州卡纳维拉尔角启动了美国的第二十五次航天计划。"挑战者号"航天飞机载着 7 名成员：克丽斯塔·麦考利夫，她将成为第一位进入太空的老师，按计划她将在太空向全美国的小学生授课；机长弗朗西斯·斯科比，他曾经带领了 1984 年的飞行任务；驾驶员迈克尔·史密斯，这是他第一次去往太空；任务专家埃利森·鬼冢（鬼冢承二）、罗纳德·麦克奈尔和朱迪丝·雷斯尼克，他们都是经验丰富的宇航员；有效载荷专家格雷戈里·贾维斯，这是他第一次进行太空飞行。

那是 1 月的一个早上，天气寒冷而晴朗，"挑战者号"的发射被推迟了 2 个小时。整夜的严寒让航天飞机和发射台上结满了冰，美国国家航空航天局进行了检查以评估其飞行条件。上午 11 点 38 分，"挑战者号"发射升空。但仅仅 73 秒后，在 4.8 万英尺（约合 1.5 万米）的高空，"挑战者号"化作了一团火球，当时地面上的人依然看得见航天飞机。航空航天局的控制人员已经知道出了什么事（他们听到了很多声响，在爆炸前 1 秒时，还听到史密斯发出"哦啊"的不祥声音），而观众过了一会儿才弄明白发生了什么。随着火球越来越大，残片四散飘飞，包括宇航员家人和朋友在内的观众陷入了沉寂。

爆炸的时候，宇航员都待在与航天飞机分离的登月舱里，很显然他们躲过了爆炸；随后自由落体了 9 英里（约合 14.4 千米），掉进大西洋，宇航员因巨大的冲击而丧生。灾难发生 6 个星期后，从海底打捞上了宇航员所乘坐的舱室。7 名宇航员带着应得的荣誉下葬了。

事故调查报告称，一个位于航天飞机固体火箭推进器上的 O 形密封圈失效了。由于气温太低，O 形圈变硬，从而失去了密封的作用。一个政府委员会建议重新设计固体火箭推进器的连接处，重新检查宇航员的逃生系统以提高安全系数，规范飞行次数以确保安全，对航天项目的管理层进行大规模整治。航天机构的经费也缩减了。近 3 年后，1988 年 12 月 29 日，美国才发射了另一架航天飞机。

1986 年 1 月 28 日，"挑战者号"航天飞机在升空 73 秒后发生爆炸。其中一个火箭推进器向右弹出，它的一个 O 形圈出了故障，造成此次事故的发生。

"挑战者号" O 形圈的工程师真的警告过美国国家航空航天局这一装置可能失效吗？

这是真的。但不幸的是，工程师的警告没有引起美国国家航空航天局的注意。O 形圈的生产商莫顿聚硫橡胶公司在"挑战者号"发射前几个小时告诉美国国家航空航天局可以继续发射。

1986 年 1 月 27 日，就在预定发射升空的前一天晚上，佛罗里达州卡纳维拉尔角的气温降到了冰点以下。因为从没有在 53°F（约合 11.7℃）以下的温度下发射过航天飞机，所以美国国家航空航天局在深夜进行大检查以确定发射安全。作为"挑战者号"的合作方，莫顿聚硫橡胶公司也参与了这一检查，其工程师表达了对固体火箭推进器上的 O 形圈的担心。他们害怕 O 形圈会在低温下失效，从而失去密封的效果。面对如期发射的压力，航空航天局的负责人把发射还是不发射的决定推给了生产商，莫顿聚硫橡胶公司的经理很清楚 O 形圈从没在如此低的温度下进行过测试，但还是签下了一份声明书，说固体火箭推进器在寒冷的环境下是安全的，可以进行发射。

第二天上午 11 点 38 分，"挑战者号"发射升空，大概 1 分钟后出现了明显的火光，几秒后就发生了大爆炸。机上 7 名宇航员全部遇难。后来的调查证实这起悲剧的发生正是 O 形圈失效导致的。

"哥伦比亚号"发生了什么？

2003 年 2 月 1 日清晨，美国的"哥伦比亚号"航天飞机在返回地球大气层时失踪，机上 7 名宇航员全部遇难。

距离在美国佛罗里达州肯尼迪航天中心着陆的预定时间还有 15 分钟，"哥伦比亚号"此时正在得克萨斯州上空。上午 9 点前（美国东部标准时间），美国国家航空航天局地面任务控制中心失去了来自飞行器温度控制器的数据。在接下来的几分钟里，地面任务控制中心失去了所有飞行数据。几乎与此同时，得克萨斯州的目击者报告说听到了滚滚雷声，看见了天空中掉下了碎片。探热气象雷达显示一条明亮的红色轨迹划过了得克萨斯上空。飞行器解体的时候，离地面 40 英里（约合 64.4 千米），速度达到声速的 18 倍，从得克萨斯州东部到路易斯安那州西部留下了一条碎片轨迹。后来的调查显示，执行任务期间航天飞机有一处未被发现的损伤，结果导致"哥伦比亚号"在返回地面的时候解体。

这次飞行的机长是里克·赫斯本德，驾驶员是威廉·麦库尔，任务专家是戴维·布朗、卡尔帕娜·乔娜、劳雷尔·克拉克和迈克尔·P.安德森，有效载荷专家是以色列宇航员伊兰·拉蒙。失事当天，美国总统乔治·W.布什在对全国的讲话中说："这些男男女女承受着巨大的危险为全人类服务。在这样一个航天飞行似乎已经日常化的时代，人们很容易忽视乘火箭旅行的危险……这些人很清楚有多危险，可是他们却心甘情愿去面对。"

在查明"哥伦比亚号"事故原因后，美国国家航空航天局专注于实现一套新的传感器系统，以检测在轨飞行器潜在的致命损害。2005 年 7 月下旬，美国国家航空航天局发射了"发现者号"，重新启动了航天项目。

2003 年的美加大停电是怎么回事?

一项历时 3 个月的调查发现,线路故障和系统问题共同导致了 2003 年 8 月 14 日的美加大停电。这场大停电影响了美国五大湖地区和东北部地区,以及加拿大东部部分地区,影响了 5 000 万人的生活,其中 4 000 万人生活在美国。

由美国能源部和加拿大对应机构领导的任务小组深入研究了这次大规模电力故障的原因。调查人员得出结论,美国俄亥俄州阿克伦的美国第一能源公司犯了错误,此外,电力负荷过重,两者加剧了州际电网的压力,由此引发的一系列连锁反应最终导致大规模停电。8 月 14 日星期五下午 4 点刚过,从美国底特律开始,经过加拿大多伦多,一直延到美国纽约市,大片地区开始停电。

大面积的停电立刻影响到了供水。航空运输和地铁系统全部瘫痪,地面交通也一片混乱。停电导致大多数配送线路中断,直接影响到食物和其他物资的流通。尽管有零星的抢劫报告,但犯罪事件很少,纽约市报告 8 月 14 日晚的犯罪率比平时要低。与大停电相关的死亡人数为 8 人。

一些地区在当晚开始恢复供电,但是直到 8 月 16 日所有受影响地区才都重新正常供电。

工 业 事 故

 拉夫运河事件是什么?

拉夫运河社区位于美国纽约尼亚加拉瀑布以东。自从 1976 年以来,这个社区就已经成为当地报纸关注的主题。1978 年 8 月,它更是成为国际头条新闻,遗憾的是,此后更多头条新闻接踵而至,一直到 1980 年。这些年大家弄清楚的一件事就是拉夫运河社区有毒。社区居民患癌症、流产、婴儿畸形及得其他疾病的概率出奇地高。也有报告说,地面散发出恶臭,有污泥渗出,还有多彩液体从地下冒出,在户外玩耍的孩子和动物回来后皮肤上都出现皮疹或烧伤。

居民们不知道的是,所有这些问题都是因为他们社区所建立的地点的历史。从 1947 年开始,胡克化学公司把拉夫运河当作垃圾填埋场,倾倒了 21 800 短吨(约合

19 776.2 吨）化学废料。1953 年，该公司以 1 美元的价格将运河出售给尼亚加拉学校董事会。契约承认了这里填埋的化学物质，但没有揭露它们的种类与毒性。一项免责声明使公司免于承担未来的责任。随后，运河坑被黏土封盖，以防止雨水扰动化学物质，其上还种植了草坪。很快，拉夫运河变成了一块 15 英亩（约合 6.1 公顷）的地。第二年，这里建起了一所学校。1955 年，400 名小学生开始在那里上课，并在周围田地中玩耍。这一地区发展迅速，公路、下水道和公用管线交错，破坏了土壤。

居民们早在 1958 年就开始意识到有问题，当时他们抱怨有令人作呕的气味和各种各样的皮肤问题。可是，直到 20 世纪 70 年代中期，危险程度才显现出来。一场瓢泼大雨导致化学物质露出地表。学校操场的一部分坍塌，奇怪的物质渗入地下室，树木死亡，花园萧瑟。1976 年 10 月，《尼亚加拉公报》开始调查这些问题，但政府的调查直到第二年 4 月才开始。这时，拉夫运河已经成了一场灾难：人们在下水管道和地下室里发现了毒素，暴露的化学桶泄漏物质，空气测试显示居民家中的化学含量达到了非常危险的水平。进一步测试还发现这里有 200 多种不同的化合物，包括 12 种致癌物和 14 种能够影响中枢神经系统的化合物。

居民们组织起来，成立了包括拉夫运河业主协会在内的居民组织。这些组织成功地吸引了媒体的目光，他们向政府施压并采取了措施。终于，1978 年 8 月 2 日，纽约州卫生专员宣布拉夫运河不安全。6 天后，美国总统吉米·卡特同意提供紧急援助，纽约州州长休·凯里也宣布，政府将动用资金来购买运河附近的房屋。200 多个处于险境的家庭被转移至他处。

然而，1980 年，问题再次浮现。研究者发现血液化验结果显示居民的染色体受到了严重损伤。州政府建议将当地所有孕妇与婴儿转移出房屋，甚至那些确定安全的房屋。1980 年 5 月，300 名拉夫运河社区的业主与美国国家环境保护局（EPA）官员产生了摩擦。5 月 21 日，卡特宣布对拉夫运河社区提供第二次紧急援助。这次行动更全面：近800 个家庭被疏散，他们的家不是被当场拆毁，就是被定为危房等待进一步清理。4 年后，运河上被封上了一层新的黏土罩。还是在 1984 年，美国西方石油公司（向拉夫运河倾倒化学物质的胡克化学公司的总公司）与居民们达成了 2 000 万美元的赔偿协议。

 拉夫运河事件有何影响？

拉夫运河事件的影响是全方位的。当地居民的生活被这些危险永远地改变了。拉夫运河附近的居民为自己的安全感到担忧。所有生活在其他化学物质废弃场附近的美国人，以及那些把拉夫运河变成危险废弃物填埋场的美国人，也都受到巨大影响。

在政府层面，拉夫运河事件加速了 1980 年《美国综合环境反应、赔偿和责任法》的通过。该法创立了一个数十亿美元的基金会来处理全美最严重的毒性灾害。美国国家环境保护局将优先清理大约 1 200 个被废弃但尚存潜在污染的废弃场所。

拉夫运河事件与 1984 年印度博帕尔化学工厂爆炸事件促成了有关社区知情权的法律条款，包含在 1985 年《超级基金修正案和再授权法》中。这一条款赋予所有公民了解自己居住的地方生产、储存或埋藏着什么化学物质的权利。

三里岛上发生了什么？

1979 年 3 月，美国宾夕法尼亚州米德尔敦城外三里岛上的核电站发生了一起事故，堆芯几乎熔毁殆尽。此次事故最终得到了控制，否则，其破坏程度将不亚于发生在大约 7 年后的切尔诺贝利灾难（位于今乌克兰）。三里岛核事故对人们敲响了警钟，提醒美国公众以及公共事业机构利用核能所具有的潜在危险。

三里岛核事故的发生经过是这样的：3 月 28 日星期三早上 4 点，核电站第二组反应堆因为过热而自动关闭，这是正常现象。显示器显示水压越来越大（因此很快就会发生爆炸），大都会爱迪生公司的操作员按照指示关闭了那些仍在运作的水泵。关闭所有的水泵导致反应堆温度进一步上升，于是，成吨的水顶开阀门冲了出去。水溢出后，通过另一个本不该打开的阀门流进了一间辅助厂房。这一发生在早上 4 点 38 分的最后程序导致了放射物泄露。

由于冷却系统没有工作，第二组反应堆损毁。但是这还没有结束。建筑物里的放射物释放到了大气中，早上 6 点 50 分，紧急警报拉响。当天下午早些时候，未封盖的中央反应堆释放出的氢气在安全壳厂房内不断积累，最终发生了爆炸。由于不断有氢气释放出来，官员们担心再次发生灾难性的爆炸事故。他们更担心反应堆太热以致熔化。一旦熔化，过热的材料就会渗入厂房地面，穿过土层，直达地下水，将水加热为高压蒸汽，最终蒸汽喷发，将放射物喷到空气中。

虽然技师们努力控制这场危机，但是星期三、星期四 2 天，放射物仍在断断续续地泄露到大气中。星期五，宾夕法尼亚州州长下令疏散群众，大约 14.4 万人从米德尔敦地区转移了出去。核电站局势依然紧张，一个氢气泡逐渐形成并且越来越大，增加了爆炸的可能。与此同时，由于媒体对危机持续报道，公众的恐慌情绪越来越严重。最后，4月1日，美国总统吉米·卡特来核电站视察。此时，氢气泡开始缩小，危机解除。

 三里岛核事故有何影响？

在 1979 年 3 月三里岛核事故发生之前，人们认为核熔化这种事故几乎不可能发生。实际上，虽然有安全管理体系，但是这种体系根本无法阻止大灾难的发生。事故发生后，美国核管理委员会（NRC）和公共事业公司联合起来，一同应对出现的问题。采取的措施包括：实行严格的操作员上岗审批程序；对核电站操作员进行更好的应急培训；突发事件管理系统加强信息共享；新核电站选址应远离人口密集区；所有核电站都要实施更严格的质量保证标准，这些标准要提交 NRC 审核并严格执行；紧急疏散计划必须得到美国联邦应急管理局的批准。即便对安全计划进行了改进，1986 年还是发生了切尔诺贝利核电站事故，引起了全世界对核危险的关注。

 最严重的工业事故是哪次？

1984 年 12 月 3 日，位于印度博帕尔的美国联合碳化物公司发生了漏气事件，这也是史上最严重的工业事故。大约中午 12 点半，这家杀虫剂工厂开始向外泄露一种致命毒气——异氰酸甲酯（MIC）。毒气向南蔓延，最终笼罩了大约 15 平方英里（约合 38.8 平方千米）的面积。数小时之内，几千名博帕尔居民受到这种使人窒息的气体的影响，表现出的一般症状包括严重的胸闷、呕吐、瘫痪、喉咙疼痛、冷战、昏迷、发热、腿部肿胀、视觉受损和心悸。政府根据医疗人员所述的情况估计，死亡人数有 3 000 ~ 10 000 人，总共有 20 万人直接或间接受到了毒气的影响。

事件发生数小时内，博帕尔警方便采取行动，关闭了工厂，并逮捕了经理和他的 4 名助手。这 5 个人被控告犯了过失杀人罪。联合碳化物公司总部从美国康涅狄格州丹伯里派去一队技术专家，但是到工厂后却被当地政府打发走了。与此同时，印度中央调查局拿到了工厂的记录和值班日记，要求对此事进行调查。联合碳化物公司的首席执行官沃伦·W. 安德森飞到博帕尔，但是立即遭到了逮捕，一起被捕的还有印度子公司的 2 名高管。公司高管被控犯了 7 项罪，包括阴谋罪、不构成谋杀的杀人罪、污染大气罪和过失致人死亡罪。安德森后来被保释。

得知这一恐怖的事故后，美国总统罗纳德·里根立即表达了自己以及美国人民的沉痛心情。包括联合碳化物公司在内的跨国公司受到媒体的抨击。苏联的通讯社说这些公司"向发展中国家销售低劣产品和落后技术"。印度总理拉吉夫·甘地视察了事故地点，并宣布立即向灾民发放 400 万美元救济金，他还发誓要阻止跨国公司再在印度建立"危险工厂"。

此次工业事故引发了许多思考。它引起了公众对全球化学厂安全管理系统的密切关注。从生产和储存有毒化学品的工厂数量来看，一些观察家认为化学事故的发生率可以达到每 10 年 1 次。当然，联合碳化物公司受到了经济损失，股价下跌了 12 个点，在大约 1 周的时间内，其市值的 27%，即 10 亿美元消失殆尽。受害者们提出了损害索赔，其中一笔由美国著名刑事律师梅尔文·贝利提交的索赔申请达到了 150 亿美元。

除了上千人直接在博帕尔死亡之外，还有一些人承受着长期的病痛折磨，包括慢性眼病，肺部顽疾，以及肝、脑、心脏和免疫系统受到的损伤。研究表明，事故发生后的数年内，博帕尔自然流产率和新生儿死亡率是当地其他地区的 3 ~ 4 倍。

 什么导致了切尔诺贝利核电站事故？

发生在 1986 年 4 月的切尔诺贝利事件是世界上最严重的核电站事故，由苏联的核电站爆炸引起。事故中释放的放射云蔓延到北欧大部分地区。世界核协会认为，此次事故是"反应堆设计有瑕疵，操作员不够熟练，而且缺乏相应的安全措施"导致的。

事故发生在 4 月 26 日星期日凌晨 1 点 24 分，当时距乌克兰基辅 70 英里（约合 112.7 千米）处郊外的切尔诺贝利核电站 4 号反应堆因为 2 次巨大的爆炸而剧烈摇晃起来。核电站厂房的屋顶被炸掉，放射性气体和物质释放到大气中，超过 0.5 英里（约合 0.8 千米）高。尽管有 2 名工人当场死亡，但是苏联官方没有报道这次危险的爆炸事件。还是瑞典人在检测中发现大气中辐射量激增。于是，4 月 28 日，即事故发生的 2 天后，苏联通讯社塔斯社对此进行了简短报道。

2 周后的 5 月 14 日，苏共中央委员会第一书记戈尔巴乔夫通过国家电视台向公众解释了官方掌握的事实。接下来的数月中，更多的细节被披露出来。是核电站操作员违章测试引起了爆炸，他们当时正在测试电力损失的情况下是否仍有足够的电力供应。测试期间，工人们犯了 6 个严重错误，最终导致灾难的发生。这些错误中最严重的一个或许就是关闭了紧急冷却系统，所以测试中犯下的其他错误能导致核心温度上升到 9 000°F（约合 4 982.2℃）以上，由此生成的熔铁与剩下的冷却水发生反应，生成氢气，最终导

乌克兰切尔诺贝利核电站里被损坏的反应堆。1986 年，切尔诺贝利核电站爆炸，燃起熊熊大火，向大气释放了大量放射性物质。

致剧烈爆炸。

第二次爆炸的原因尚不清楚，专家们对此意见不一。有人猜测，这只是一次单纯的核反应。

切尔诺贝利核电站事故有何影响？

作为史上最严重的核电站事故，发生于 1986 年的切尔诺贝利事件有着深远的影响。此次事故产生的辐射性微尘总量最终达到第二次世界大战末的 1945 年 8 月 6 日投放在广岛的原子弹所产生的微尘总量的 20 倍。事故造成大约 30 名消防人员和核电站工人死亡。事发地点和核电站下风地带的动植物都受到了放射性微尘的严重污染。事发 10 多年后，该地区仍旧无法种植粮食作物。

欧洲也受到了事故的直接影响。意大利的部分蔬菜受到了污染。拉普兰地区（包括挪威北部、瑞典北部、芬兰北部和俄罗斯北部）的驯鹿肉被确定不适于人类食用，原因仍是放射性污染，一段时间内，欧盟禁止从东欧进口鲜肉。

事故发生后，一些专家预言此次灾难将会造成长期影响，估计有 6 500 ～ 45 000 人会因暴露在核辐射中而患癌症死亡。但是世界卫生组织（WHO）在 2000 年发布的一份报告称："灾难发生 14 年后，没有发现核辐射造成重大的公众健康问题。没有科学证据表明癌症、死亡或身体机能良性失调等患病率的上升与核辐射相关。"

因为苏联使用的压力管式石墨慢化沸水反应炉（RMBK）在其他国家都没有，所以其他国家的科学家无法从此次事件中吸取多少教训。对于核电总体的相对安全性问题，各家观点仍有分歧。

第5章
疾病与医学

古代的疾病与医学

人类患病的历史有多长？

自几百万年前出现在地球上开始，人类就遭受着疾病之苦。但是，由于缺乏医学知识，原始人类认为疾病是愤怒的神明或邪灵所造成的。即使现在，一些原始部落还认为只有通过贡品和祭祀来安抚神明或邪灵，才能祛除身上的病症。这一活动是由巫医实施的。在史前时期，这种迷信活动产生了第一个"医疗"过程，那就是在病人的颅骨上钻一个洞——当时的人们认为这样邪灵就可以逃出体外，从而祛除疾患。考古发现证明这种治疗方法可以追溯到1万年前。古代还有一个流传至今的治疗疾病的方法，就是使用植物作为药材。

历史上第一位医生是谁？

第一位有据可查的医生是生活在约公元前2600年的古埃及人伊姆霍特普。伊姆霍特普被视为圣人，他生活的时代，埃及在医学方面取得重大进步。后来，古埃及人把伊姆霍特普奉为医学之神。

《希波克拉底誓言》是什么？

许多医学生在即将毕业或步入医学行业时要诵读《希波克拉底誓言》。其中有一句非常重要："我愿尽余之能力与判断力所及，遵守为病家谋利益之信条，并检束一切堕落及害人行为。"此誓言是古希腊医生希波克拉底所制定的医德规范。这位在小亚细亚的科斯岛行医的医生和他的前辈不同，过去的医生用迷信来治疗病人，希波克拉底认为疾病不是超自然原因而是自然原因导致的。而且，他相信疾病是可以被研究、被治愈的。这种观点构成了现代医学的基础，这也是希波克拉底被称为"医学之父"的原因。

誓言得以流传至今，主要归功于另一位著名的古希腊医生——盖伦。他从 161 年起任古罗马皇帝马库斯·奥勒留的宫廷医生，从 168 年起任古罗马皇帝康茂德的宫廷医生。他证明了动脉传输的是血液，而不是空气（古希腊人以前一直以为动脉传输空气）。和希波克拉底一样，盖伦相信四体液说。几个世纪以来盖伦的医学著作一直被看作医学实践的权威学说。从盖伦的著作中，可以看出他非常尊敬生活在几个世纪之前的希波克拉底。目前能看到的最早的《希波克拉底誓言》，就出自盖伦的著作。

四体液说是什么？

四体液说是古希腊医生希波克拉底提出的，他认为人体内有四种体液：血液、黏液、黄胆汁和黑胆汁，它们分别产生于心、脑、肝和胃。希波克拉底还主张疾病是由人体内的四种体液不平衡引起的。这些体液的存在决定了人的健康和性格。这种说法流行了几个世纪，直至现代医学出现后，才有人质疑它。

中世纪时期，每种体液都被配上了一种性格特征。人们认为面色红润的人体内血液旺盛，性格乐观开朗，易高兴，称为多血质。如果一个人体液不平衡，就会产生更多的黏液，人们认为这样的人性格迟钝、冷漠，称为黏液质。黄胆汁过剩的人性格急躁易怒，称为胆汁质。黑胆汁过多的人则容易抑郁，称为抑郁质。

生物战始于何时？

生物战有着很长的历史。例如，1343 年，鞑靼人多患流行性淋巴腺鼠疫。这种由跳蚤和老鼠传播的疾病被称为"黑死病"，因为几乎所有感染此病的人都会被折磨至死。鞑靼人在侵略克里米亚时，在某商栈遇到了一支热那亚（位于今意大利）商队，于是包围了商队，并把鞑靼病人的尸体扔向敌人，好多热那亚人因此受到感染，并把瘟疫传播到了君士坦丁堡（今土耳其伊斯坦布尔），以及他们到过的西欧码头。

1925 年，在日内瓦制订了《禁止在战争中使用窒息性、毒性或其他气体和细菌作战方法的议定书》，规定使用任何致人或动物生病或毁灭庄稼的微生物或毒素都是违法行为。1972 年，超过 162 个国家在莫斯科、华盛顿和伦敦同时签署了《禁止细菌（生物）及毒素武器的发展、生产及储存以及销毁这类武器的公约》。该协议于 1975 年 3 月 26 日生效，旨在禁止研发、生产、储存、保留和持有不同类型和数量的微生物及其他生物制剂或毒素，除非用于预防疾病、保护平民或其他和平目的。然而，还是有一些国家对生物防御战做了进一步研究，包括开发适用于军事报复的微生物。包括炭疽热和天花在内的生物武器至今仍然受到人们的关注。2003 年，以美国为首的国家入侵伊拉克的主要借口就是伊拉克可能持有生物武器。

炭疽热是一种新型疾病吗？

不是。这种疾病可以追溯到几千年以前，至少在《圣经》时代已经有这种病了。但是把它应用于生物武器则时间不长。

炭疽热是由炭疽孢子引起的。炭疽孢子可以在土壤中存活好多年。炭疽热是食草牲畜易患的一种疾病，但是经常接触这些食草牲畜的人也可能被传染。人类食用受炭疽杆菌污染的肉类之后，会出现皮肤病、肺病或肠道疾病。正如《圣经·出埃及记》中第九章和第十章所描述的那样，埃及暴发的第五场和第六场瘟疫中，牲畜和人身上都出现了炭疽热的症状。

19 世纪末期，在有关炭疽热方面，科学家获得了一些重要发现。炭疽杆菌是人类发现的首种与某一特殊疾病相关联的病菌。1881 年，法国科学家路易·巴斯德发明了一种可以使动物免受炭疽热侵害的疫苗。

20 世纪，炭疽热成了一种潜在的生物武器。包括美国、英国、德国、日本、伊拉克和苏联在内的一些国家都曾做过炭疽杆菌实验。20 世纪 90 年代初，进驻波斯湾的美国部队接受了炭疽热疫苗接种。

现代医学的发展

 ### 中世纪时期，医学取得了哪些进步？

中世纪时期，医学成为一门专门学科。中世纪时，还开设了第一家公立医院，建立了第一所正式的医学院，这使得更多人能够得到医疗服务（以前只在富人的家里进行医疗），并改进了医生的培训工作。有需求才会有发展：中世纪的欧洲经历了一连串的瘟疫。6世纪，麻风病暴发，13世纪达到了顶峰。黑死病（流行性淋巴腺鼠疫）夺走了近四分之一的欧洲人口。成千上万人受到天花和其他疾病的折磨。因此建立了许多医院，其初衷是要为穷人服务；还建立了第一批医学院，其中一些与当时正在形成的大学关系紧密，如博洛尼亚大学（意大利）和巴黎大学（法国）。900年，第一所医学院在意大利的萨莱诺成立。

这一时期的欧洲医生深受波斯医学家和哲学家累塞斯（亦称拉齐）的影响。累塞斯是公认的伊斯兰世界最伟大的医生之一，他的著作精确地描述了麻疹和天花，被译成拉丁文后，对基督教世界有重大影响。另一位卓越的伊斯兰科学家伊本·西拿（亦称阿维琴纳）创作了一部哲学和科学的百科全书，收录了众多当时的医学知识。西方称这部著作为《医典》。它记录了很多疾病，包括破伤风和脑膜炎，对欧洲医学教育的影响长达600年之久。

中世纪的医院是什么样的？

中世纪时，基督徒一边传播宗教教义，一边设立机构为穷人服务，于是出现了公立医院。然而，当时的大多数人仍然在自己家中接受医生的治疗。中世纪时期建立的医疗设施已经与现代医院非常相似了，包括巴黎主宫旅馆医院（成立于7世纪），今天它是仍在运营的最古老的医院。

北美洲的第一家医院创立于何时？

1503年，西班牙人在现在的多米尼加共和国（位于当时的伊斯帕尼奥拉）的圣多明各建立了一所医院。如今这所医院已不存在了，但仍留有遗迹。

1639年，在加拿大的魁北克成立了北美大陆上的第一家医院。在政治家本杰明·富兰克林的支持下，1751年，美国在费城批准建立了美国的第一家股份制医院——宾夕法尼亚医院。

文艺复兴时期，医学取得了哪些进步？

文艺复兴时期，医学的主要进步就是对人体解剖学的认识有所提高。这种认识的提高直接来源于解剖。在中世纪，解剖是被禁止的。在文艺复兴的科学精神之下，法律有所放宽，研究者被允许自由解剖尸体以供研究之用。

莱奥纳尔多·达·芬奇是当时解剖者中的一位。这位意大利画家不仅创作了著名的《蒙娜丽莎》，还为人类认识解剖学做出了杰出贡献。作为解剖研究的成果，他画了750多张解剖图。

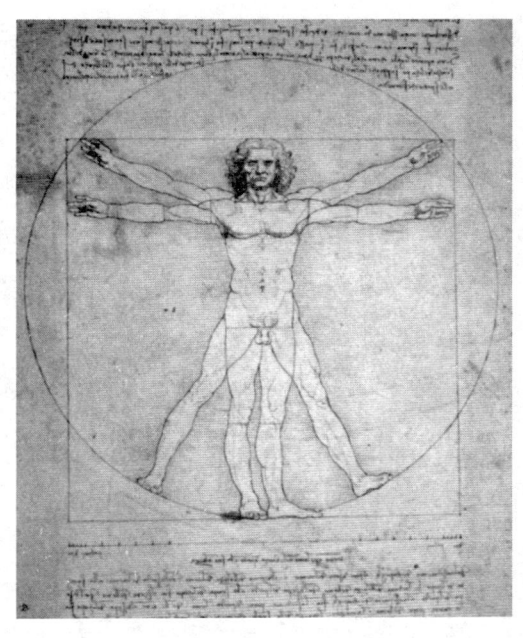

莱奥纳尔多·达·芬奇对人体的研究为解剖学做出了杰出贡献。他画了750多张解剖图。这是一张关于人体比例的解剖图。

人体解剖学的第一本科学教材是哪本？

比利时医生安德烈亚斯·维萨里教授在不到30岁的时候编写了一本名为《人体构造》的解剖学教材，于1543年出版。这是人体解剖学的第一本科学教材。和其他文艺复兴时期的解剖学家一样，维萨里解剖了多具人类尸体，并出版了自己的研究成果和解剖图。他的教材很快成为权威的参考书，推翻了古希腊医生盖伦的理论。

《格雷氏解剖学》是什么？

《格雷氏解剖学》的作者是英国医生亨利·格雷，发表时原名是《格雷氏解剖学：描述与外科》。这部巨著首次出版于1858年，1个多世纪以来一直被医学院学生用作教材，至今仍被认为是解剖学的典范之作。它有几个不同版本，包括《简明格雷氏解剖学》《学生版格雷氏解剖学》。格雷是英国伦敦圣乔治医院的解剖学讲师，也是英国皇家外科医学院会员。此书在他33岁时出版，然而他在34岁时就英年早逝了。

现代医学始于何时？

现代医学起源于17世纪。17世纪初期，英国医生威廉·哈维向医学界表明，只有认清身体结构，才能提高医学的效率。1597—1602年，哈维在意大利的帕多瓦大学学医，导师是意大利外科医生法布里修斯。哈维做了大量实验，研究人体全身的血液流动。哈维摒弃了只研究问题的一部分，然后用理论填补空白的老方法；相反，他力求了解全身的循环系统。在研究了脉搏和心跳，解剖了大量尸体后，他精确地得出结论：心脏通过动脉将血液输送到全身各处，然后血液通过静脉流回到心脏。哈维写下了他的发现，1628年，他出版了《心血运动论：关于动物心脏与血液运动的解剖学研究》。

17世纪的另一个医学发现出自列文虎克。列文虎克不是医生，而是一位自然学家。列文虎克制作显微镜，并用它们研究肉眼看不见的生物——他发现了微生物。列文虎克还观察到了细菌（但没有命名），而且他精确地描述了红细胞、条纹肌纤维和晶状体。这位业余的科学家还反对自然发生说，该理论认为有生命的生物是由无生命的物质产生的。

自然发生说有多长的历史？

自然发生说认为有生命的物质可以从无生命的物质中发展起来。该理论起源于史前时期，在中世纪时期是一种主流学说。意大利医师弗朗切斯科·雷迪是首批测试这一理论的科学家之一。1668年，雷迪展示了只要覆盖住肉，蛆就不会在其上形成，以此质疑自然发生说。（如果没有盖住肉，那么苍蝇就会落在肉上产卵，从而生蛆。）尽管有雷迪的发现，但是几个世纪以来，自然发生说仍然持续影响着科学家和医生。荷兰自然学家列文虎克、法国化学家和微生物学家路易·巴斯德，以及德国医生和细菌学家的先驱罗伯特·科赫进行了一系列实验，证明细菌是传染病的原因，最终瓦解了自然发生说。

细菌致病理论是什么？

细菌致病理论确立于19世纪中叶。这一理论认为某些微生物是疾病的原因，这反驳了自然发生说的古老观念。法国化学家和微生物学家路易·巴斯德在1861年发表的一篇论文中首次提出细菌致病理论。他的研究，以及德国医生罗伯特·科赫的研究，最终证实了这一理论的正确性：他们证明了细菌是一种有生命的微生物，可以引发疾病。科赫甚至能够分辨出某些疾病是由某些特定的微生物引起的，包括炭疽热（他发表了一种预防接种的方法）、肺结核、霍乱和牛瘟。1876年，科赫发现了炭疽热的病原细菌——炭疽杆菌，这是人类首次将某一特定细菌与特定疾病联系起来。到19世纪末，研究人员已经发现了引起鼠疫、白喉、痢疾、淋病、麻风病、疟疾、肺炎、破伤风等传染病的各种细菌和其他微生物。

谁发明了疫苗？

英国医生爱德华·詹纳被誉为疫苗的发明者。然而，有证据表明，早在古代的中国、印度和波斯（今伊朗），人们已经会接种疫苗（接触一种物质，以产生对某种疾病的主动免疫）。

詹纳发明了针对天花的疫苗，开创了现代的免疫学。1796 年，这位英国医生在格洛斯特郡的乡村行医时，观察到虽然当时天花流行，但患过牛痘的挤奶女工不会感染天花，这表明她们对这种致命的疾病产生了免疫。詹纳十分确信自己的理论。他选择在一个 8 岁的学童詹姆斯·菲普斯身上做一个实验。詹纳提取了挤奶女工莎拉·内尔姆斯手上的牛痘脓包中的物质，然后接种到这个男孩身上，由此在这个男孩的身体系统里产生他先前在挤奶女工身上观察到的免疫力。几周后，詹纳给菲普斯接种了天花，结果这个男孩一点儿也没生病。实验成功了。詹纳继续做了 2 年的实验，然后在 1798 年发布了他的发现，正式宣布了疫苗的发明。

和詹纳所想的一样，疫苗提供的免疫力让人体产生了一种叫抗体的物质，这种物质可以抵抗疾病。在 20 世纪的大部分时间里，疫苗接种计划大大减少了疾病的发生，特别是在儿童免疫计划非常有效的发达国家。到了 1977 年，疫苗接种彻底消灭了天花。

现代外科是如何发展起来的？

现代外科技术是在文艺复兴晚期发展起来的，这很大程度上归功于一个人——法国外科医生安布鲁瓦兹·帕雷，他被称为"现代外科之父"。在帕雷以前，医生们曾将外科视为低贱的职业，把这种"脏活"留给理发师作兼职。帕雷年轻时住在法国乡村，成为这样一位理发师兼外科医生的学徒。他还只有 19 岁时，就到巴黎主宫旅馆医院学习外科。到了 1536 年，他成为一名外科医生，后来到军队任职，接着又给 16 世纪的 4 位法国国王——亨利二世、弗兰西斯二世、查理九世和亨利三世当私人医生。帕雷进行了诸多外科实践，并编写了有关解剖学、手术、瘟疫、妇产科和伤口处理的著作。他反对用滚油为伤口消毒以防止感染的传统做法，而采用敷抹温和的药膏、让伤口自然愈合的方法。帕雷以其对患者的关怀而闻名，他的个人信条是："我包扎伤口，上帝治愈伤口。"

乙醚麻醉剂首次使用是在什么时候?

第一次使用乙醚作为麻醉剂的时间曾是一个极具争议的话题,后来被确定在 1842 年。那年,美国佐治亚州医生克劳福德·威廉森·朗第一次将乙醚用作麻醉剂。在 1846 年进行公开麻醉演示之前,他已经在 7 例手术中使用了乙醚。1849 年 12 月,朗发表了他的麻醉剂经验报告。

但是,美国波士顿的牙医威廉·T.G. 莫顿不承认是朗首次使用了乙醚麻醉剂。莫顿几乎与朗在同一时间开始实验麻醉剂。1846 年 10 月 16 日,莫顿首次在手术当中使用乙醚作麻醉剂,当时在美国波士顿的马萨诸塞州综合医院,一个病人需要切除颈部肿瘤。尽管如此,人们还是认为克劳福德·威廉森·朗是第一个在手术中使用乙醚的医生。

外科手术中何时引入了消毒剂?

消毒剂可以预防感染,19 世纪中期被引入外科手术,19 世纪末得到了广泛应用。1846 年,诸如乙醚、氯仿等麻醉剂的引入解决了手术中的疼痛问题。然而,即使手术成功,病人还是会在医院里受到传染以致死亡或永久残疾。感染导致的破伤风、坏疽和败血症是医院里的常见病。1846 年,匈牙利产科医师伊格纳茨·菲利普·泽梅尔魏斯在维也纳的一家医院工作时得出结论:感染(这里指产褥感染)来自医院病房内部。他的分析遭到了强烈的反驳。尽管他开始实施消毒(通过清洁减少感染),并且他的数据显示死亡率下降,但这种方法没能得到医学界的认可。

将近 20 年后的 1864 年,法国化学家和微生物学家路易·巴斯德关于细菌的研究引起了英国外科医生约瑟夫·L. 李斯特的兴趣。在苏格兰格拉斯哥做外科医生时,李斯特重复了巴斯德的实验,得出结论,细菌致病理论适用于医院中的疾病。为了消除病人的炎症和感染,李斯特采用了一种含有苯酚(苯酚可以杀死病菌)的溶剂,收效良好。1867 年,他在医学杂志《柳叶刀》上发表了自己的发现。李斯特认为消毒剂可以减少感染的风险,对于这一点,很多医生不予认可。尽管如此,医学界还是开始采用消毒的方法。19 世纪末 20 世纪初时,李斯特的理论不仅挽救了许多生命,还改变了医生的行医方式:既然医生不能确保在病人家里进行必要的清洁,那么医院就成了所有病人(不仅仅是穷人或危重病人)的首选之处。

🔬 巴斯德有哪些关于疾病的发现？

路易·巴斯德最为人所知的也许就是他所发明的巴氏杀菌法，但是这位法国化学家和微生物学家在公众卫生领域还做出了其他重要贡献，包括发现预防动物疾病的疫苗以及在巴黎建立了一所专门研究致命传染病的研究所。

19世纪60年代，葡萄酒和啤酒发酵失败导致法国蒙受了巨大的经济损失，法国酿酒商们请求勤奋的巴斯德调查他们在发酵过程中遇到的问题。巴斯德通过在显微镜下观察葡萄酒，发现变质的葡萄酒中含有大量制造乳酸的细菌。这位化学家建议轻微加热葡萄酒以杀死有害的细菌，然后让酒自然变陈。1866年，巴斯德以书籍的形式发表了他的发现和建议。加热可食用物质以破坏致病性微生物的做法后来被应用到了其他易腐液体上，主要是牛奶。

巴斯德后来研究动物疾病，发明了一种预防牛羊炭疽热的疫苗。这种致命的动物疾病可以通过接触或吸入孢子传播给人类。1876年，德国医师罗伯特·科赫找到了导致炭疽热的细菌。巴斯德在实验室里削弱了这种细菌的毒性后，将它注射到动物体内，这些动物随之便对这种疾病产生了免疫力。他还证明了接种疫苗可以预防鸡霍乱。

1881年，巴斯德开始研究狂犬病，这是一种通过被感染动物的咬伤传播的痛苦且致命的疾病。巴斯德和他的助手皮埃尔-保罗-埃米尔·鲁在实验室里工作了很长时间，终于得到了回报：巴斯德开发了一种疫苗，可以防止实验动物患上狂犬病。1885年7月6日，人们希望科学家能为一个被患狂犬病的犬只咬伤的小男孩注射疫苗。巴斯德犹豫是否提供治疗，但是如果袖手旁观，那么男孩势必会因狂犬病而痛苦地死去，于是他行动了起来。经过接连几周的腹部注射后，男孩没有患上狂犬病，巴斯德的治疗获得了成功。我们今天知道的狂犬病的治疗和预防措施都是基于巴斯德的疫苗，政府因此得以遏制这种疾病的传播。

1888年，法国巴斯德研究所在巴黎成立。这是一个针对传染病的教学和研究中心。巴斯德任该研究所所长，直到1895年逝世。

🔬 抗生素发明于何时？

抗生素是一种破坏或抑制某种微生物生长的物质。抗生素概念的出现可以追溯到19世纪晚期，但是直到进入20世纪很久人们才生产出第一种抗生素。

伟大的法国化学家路易·巴斯德奠定了理解抗生素的基础。19世纪晚期，他证实了一种微生物可以杀死另一种微生物。德国细菌学家保罗·埃尔利希又提出了选择性毒性的概念，即某种物质可能对某些生物有毒，但对其他生物却无害。基于这项研究，科学家开始努力开发可以摧毁致病的微生物的物质，并在1928年取得了突破：苏格兰细菌学家亚历山大·弗莱明发现了青霉素。特异青霉意外落入弗莱明的细菌培养皿里，弗莱明发现在青霉菌周围没有细菌生长。

但是，青霉素很难提取。直到10多年后的1941年，这种物质才被英国科学家霍德华·弗洛里精炼出来并进行了实验。另一位英国科学家欧内斯特·鲍里斯·钱恩发明了一种提取青霉素的方法，在他的监督下完成了第一个大批量提取青霉素的设备，使得青霉素在1945年进入商业领域。1945年，由于发现和生产强效抗生素方面的工作，弗莱明、弗洛里和钱恩共同获得诺贝尔生理学或医学奖。这种抗生素现在仍是治疗细菌性疾病（包括肺炎、链球菌咽炎和淋病）的有效药物。

南丁格尔是谁？

南丁格尔是一位英国护士、医院改革家和慈善家，她被认为是现代护理行业的创始人。弗洛伦丝·南丁格尔出生在意大利佛罗伦萨一个富裕之家，父母都是英国人。虽然南丁格尔从小长在英国家族庄园中，享有富人的特权，但她天生就有一种无法抑制的照顾他人的倾向。南丁格尔违背父母的愿望（根据她的社会阶层和时代的标准，南丁格尔已经受到女王的接见），参加了德国杜塞尔多夫附近的护士培训项目。后来，她又去巴黎学习。1853年，南丁格尔成为伦敦一家为残疾妇女服务的医院的护士长。

1854年，南丁格尔带领38名护士前往土耳其伊斯坦布尔附近的于斯屈达尔。尽管面临巨大障碍，她还是在那里建立了一所野战医院，治疗在克里米亚战争中受伤的士兵（克里米亚战争发生在俄军和英国、法国、奥斯曼帝国、撒丁王国的联军之间）。南丁格尔着手清理污秽的医院设施；为全体员工制订了严格的时间表；引入减少霍乱、伤寒和痢疾等传染病传播的卫生方法。她的方法最初颇受争议（一开始，医生觉得南丁格尔过于严厉强硬），但后来的确卓有成效。不久，南丁格尔被任命为克里米亚所有联军医院的负责人。

在克里米亚战争期间，南丁格尔到前线慰问时得了克里米亚热，这一病症威胁到了她的生命。此时，她已经颇有名气，以至于维多利亚女王得知她的病情后都非常担心。

战争结束时，南丁格尔对病人和伤员的照顾成为传奇佳话。由于她经常夜间巡视医院，照顾病人，因此被称为"提灯女神"。

战后，南丁格尔返回伦敦。1860年，她花费5万英镑在伦敦创办了一所护士培训学校。1873年，美国波士顿的马萨诸塞州综合医院、纽约市的贝尔维尤医院和康涅狄克州的纽黑文医院相继开办护士学校，成为美国的第一批护士学校，这些学校都效仿了南丁格尔在伦敦创立的模式。

南丁格尔的坚定决心不仅与父母的期望相悖，也违背了当时的社会标准，这使她成了一个传奇人物。由于她对患者的关心，所有病人的护理标准也得到了提高。

1860年，南丁格尔创办了一所护士培训学校，这标志着护理职业教育的开始。

红十字会创立于何时？

红十字会于1863年10月在瑞士成立，当时来自16个国家的代表在瑞士日内瓦会晤，商讨"在所有文明国家中，成立一个永久性的志愿者团体，不分国别地为战争中的伤员提供帮助"。这一设想最早出现在1862年瑞士慈善家让·亨利·杜南出版的一本小册子中。1859年，杜南在意大利时，拿破仑三世率领的法国和意大利联军与弗朗茨·约瑟夫皇帝率领的奥地利军队正在意大利北部的伦巴底展开一场生死决战。在索尔费里诺，杜南目睹了伤员的苦痛，于是立刻组织了一批志愿者帮助他们。

在1863年的日内瓦会议上，代表们决定了这一组织的标志和名字。组织旗帜上的标志是白底红十字，与瑞士国旗颜色正相反，因为该组织是在瑞士成立的，而组织的名字就来自旗帜图案。次年8月，欧洲代表再次会晤，这次多了2名美国观察员。此次会议促成了《日内瓦第一公约》的签订，该公约规定保护战争期间的伤病士兵以及医疗人员和设备。红十字会的旗帜成为中立援助的象征。在伊斯兰国家，该组织则叫红新月会。

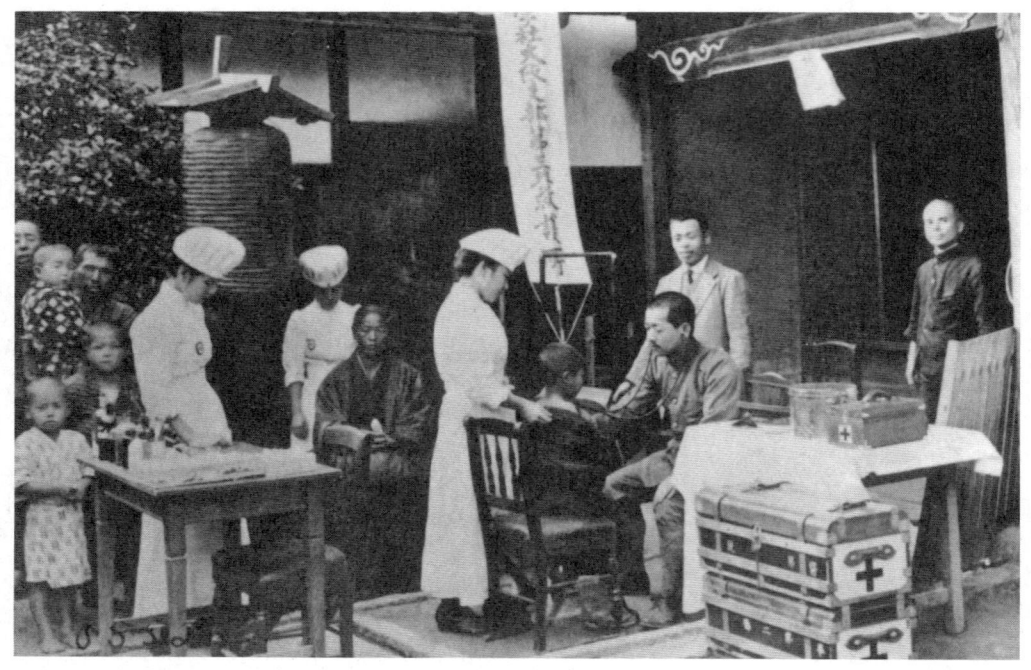

1916 年，红十字会的工作人员为日本洪灾受害者提供帮助。该组织建于 1863 年，旨在为战争中的伤员提供帮助，后来又把服务对象扩展到了自然灾害的受害者。

克拉拉·巴顿是谁？

克拉拉·巴顿是一位美国的人道主义者，因其在南北战争时期的贡献而被称为"战场天使"。克拉拉·巴顿是一位在军营中和战场上照顾伤员的护士。战争结束后，巴顿成立了一个寻找失踪人员的组织，她为这一辛苦的工作殚精竭虑。1869 年，巴顿在瑞士疗养时得知了新成立的国际红十字会（成立于 1863 年）。她打起精神为这个志愿组织提供帮助，照料在普法战争（1870—1871 年）中受伤的士兵（德国宰相奥托·冯·俾斯麦发起这场战争，试图建立一个统一的德意志帝国）。

1877 年，巴顿开始着手组建美国红十字会。她的努力在 1881 年结出了果实，国际红十字会第一个美国分支机构成立。1882—1904 年，巴顿出任该组织的第一任主席。1889 年，美国宾夕法尼亚州的约翰斯敦遭受一场特大洪水的打击，巴顿前去负责那里的救援工作。随后，她主张在红十字会的会章中增加一项条款，声明该组织也在战争以外的灾难中提供救援。她取得了成功。由于巴顿的努力，红十字会已经成为灾难时期广为人知、备受欢迎的组织。

何时发现了胰岛素?

　　1889 年，德国医生奥斯卡·明科夫斯基和约瑟夫·冯·梅灵首次发现了胰岛素，这是一种调节体内血糖含量的激素。他们发现被切除了胰腺的狗会患糖尿病。研究人员开始提取这种激素。直到 1922 年，胰岛素才被用于治疗糖尿病患者。1978 年，美国科学家首次通过基因工程合成了人工胰岛素。

 ## 谁发现了 X 射线?

　　1895 年，德国物理学家威廉·康拉德·伦琴发现了 X 射线。因为刚开始不知道他发现的是什么，所以给这种射线起了这个名字：在科学和数学上，X 指未知数。10 年后，医院开始使用 X 射线拍摄骨头、器官与组织（X 光片），以此来诊断病情和伤情。通过这种新技术，医生可以看到病人的体内。1901 年，发现短波辐射的伦琴获得第一届诺贝尔物理学奖。

 ## 居里一家对医学及其他领域做出了哪些贡献?

　　1898 年，法国物理学家与化学家夫妻皮埃尔和玛丽·居里发现了镭，这是人类发现的第一种放射性元素，后来人们发现它是治疗癌症的有效武器。他们进一步进行放射性（玛丽·居里发明了该词）实验，区分了 α 射线、β 射线和 γ 射线。1906 年，皮埃尔去世后，玛丽接替他在索邦大学担任物理学教授。第一次世界大战期间，她为医院组织了放射线医疗服务。1918—1934 年，她又担任巴黎大学镭学研究所所长。居里夫妇的女儿——伊雷娜沿着父母的足迹，成为一名物理学家，并嫁给另外一名科学家让·弗雷德里克·约里奥，约里奥从 1946 年起在巴黎大学镭学研究所担任了 10 年所长。人们把这对夫妻称作伊里奥-居里夫妇，他们对核反应的发现和发展做出了巨大贡献。居里夫妇和伊里奥-居里夫妇都是诺贝尔奖得主。

 ## 乔纳斯·索尔克为何如此有名?

　　美国医生乔纳斯·爱德华·索尔克为很多人所熟知，因为他发明了脊髓灰质炎疫苗。据报道，1952 年，美国有 2.1 万多例脊髓灰质炎导致的瘫痪。脊髓灰质炎是一种滤过性

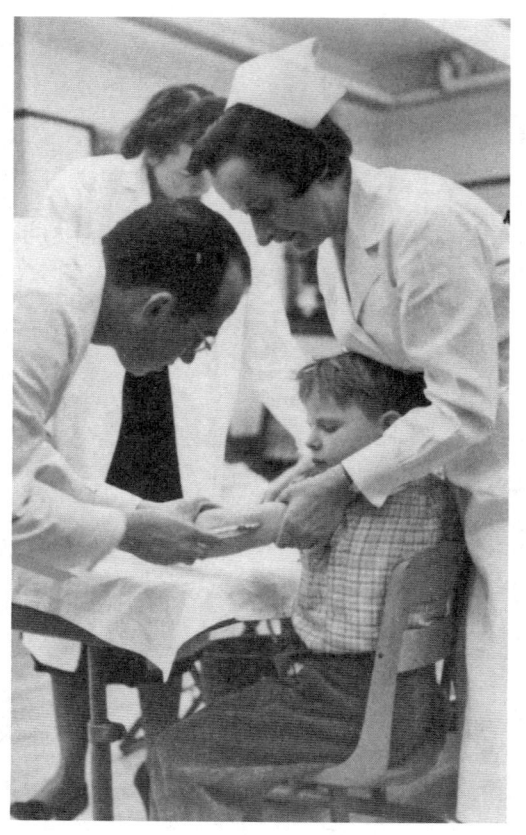

1954 年，美国医生乔纳斯·索尔克在脊髓灰质炎疫苗实地实验期间为一名小学生接种疫苗。

病毒引起的急性传染病，它直接侵害中枢神经系统，世界各地都有发病记录，感染者主要是孩子。

1953 年，经过多年的研究（包括整理自 19 世纪中叶以来对免疫学所做的所有研究），索尔克公布了一个疫苗配方，可以预防当时已知的 3 种脊髓灰质炎。索尔克首先在自己身上做实验，然后是他的妻子和 3 个孩子。由于没有经历任何副作用，而且发现疫苗有效果，于是，索尔克又在 180 万学童身上进行了测试，这一项目由美国国家小儿麻痹基金会资助。1955 年 4 月，该疫苗被宣布安全而有效。索尔克获得了应有的荣誉，包括美国国会金质奖章和美国总统德怀特·戴维·艾森豪威尔的嘉奖。4 年后，美国内科医生艾伯特·B.萨宾发明了一种可以口服（而不是注射）的有效脊髓灰质炎疫苗，这就是全世界人们都熟知的含糖疫苗，包含着活病毒（索尔克的疫苗是灭活病毒疫苗）。这两种疫苗几乎根除了发达国家的脊髓灰质炎。

首例人体器官移植手术是在什么时候？

1950 年 6 月 17 日，首例人体器官移植手术在美国伊利诺伊州的玛丽医院成功进行。这家位于芝加哥郊外的医院，因每年的高出生率而被称为"婴儿医院"，成为医学史上这一里程碑事件的发生地点颇令人惊讶。参加这次移植的医生们试图低调处理这一高度实验性的手术。手术对象是一位患多囊性肾病的 44 岁妇女。她将从一名死者那里获得捐赠的肾脏，这在这家天主教医院引起了轩然大波（当时教会反对从死者身上取出组织移植给活人并使该组织复活的做法）。但是，执行手术的 3 名医生赢得了管理这家医院的修女们的信任和支持。医生詹姆斯·W. 韦斯特、理查德·H. 劳勒和雷蒙德·P. 墨菲不仅是洛约拉大学医学院和库克县医院的外科医生，也在玛丽医院执业。这次手术是病人最后的希望，她曾目睹自己的妈妈、妹妹和舅舅死于同一疾病。手术后几天，病人情况良好，医院和医生这才正式公开了这一重大突破，引起了全世界的关注。移植的肾脏在病人体内正常活动了大约 6 个星期，足以让她的另一个肾脏重新开始工作。5 年之后，病人还是因这种疾病而告别了人世。

1954 年 12 月 23 日，外科医生约瑟夫·E. 默里带领美国哈佛大学的医生们，成功完成了世界上首例来自活体捐赠者的移植手术。捐赠者是病人的同卵双胞胎兄弟。手术在彼得·本特·布莱根医院（今布莱根妇女医院）进行。因为病人和捐赠者有相同的遗传构造，所以不存在器官排斥的问题。这次手术挽救了病人的生命，而且此次广受宣传的医学突破立刻显示了类似移植（在同卵双胞胎之间）和其他器官移植的可能性。默里医生和其他哈佛研究人员继续研究器官排斥问题，最终发明了一种新药，可以降低接受者对非亲属器官排斥的可能性。1990 年，默里因他的开拓性事业而获得了诺贝尔奖；他与他的朋友兼同事 E. 唐纳尔·托马斯——骨髓移植的革新者共享此荣誉。

如今，美国每年有成千上万的器官被移植。2004 年 10 月，医生们进行了首例通过互联网组织和安排的器官移植手术。

首例心脏移植是在什么时候？

1967 年 12 月 3 日，世界首例心脏移植手术在南非开普敦进行。外科医生克里斯蒂安·巴纳德执刀。患者存活了 18 天。接下来的 2 年多时间里，世界上又进行了 100 多场心脏移植手术，但是存活率并不让人满意。外科医生继续着这项研究，每次都能有些许进步。尽管一些心脏移植手术患者在手术后能存活 6 年之久，但是 20% 的手术患者只活了 1 年多。

动物实验有多长的历史？

用动物（如老鼠、白鼠、兔子和狗）进行科学实验的历史可以追溯到古代，但是这种做法直到 19 世纪末期才被广泛运用。包括活体解剖（对活的动物做手术）在内的临床试验给人们的健康带来了好处，但是由于经常给动物带来痛苦，或导致动物死亡，很多人都反对这种做法。一些人正在努力解决有关动物权利的问题，并认为解决这一问题要比提高对疾病的科学认知更重要。

第一个试管婴儿是何时诞生的?

体外受精(IVF)的过程是这样的:医生从母亲体内取出卵子,卵子与父亲的精子结合后被放到培养皿或试管里。1978 年 7 月 25 日,通过这一方法,路易丝·布朗降生了。她出生在英格兰的布里斯托尔,是世界上第一个试管婴儿。

随着体外受精在科学和医学上越来越成熟,不孕不育的夫妇得到了生育的机会。自第一个试管婴儿成功诞生以来,又出现了无数试管婴儿。路易丝·布朗出生 10 年后,不孕不育的夫妇采用体外受精的方式,有十分之一的概率可以生育后代;20 年后这一概率提高到了五分之一。1998 年,当路易丝·布朗的父母亲为她庆祝 20 岁生日的时候,多家报纸论述了体外受精的伦理问题。科学家如今能够克隆绵羊和老鼠,因此大众往往对类似的技术带有恐惧。既然科学家已经可以在试管中培养胚胎了,那么科学家很快就能克隆人类吗?随着科技的不断进步,世界各国的领导人都在设法解决一个问题:如何规范使用能够带来生命的新技术。

有关干细胞的研究为何会引发争议?

干细胞研究引发了重要的生物伦理问题。干细胞具有发展成人体组织的潜力,并且有可能取代患病或有缺陷的人体组织。这些细胞团最好的来源是人类胚胎,而提取干细胞时一定会破坏胚胎。这项研究的反对者们(包括反对堕胎的宗教右翼势力)认为胚胎是潜在的人类生命,因此不应该为了科学而遭到破坏。支持者们则认为干细胞研究所带来的科学进步可以治愈多种疾病。支持者们补充说,胚胎无法自行发育,因此应该被用于医学的进步,以帮助那些患不同疾病的人,包括糖尿病、阿尔茨海默病和帕金森病,进而延长人类的寿命。(需要注意的是,由于生殖科学所取得的进步,胚胎可以存在于实验室内。)

2001 年 8 月,在这一议题上,美国的乔治·W.布什政府谨慎地向前迈进了一步,宣布只要局限于现有的细胞,而且胚胎已经损坏,那么就可以进行干细胞研究。换句话说,不能专门为了实验室工作而创造新的干细胞。美国总统布什说,他的结论是,应该使用联邦资金支持对 60 个现有的遗传多样性干细胞系的研究,这些干细胞系有能力无限地再生自己。总统承认该议题的复杂性,他在一次广播中说道:"议题的核心是,这一问题迫使我们面对基本问题:生命开始于何时,科学结束于何处。它位于一个道德交叉点，解决起来非常困难。它将保护所有阶段生命的需要与拯救和改善所有阶段生命的前景相对立。"但是，他补充说，至于现存的干细胞系，"我们已经做出了生死决定。"

传　染　病

公共卫生的概念出现于何时?

公共卫生是一个古老的概念，可以追溯到人们开始在社会中生活的时候。纵观历史，各国政府都对公共卫生表现出了不同程度的关心。为了保障公民的健康，古希腊人和其后的古罗马人提供清洁的水源（通过管道），处理废物，并且雇用公共医生治疗病人。这些措施有助于防止某些疾病的传播，但是疫情仍然存在。西罗马帝国亡国后，欧洲文明大都不重视公共卫生的问题。一旦疾病进入社区，就会迅速传播，麻风病、黑死病、霍乱和黄热病的流行接踵而至。

直到 19 世纪末期，欧洲各国政府才开始关注公共卫生问题，以控制疾病的传播。自 1866 年起，霍乱连续 18 年侵袭美国，美国官方由此开始关注公共健康。（当时，传染病在全球范围内肆虐了 12 年之久，美国的霍乱是此次传染病大流行的一部分。）虽然政府建立了卫生设施，包括研究传染性疾病的实验室，但是到了 1893 年，又一场霍乱袭击了美国。20 世纪，各国政府加强了措施，以保护公民远离健康危险，这些措施包括建立地方实验室和公共教育计划，以及在大学和其他机构进行研究。在各国的共同努力下，白喉、痢疾、伤寒和猩红热等疾病在发达国家越来越少见。在发展中国家，公共卫生官员仍在和国际机构合作以减少传染病的发生和传播。

麻风病始于何时?

麻风病是一种古老的疾病，在许多历史文献中都有描述。《圣经》中曾提到，约公元前 400 年，波斯统治者薛西斯一世率领大军西行，麻风病可能就是由波斯军队传入欧洲的。到了 12 世纪，麻风病在西欧达到了瘟疫的水平，甚至夺走了几位统治者的性命（1223 年，葡萄牙的阿方索二世死于该病；1329 年，苏格兰的罗伯特一世也因此丧命）。

后来，来自欧洲大陆的探险者和殖民者又把麻风病带到了新大陆，此前这块土地上从来没有出现过这种传染病。

麻风病的原因一度不明。一些人推论它有传染性，另一些人则认为它具有遗传性或者是由某种食物引起的（甚至一度怀疑是土豆造成了这种疾病）。由于生活条件和营养状况的改善，以及后来有效治疗药物的出现，这种病逐渐从欧洲消失。

1874年，挪威医生格哈德·亨里克·汉森首次描述了麻风病，并发现了麻风分枝杆菌。从那以后，这种病又被称作汉森病。今天，全世界的麻风病患者多达500万人。麻风病在热带和亚热带地区广为传播（这种疾病正源自这些地区），包括非洲、中美洲、南美洲、印度和东南亚。在美国出现的麻风病病例大多数是来自这些地区的移民。

自20世纪50年代中期开始，特蕾莎修女开始在印度加尔各答为感染麻风病的病人提供帮助，为他们设立了疗养地。

瘟疫是什么？

瘟疫可以指任何流行性急性传染病，但通常具体指鼠疫。在14世纪中叶，一场鼠疫席卷了欧亚大陆，20年内导致欧洲多达75%的人口死亡。这种恐怖的疾病也被称为黑死病。

鼠疫是急性传染病，由叮咬老鼠和其他啮齿类动物的跳蚤传播给人类。人类的发病症状包括高烧、寒战，以及淋巴结肿胀和出血。一旦细菌进入肺部，就会迅速致命。

卫生条件的改善（主要是发达国家）减少了疾病的发生率。虽然鼠疫仍有发生，但是20世纪抗生素的发展大大降低了死亡率。

黄热病仍然存在吗？

黄热病是一种急性传染病，在世界某些地区仍然存在，在丛林地区仍然会发生疫情。黄热病曾广为流行，使处于热带气候地带（如中美洲、南美洲、非洲和亚洲的一些地区）的人们备受折磨。随着16—17世纪探险活动的开展和18世纪贸易路线的开放，1699年，该疾病传播到了北美洲，南卡罗来纳的查尔斯顿和宾夕法尼亚的费城暴发了疫情；3年后，纽约也暴发了疫情。1723年，黄热病首次出现在欧洲。1793年，费城暴发了一场黄热病疫情，此次疫情是由来自西印度群岛的船只引发的，几乎所有费城人都受到了影响，超过 4 000 人死亡，是美国城市史上最严重的健康灾难。

19 世纪末 20 世纪初，在控制黄热病方面取得了突破。1881 年，古巴医生卡洛斯·芬莱在一篇论文中指出，黄热病是通过蚊子传播的。美军的外科医生沃尔特·里德证实了这一点，他曾在 1900 年率领调查团去古巴调查黄热病的起因和传播模式。有了这些知识，美国军官兼医生威廉·戈加斯采取了严厉的措施以消灭哈瓦那的蚊子，并最终根除了这座古巴港口城市的黄热病。1904—1913 年，戈加斯出任巴拿马运河委员会的卫生长官，在巴拿马运河地区采取了相似的灭蚊措施，那里的黄热病曾是一大威胁。事实再次证明，这一做法十分有效，它大大减少了黄热病病例，使运河最终得以竣工。

1937 年，美国医生、细菌学家马克斯·泰勒发明了 17D 疫苗，该疫苗对黄热病有效。1951 年，由于他在传染病方面的研究，泰勒获得了诺贝尔生理学或医学奖。战胜黄热病是现代医学所取得的伟大成就之一。

人类彻底战胜的第一种疾病是什么？

天花是第一种人类利用医学手段彻底战胜的疾病。天花病毒通过空气在人与人之间传播。天花是最恐怖的疾病之一，而且没有治疗方法。在欧洲人发现新大陆之前，天花已经席卷了非洲、亚洲和欧洲，给受害者留下满身疤痕而且可能致其失明，夺走了无数人的生命。当探险者寻找新的贸易路线并最终登陆北美和南美后，疾病也随之而来，感染了当地的土著。

然而，一旦某人患过这天花，他就不会再次感染。这一点和其他发现促使英国医生爱德华·詹纳发明了一种针对该疾病的疫苗。在这种疫苗问世之前，唯一的预防方法就是接种病毒本身，而有时候这会导致疾病的进一步扩散。例如，1777 年，美国将军乔治·华盛顿获得美国国会的批准，为整个大陆军接种天花，但是结果参差不齐。

1798 年天花疫苗发明之后，很快被广泛使用。美国的第一次天花疫苗接种是在 1799 年由一位哈佛大学的医生进行的。19 世纪，很多国家通过法律，要求公民接种疫苗。20 世纪 50 年代，改良的疫苗最终消灭了欧洲和北美洲的天花。1946 年，联合国成立世界卫生组织，其目标之一就是要减少世界范围内的天花发病率。免疫接种计划实现了这一目标，最后一次自然发生的疾病报告是在 1977 年 10 月的非洲索马里，随后 2 年里没有新的病例，天花已被彻底消除。

"伤寒玛丽"是谁?

"伤寒玛丽",本名叫玛丽·马伦,她是美国已知的第一位伤寒病原体携带者。虽然马伦恢复了健康,但这位美国纽约地区的餐馆厨师继续把伤寒传染给别人,1900—1915年,马伦传染了50多人。纽约州卫生部门把她与在那里暴发的至少6次伤寒疫情联系在了一起。1914年,官方最终把她永久地收容起来,以防止这种急性传染病的进一步传播。

首例艾滋病确诊于何时?

1981年,美国洛杉矶和纽约市的医生确诊了首例艾滋病(获得性免疫缺陷综合征)。那时,研究人员判断这一疾病最早可能出现在1969年。人类免疫缺陷病毒(HIV)严重破坏了身体抵抗疾病的能力,导致艾滋病,这种病毒的传播途径包括性接触、共用注射针头以及输血。尽管有人认为这种疾病可能以某种方式从猴子传给人类(因为研究表明人类免疫缺陷病毒与猴免疫缺陷病毒相似),但在任何野生动物中都未曾分离出艾滋病病毒。虽然这种致命病毒的来源尚未最终确定,但是科学家认为该传染病是在20世纪60—70年代从非洲传出去的,当时大量人口从农村迁徙到了城市,由此导致的过度拥挤和失业造成了性传播疾病的蔓延。

如今,很多发展中国家艾滋病流行。在这些地方,艾滋病主要在异性恋男女之间传播。在发达国家,教育计划使公众意识到了该疾病的传播方式,帮助遏制了HIV的传播。对抗艾滋病病毒或艾滋病的药物依然在研发中,还没有发现治愈方法。联合国在2004年公布的一项报告中表明,全球有3 800万人携带艾滋病病毒,其中近70%的人生活在非洲撒哈拉沙漠以南地区。同一报告指出,自从1981年确诊首例艾滋病以来,已有超过2 000万人死于该疾病。

流感是传染病吗?

是的,流感病毒是一种传染性病毒,流感是一种传染病。仅20世纪就有3次世界范围的大流感。1918年暴发的一场流感一直持续到第二年,造成全球2 000万人丧生,其中有50万美国人。大多数人死于二次感染,第一次感染流感已经削弱了他们的免疫系统。抗生素(1945年投入商业生产)阻止了这一致命流感再次暴发。1957—1958年,亚洲的流感引发了世界范围的传染病。1968—1969 年的流感迅速传播，再一次成为世界范围的传染病。后 2 次大流感中，由于抗生素的应用控制了二次感染，所以流感造成的死亡人数大大减少了。

心理学和心理健康

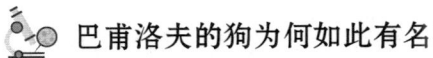 巴甫洛夫的狗为何如此有名？

俄国生理学家伊万·巴甫洛夫用狗做了一系列著名的实验，以证明条件反射。巴甫洛夫注意到，有时喂狗的实验室助手一靠近，实验室的狗就会流口水，于是他决定看看是否能够把通常的"非条件"反射，即中枢神经系统的反应，转化成条件反射。他向人们证明，如果每次喂狗时都响铃，那么最终狗会条件性地在听到铃声时流口水，即使没有食物出现。通过这种方法，巴甫洛夫用人工刺激（铃声）替代了自然或环境刺激（食物），来引发生理反应（流口水）。基于这些实验，巴甫洛夫得出结论：所有后天养成的习惯都有赖于一系列条件反射。这个结论推动了行为主义的发展。

行为主义是什么？

行为主义是一个心理学流派，试图用对环境刺激的反应来解释人类行为，摒弃自我意识对人类行为的影响。受俄国生理学家伊万·巴甫洛夫所证明的条件反射的影响，美国心理学家、约翰斯·霍普金斯大学学者约翰·布罗德斯·沃森整理和推广了行为主义的理论。美国心理学家、哈佛大学教授 B.F. 斯金纳对行为主义做了进一步研究。斯金纳关注的焦点是，对可观察到的刺激（相对于如自省和良心等观测不到的刺激）和外部奖赏，人们做出反应的模式。斯金纳的行为主义影响了教育方法，被应用于人类学习，这些方法通过有形的奖励来鼓励良好行为。

弗洛伊德有何主张？

奥地利精神病学家、精神分析学派的创始人西格蒙德·弗洛伊德认为，人类所有行为和心理状态都受被压抑和被遗忘的印象影响，而这些印象大多来自童年。弗洛伊德进一步认为，通过挖掘这些印象（统称为情结），他可以治愈他的病人。弗洛伊德认为婴儿时期的心理过程（包括婴儿性欲），对潜意识具有特别的重要性，影响着人类的行为。

弗洛伊德最初采用催眠（一种让病人敞开思想的类睡眠状态）揭示潜意识，后来又转向一种叫自由联想的新方法。用这种方法，患者谈论脑海里的任何东西，从一个想法跳到另一个想法。然后，治疗师分析自由联想所透露出的记忆和感觉，找到患者心理和情绪问题的根源。弗洛伊德还解释患者的梦，他认为梦是被压抑欲望的无意识表现。自由联想和梦境分析是精神分析的基石。

在分析人类行为时，弗洛伊德得出一个结论，人格可以分成 3 部分：本我、自我和超我。本我是本能的来源，自我是本能和现实之间的调节者，超我是道德。超我通过道德态度和羞耻心来奖励或惩罚。精神分析的理论认为，如果人格的各部分彼此冲突，那么就会出现心理或情感障碍。

弗洛伊德的理论彻底改革了精神病学和心理学领域，同时也影响了养育儿童和教育孩子的方法和理念。精神分析帮助了数以百万计的精神病患者，但是弗洛伊德的理论也遭到很多人的反对和质疑。尽管如此，他的工作仍然是理解人类心理和行为复杂性的重要基石，在当代心理学和心理治疗中依旧发挥影响。弗洛伊德的思想引发了广泛的学术和文化讨论，对后来的理论家，包括心理学、社会学、文学、艺术和哲学领域的思想家产生了深远的影响。

西格蒙德·弗洛伊德（摄于 1920 年）认为，人类所有行为和心理状态都受被压抑和被遗忘的印象影响，而这些印象大多来自童年。

荣格心理学派是什么？

荣格心理学派是瑞士精神病学家卡尔·古斯塔夫·荣格创立的分析心理学。荣格在其职业生涯早期进行了自由联想实验，并通过这一工作，在 1907 年与著名的心理学家西格蒙德·弗洛伊德取得了联系。尽管最初彼此相处融洽，但后来荣格与弗洛伊德的理论决裂，创立了自己的人类行为学说。

与弗洛伊德一样，荣格相信潜意识（人没有意识到的部分心理）影响着人类的行为。然而，与那位奥地利心理学家不同，荣格认为精神病并非以性为基础。荣格认为很多因素都会影响人类行为，包括父母的性格。他还描述了"集体潜意识"：1912 年，荣格出版了一本有革命意义的著作——《潜意识心理学》；在这本书中，他断言潜意识有 2 个维度，一个是个人的，一个是集体的。依照荣格的观点，集体潜意识由同种文化成员共享，甚至全人类普遍共享的行为和心理模式组成。他推理认为，集体潜意识反映在原型中——在梦境、幻想、神话、宗教和文学中出现的意象、模式和象征。荣格认为集体潜意识可以指导人性，所以，他教导说，治疗应该让人们意识到这一点。荣格的原型理论影响了人类学、艺术、电影制作和历史学等多个领域。

后来，荣格发明了一套体系，可以划分态度（内倾和外倾），区分不同的心理功能（思维、情感、感觉和直觉）。荣格指出，治疗师们应该帮助他们的病人平衡内倾（依赖自己达到个人满足）和外倾（依赖其他人达到个人满足）。荣格的分类系统对人格类型和它们对人类行为影响的理论的发展十分重要。

多罗西娅·迪克斯是谁？

多罗西娅·林德·迪克斯是一位慈善家，也是最早积极投身社会改革的美国妇女之一。1821—1836 年，迪克斯一直在美国波士顿担任自己创办的女子学校的校长。1841 年，她参观了马萨诸塞州的州立惩教所，在那里她震惊地看到了精神病患者的可怕待遇。从那以后，迪克斯非常关心精神病人的情况。为了让那些饱受精神病折磨的人们得到特殊照顾，迪克斯试图唤醒立法人员和慈善家的良知。她成功地在美国、加拿大和欧洲建立了精神病医院，有好多家医院还以她的名字命名。迪克斯倡议对精神病患者实施人道主义的治疗，在南北战争前的 20 年间改变了美国人以及一些社会机构的态度。南北战争期间，她担任军队护士的负责人。此外，在有生之年，她还为改善监狱条件而努力奔走。

第6章
哲　学

 哲学是什么?

哲学是对人类自身状况的理解和反思，即对人类存在的意义、形式等问题的思考。哲学家们一般使用观察和争论的方法来洞悉真理。传统上，哲学大体上分为东方哲学和西方哲学。西方哲学又主要包括五大类别: 形而上学（研究宇宙的本质）、逻辑学（研究推理的规律）、认识论（研究知识的本质以及知识获取的过程）、伦理学（研究人的道德选择和道德的普遍本质）和美学（研究美的本质和艺术的标准）。

 哲学有多长的历史?

哲学长时间和宗教纠缠在一起，比如在公元前1500年左右形成的印度教，就兼具宗教和哲学色彩。哲学作为一种独立的探究智慧本身的学问，只有2600年左右的历史。公元前600年左右，哲学几乎同时在西方和东方出现。古希腊的思想家们开始争论存在的本质。公元前500年左右，中国已经形成了儒家学说。

西方哲学可以划分为3个主要的发展时期: 古希腊哲学（公元前6世纪—5世纪）、中世纪哲学（5—15世纪）和近现代哲学（始于15世纪）。

 道家有多长的历史?

道家依然对现代人产生影响。道家学说弥补了当时儒家学说所没有解决的人类精神的空虚问题。当时有一段传奇的故事，讲的是老子对年轻的孔子的教导。道家在某种程度上也促进了中国佛教思想的发展。

道家可以追溯到公元前 6 世纪，由中国哲学家老子创立。老子坚持清静无为和简朴，他在结合了一些宗教思想的基础上形成了一种带有神秘色彩的哲学思想——道。道是一种道德的行为准则。老子认为人在面对世界时，他就应该坚持无为。老子认为所有事物都具有相反的一面，所有事物发展到一定程度都会往相反的方向转化。老子建议人们去除欲望，行为要避免走极端，不要过度。老子的很多思想都收录在他的著作《道德经》中。

庄子是中国另一个伟大的道家思想家。庄子创建了一种无关政治的哲学思想，他极为推崇人的精神自由。以他的名字为书名的著作《庄子》是另一本经典的道家著作。

 ## 孔子是谁？

孔子是一位中国思想家。孔子名丘，出生于鲁国的一个低级贵族家庭。孔子 3 岁时，其父去世，孔子由他的母亲抚养长大。

孔子生活的年代正值奴隶社会末期，当时的中国正经历着严重的社会问题。奴隶社会末期，王权被削弱，导致了诸侯国之间常年的战争。孔子深刻同情普通人的命运，他认为，诸侯只注重自己获利，这是人民困苦的主要原因。孔子认为，一个好的国家必须由一个有道德的人来领导，因此他周游列国，试图说服诸侯施行德政。他还致力于教育事业，开设私学，教授文献、音乐（他认为音乐对人的性格的形成很重要）、体育和礼仪。一般认为孔子是中国第一个开设私学的教育家，而且他的学生大多是普通的平民。他的一些弟子后来出任过行政官。他也同时是中国历史上一位伟大的思想家，他认为社会上每个等级的人都有自己的行为规范，君主要有君主的样子，臣子要有臣子的样子。更重要的是，孔子认为一个国家的领导人应该是一位仁慈的统治者。

几千年来，孔子是中国最受尊崇的哲

孔子是中国最受尊崇的哲学家之一。

学家之一。他的思想已经超越了文化的界限，不同国家的人经常把他的话作为自己的行为准则，特别是"己所不欲，勿施于人"经常被引用。他的大部分思想被收录在《论语》中，这是一本他的弟子记录其言行的书。

 ## 苏格拉底为何被判处死刑？

古希腊哲学家苏格拉底与其他两位哲学家柏拉图和亚里士多德是西方哲学的奠基者。苏格拉底生前就有很多追随者，然而，苏格拉底的观点和方法在当时也饱受争议，最终导致了对他的审判。他被控告蔑视雅典的众神，腐蚀雅典青年的思想，并且被判处死刑，苏格拉底服毒身亡。

除了参军的时间外，苏格拉底几乎终生居住在雅典。在雅典，人人皆知苏格拉底衣冠不整，内心正直，行为自律，追求智慧。在他生活的时代，人们的注意力开始从外部世界（神）转向人本身（人性、社会和法律）。苏格拉底穿行在雅典的大街小巷，与人交谈，以此启发对方（包括那些本来应该比他更聪明的统治者）。在交谈中，他采用了一种后来被称为"苏格拉底法"的方法，这是一种用看似简单的问题引出合理回答的方法，他常常围绕一个道德概念展开一系列追问，最终使被追问的人发现他原以为了解的东西实际上并不了解。苏格拉底的想法是一旦一个人认识到他自己认识上的不足，那么他就会抛弃原来的错误信念，而开始投入探索知识的自由之中。这种哲学的辩论也让苏格拉底树敌众多。

苏格拉底没有留下著述，但是他的学生柏拉图记录了自己和老师的对话，让后人得以一窥苏格拉底的风采。苏格拉底注重自省和自知，"未经审视的人生是不值得过的"是他的名言（也有人认为是柏拉图说的）。同时，苏格拉底相信是人的灵魂（或"内在的自己"）给予了人生活的方向，而不是欲望和激情。苏格拉底的思想大大拓展了古希腊的哲学，是一个重要的里程碑。苏格拉底之前的哲学时期被称为"前苏格拉底时期"。

 ## 柏拉图是谁？

出生于雅典的柏拉图是苏格拉底的弟子，也是亚里士多德的老师。他们三人一起奠定了西方哲学的基础。

公元前 399 年，柏拉图的精神导师苏格拉底被判处死刑，柏拉图对雅典政府的不满达到了顶点。在周游了地中海沿岸的国家后，公元前 387 年，柏拉图回到了雅典，他在距离雅典 1 英里（约合 1.6 千米）远的地方建立了学园。学园是一所讲授哲学的学校，完全由慈善家支持，学生不用付费，亚里士多德就是学园中的一个学生，在学园中学习了 20 年。

柏拉图写了一系列对话录，其中大部分是同苏格拉底的对话。柏拉图最受推崇的著作是《理想国》。在《理想国》中，柏拉图探讨了公正和理想的国家。他相信只有哲学家担任国家的管理者，社会才有可能消除不公正的现象："除非哲学家成为我们这些国家的国王，或者我们目前称之为国王和统治者的那些人物，才能严肃认真地追求智慧，使政治权力与聪明才智合而为一；那些得此失彼、不能兼有的庸庸碌碌之徒，必须排除出去。否则的话，对国家甚至对全人类都将祸害无穷，永无宁日。"柏拉图的另一著作《法律篇》同样探讨了理想国家，但是这本书并没有完成。柏拉图的其他著述包括：《会饮篇》，探讨了理想的爱；《斐德罗篇》，批驳了当时流行的辩论术；《申辩篇》，呈现了公元前 399 年那场审判中苏格拉底的演讲；《斐多篇》，探讨了灵魂的不朽，这本书记录了苏格拉底临死时的最后言行。

柏拉图的理念论是什么？

柏拉图的理念论，亦称形式论，认为存在着超越物质领域的理念或形式，它们是不变的——它们不会产生、改变或消失。柏拉图认为，正是这些理念构成了知识的对象或本质。他进一步认为身体是欲望和激情的所在，与物理世界（而非理念或形式的世界）产生关系，比起理性来说是低等的。他认为人类的身体是非理性的，而智力则是理性的。

柏拉图的理论起源可以追溯到苏格拉底，苏格拉底相信灵魂有直观地接触到神圣原则或真理的能力，他试图通过与他人对话来阐述这些原理。由柏拉图撰写的苏格拉底对话录展示了苏格拉底致力于追寻古希腊传统道德（如虔诚、节制和勇气）的本质。

亚里士多德发展出自己的哲学思想了吗？

亚里士多德当了 20 年柏拉图的学生，他的思想无疑受到柏拉图极大的影响。但是，亚里士多德还是在很多方面发展出了自己的哲学思想。

亚里士多德反对柏拉图的理念论。亚里士多德认为世界是由各种本身的形式与质料和谐一致的事物所组成的。"质料"是组成事物的材料，"形式"则是每一件事物的个别特征。亚里士多德认为哲学的主要工作是解释事物为什么是现在这样，它们是怎么成为现在这样的。因此，亚里士多德无论是对哲学，还是对科学都产生了深远和持续的影响。

 亚里士多德为何被认为是西方历史上最伟大的思想家之一？

亚里士多德的哲学体系后来成为欧洲哲学、神学、科学和文学的基础。亚里士多德的哲学思想是西方文化的核心。描述其哲学思想的唯一有效方法是举例。

《工具论》是亚里士多德的逻辑方面的著作的汇编。亚里士多德为辩论设定了基本规则。尽管在亚里士多德之前也有其他思想家研究过辩论的逻辑，但没有一个人有他那样系统的研究。亚里士多德提出了一种依靠间接证据和先前结论，而不是依靠直接观察得出结论的方法，他称之为三段论。三段论由大前提、小前提和结论组成。例如，所有美德都是值得称赞的（大前提），勇敢是美德（小前提），所以勇敢是值得称赞的（结论）。不过，也有人认为这种方法没有价值。1620 年，英国哲学家弗朗西斯·培根否定了这种演绎的逻辑，提倡归纳的逻辑。

在《诗学》中，亚里士多德提出了他关于文学的观点。亚里士多德认为史诗和悲剧高于实际生活，喜剧则低于实际生活。为了解释悲剧是如何带动观众情绪的，亚里士多德引入了"宣泄"这一概念。亚里士多德还区分了史诗和悲剧，他认为悲剧"所模仿的就只限于一个完整的行动"（后世剧作家将这一理论曲解为三一律，严格规范戏剧的时间、地点、情节），而史诗则没有这种限定。

亚里士多德还写了许多关于自然科学（《物理学》《论天》《论动物部分》等）、伦理学（《大伦理学》《论善与恶》等）和政治学（《政治学》等）的著作。《形而上学》是他的哲学著作，是一本研究物质或现实的本质与结构的书。后来，形而上学成了西方哲学的五大分支之一，包含多种学科的知识，如宇宙学（宇宙的起源和结构）和神学。

西方大部分哲学著作都引用过亚里士多德的著作，以及他在雅典学园中教授弟子时的言语。亚里士多德的学生中有许多希腊的政治家，包括亚历山大大帝。

 伊壁鸠鲁主义是什么？

"伊壁鸠鲁主义者"常常被用来形容贪图享乐的人，这是对伊壁鸠鲁主义的曲解。伊壁鸠鲁主义来源于古希腊哲学家伊壁鸠鲁。伊壁鸠鲁认为愉悦是一个好东西，而且也应该成为人们追求的目标，所以后来的学者错误地认为伊壁鸠鲁提倡肆无忌惮的感官享乐。实际上，伊壁鸠鲁所说的愉悦并不是指不受节制的纵欲，而是对痛苦的解脱和心灵的平静。这种愉悦必须通过俭朴的生活方式才能获得。

大约公元前306年，伊壁鸠鲁在雅典建立了伊壁鸠鲁学派，就是后来赫赫有名的花园学派。花园学派得名于学派中的学生依靠园艺来维持生活。伊壁鸠鲁和他的学生们过着一种朴素、节俭、公正和诚实的生活，通过这种方式，他们获得了伊壁鸠鲁学派所推崇的生活的终极目标——平静。伊壁鸠鲁进一步认为理性层面的愉悦要高于感性层面的愉悦，感性层面的愉悦是短暂的。事实上，他认为最伟大、最持久的愉悦是友谊。古罗马哲学家和作家卢克莱修在他的长诗《物性论》中也表达了相同的观点。

伊壁鸠鲁学派兴盛了几个世纪，直到这种哲学最后被基督教批评为异教徒的信条。然而，也有人认为《旧约·传道书》中就含有伊壁鸠鲁学派的思想，甚至有人指出《新约》中圣保罗所写的书信中的内容就明显受到伊壁鸠鲁学派思想的影响。在离我们更近的时代里，美国作家、《独立宣言》的签署者之一托马斯·杰斐逊就曾经宣称自己是一名伊壁鸠鲁主义者。

 ## 中世纪哲学是什么样的？

在中世纪时期，哲学家们开始将古希腊哲学家（如亚里士多德和柏拉图）的思想应用于宣传基督教思想。这股风潮几乎跨越了整个中世纪，并在13世纪达到高峰。这种哲学叫经院哲学，因为经院哲学的思想家们大多与大学有着某种联系。简而言之，经院哲学的主要目标是"将亚里士多德基督教化"。实践中，中世纪的哲学家们致力于使用推理来论证信仰，因此，中世纪哲学既有理性的成分，又有宗教的成分。

中世纪哲学也为东西方哲学思想的碰撞提供了机会。一些重要的伊斯兰哲学家，包括阿布·法拉比（亦称阿文纳萨尔）、伊本·路世德（亦称阿维洛伊）和伊本·西拿（亦称阿维琴纳），都论述了经院哲学的思想。西方的神学家，包括圣安塞尔姆和圣托马斯·阿奎那，也开始使用一些非基督教哲学（包括古希腊哲学家的思想和伊斯兰哲学家的思想）去论证基督教。

 ## 哪些伊斯兰哲学家对中世纪哲学影响最大？

阿布·法拉比、伊本·西拿和伊本·路世德这3位伊斯兰哲学家将古希腊的哲学思想引入伊斯兰世界，他们同时也是古希腊哲学和中世纪哲学之间的桥梁。

阿布·法拉比在巴格达学习过经院哲学，他将亚里士多德的思想应用于解释伊斯兰教的教义，被伊斯兰世界尊称为亚里士多德之后的"第二导师"。他认为哲学和宗教是不矛盾的，相反，它们能够互相阐释。

伊本·西拿的著作也大量介绍了亚里士多德的思想，他被伊斯兰世界尊称为"第三导师"。他的著作详细论述了本质和存在之间的区别。

伊本·路世德对亚里士多德和柏拉图（特别是《理想国》）的思想做了注释。他还撰写了有关宗教法、哲学、宗教学和逻辑学的书。

 伟大的经院哲学家有哪些？

正如伊斯兰哲学家们将理性用于解释信仰一样，欧洲的哲学家们也致力于将古希腊的哲学思想和基督教神学结合在一起。这一风潮的引领者包括圣奥古斯丁（亦称希波的奥古斯丁）、圣安塞尔姆和圣托马斯·阿奎那。

圣奥古斯丁生活的年代，多神教信仰在基督教面前节节败退。圣奥古斯丁是一个基督教神学家，但他的作品明显受到柏拉图思想的影响，预示着约 600 年后经院哲学的出现。圣奥古斯丁认为，理性可以增进信仰，信仰也可以增进理性。他同时认为，基督徒可以通过审视自己的内心理解三位一体。

本笃会修士圣安塞尔姆是经院哲学的奠基者之一。1093 年，他出任坎特伯雷大主教。他以描写神迹（在他的著作《独白》中）和论证上帝的存在（在他的著作《宣讲》中）而出名。他提出了著名的本体论论证。

圣托马斯·阿奎那是经院哲学的杰出代表，他也是天主教的一位重要的圣徒，1879年，教皇利奥十三世宣布阿奎那的著作是天主教的基本思想。1248—1272 年在德国科隆和法国巴黎的大学任教期间，阿奎那完成了他的主要著作《反异教大全》和《神学大全》。他抛弃了圣奥古斯丁的柏拉图式的论证方式（圣奥古斯丁认为真理就是信仰），重新解释了亚里士多德的哲学。伊斯兰哲学家法拉比认为信仰和理性并不冲突，同样，托马斯·阿奎那认为信仰和理性是和谐融洽的。托马斯·阿奎那的著作是中世纪哲学的伟大成就，促成了 13 世纪经院哲学的黄金时代。1323 年，托马斯·阿奎那被追封为圣徒。1567 年，他被天主教会尊称为"天使博士"。

马基雅弗利有何主张?

意大利外交家尼科洛·马基雅弗利制定了一套无视伦理和道德的政治行为准则，阐述了一个意志坚定的统治者应当如何不顾道德观念的约束，获得权力、保持权力。

1513年，马基雅弗利被意大利佛罗伦萨的梅迪奇家族放逐，继而写作《君主论》。在《君主论》中，马基雅弗利提出了一套统治者应当如何获得并保持其权力的方法和技巧。这本书是在给统治者提建议，马基雅弗利认为，君主做决定时唯一应当考虑的是行动方案的效果，而不应该考虑道德，如古典哲学和基督教神学中的道德观念。虽然这本书几乎没有在意大利引起反响，但很快风靡欧洲，其主要思想对于那些从未读过此书的人来说也是耳熟能详的。

 ## 弗朗西斯·培根爵士有何主张?

弗朗西斯·培根爵士是一位英国哲学家、作家和政治家，也是16—17世纪科学革命的杰出领袖之一。在16—17世纪，欧洲人认识自己和世界的方式发生了巨大的转变。培根认为，人们必须根本性地改变以往形成的认识事物的方式。培根年轻时在神学院学习，开始认为亚里士多德的认识方法（即演绎的逻辑）根本没有价值，培根本人比较推崇观察的方法（即归纳的逻辑）。他认为，盲目地接受亚里士多德和柏拉图等古代哲学家的思想已经严重地阻碍了人们认识真正的世界。作为一名基督教徒，培根无法质疑神学，他认为理性探索能够揭开事物本质的秘密，但是无助于认识人类的精神和灵魂。因此，培根坚持认为神学和哲学应当分离，这种与当时流行观点相左的观点也使得他成为教育改革和科学改革的坚定支持者。

培根学习过法律，出任过英国驻法外交官，当选过议员，还在公共部门任过职

英国哲学家弗朗西斯·培根认为，认识自然的最佳方法是直接观察。（S. 弗里曼 绘）

（包括首席检察官和大法官）。培根的许多著作都具有开创性。他的《论说文集》包含了许多生活智慧和观察结论;《学术的进步》是对知识现状的调查（培根试图争取国王对英国教育和科学的全面改革的支持）;《新工具》介绍了培根在直接观察的基础上所采用的归纳法（同亚里士多德的演绎法相对）。

"诉诸权威的谬论"是什么?

英国哲学家弗朗西斯·培根在他的著作中用"诉诸权威的谬论"来形容对前人哲学思想的盲目接受。培根所说的前人哲学思想包括亚里士多德的思想、柏拉图的思想和现代天文学奠基者哥白尼的思想。在1620年发表的著作《新工具》中，培根激烈地抨击对某些固定概念的盲目接受，认为人类的进步已经因此被阻碍了。纠缠于这些"谬论"，人类认识事物的方向出现了偏差。一旦接受了某种理念并将它奉为真理，人们就会排斥新的理念，培根将这种排斥其他理念的倾向称为傲慢。与傲慢共生的是怀疑，怀疑一切同样会导致排斥其他理念。培根认为，人们能够在工具的帮助下，通过仔细地观察，理解事物的本质。他进一步将科学实验描述为一种有组织的努力，即需要许多科学家的共同参与，也需要管理者的支持。培根奠定了现代科学思想的基础。

笛卡尔为何被认为是"近代哲学之父"?

勒内·笛卡尔是一位法国数学家和哲学家。1637年，他在荷兰居住时，出版了他的第一本著作《方法论》。在此书中，他将数学方法扩展到科学和哲学领域，主张所有知识都是基于自明前提的清晰推理的产物。这一存在具有确定性的观点是近现代哲学的基础。笛卡尔的其他主要著作包括《第一哲学沉思集》（1641年）和《哲学原理》（1644年）。他的哲学思想被称为笛卡尔主义。

"我思故我在"是笛卡尔的名言。这一断言基于笛卡尔的理论：唯一不可怀疑的事物是怀疑本身。因此得出逻辑结论：怀疑者（思想者）必定存在。与"我思故我在"相关的是二元论，即现实包括精神和物质：因为思想者既思考又存在，所以他既是精神的（唯心的）也是物质的（唯物的）。笛卡尔认为，精神和物质是相互独立的，它们结合在一起共同工作。笛卡尔提出了它们如何共同工作的理论。二元论也是近现代哲学家关注的焦点之一。

经验主义是什么？

经验主义是一个哲学概念，认为只有建立在观察和实验的基础之上的经验才是知识的来源。根据经验主义，人们应该依据感官收集到的信息做出决定，而不是依据理性、信仰或政治权威。经验主义的发展与18—19世纪科学实验的兴起紧密相关，即使到今天仍然有很多科学家信奉经验主义。经验主义者包括英格兰哲学家约翰·洛克，他认为没有所谓的先天理念，人出生时就如同一张白纸，所有知识都来自人的经验；爱尔兰牧师乔治·贝克莱，他认为除了个人的感知外没有任何东西存在；苏格兰哲学家戴维·休谟，他将经验主义发展到怀疑论的极端，认为人类的知识受到已有观念和经验的限制，因此任何知识都无法被验证为真。

 ## 康德的哲学为何仍然如此重要？

伊曼纽尔·康德是近现代最伟大的思想家之一。他创建了一套全新的哲学体系，重新解释了人类的知识。从1755年开始，康德担任德国柯尼斯堡大学的教授，广泛讲学并且著述颇丰。体现他学术思想的重要著作多写于他的后半生。正是在1755年，他着手"批判哲学"的计划。在这项计划中，他致力于回答他认为每个西方哲学家都关注的3个问题：我能够知道什么？我应该做什么？我可以希望什么？

康德对第一个问题（我能够知道什么）的回答基于一个重要的结论：一个人能够知道的知识只是他对事物的经验，而不是事物本身。这位哲学家通过观察数学和科学的确定性得出了这个结论。他认为人类现实的本质不依赖也不产生科学和数学那样的真正知识。例如，牛顿的惯性定律（静止的物体总是倾向于保持静止，运动的物体总是倾向于保持运动）不会根据人类经验而改变。惯性定律被普遍认为是正确的，是"纯粹"的真理。但是，康德认为，人类的现实不基于任何确定性。一个人如果没有通过他的感官经验到某事物，就无法绝对地知道。因此，康德推断，自由意志和上帝的存在是不能被证实和证伪的。

尽管人类能知道的极其有限，但是康德并没有因此变成一个怀疑论者。相反，他认为对待"不可知的事物"需要信仰的飞跃。他进一步得出结论，因为没有人能够证伪上帝的存在，所以对宗教的反对是没有依据的。通过这种方式，康德回答了哲学家面临的第三个问题（我可以希望什么）。

在得出人是依据自己的内在法则体验世界的结论后，康德开始撰写有关伦理学的文章，回答第二个问题（我应该做什么）。在 1788 年出版的《实践理性批判》一书中，康德指出存在一种道德法则，他称之为"绝对命令"。康德认为可以通过询问一个人的动机是否可以称为普遍准则，来判断他的行为是否符合道德："要只按照你同时认为也能成为普遍规律的准则去行动。"康德认为，如果一个人的行为能够符合"绝对命令"，那么他就是在履行自己的责任，这样最终将达到善。

康德的思想影响了 2 个世纪的哲学发展。现代的思想家们仍在发展康德的思想流派，或者反对康德的观点。有意思的是，在康德的作品中，有一篇关于政治理论的论文——《永久和平论》，发表于 1795 年。在这篇论文中，康德描述了一个能够防止国际冲突的联盟性组织。康德逝世 1 个多世纪后，国际联盟和联合国的诞生体现了康德的这一理念。

 ## 黑格尔辩证法是什么？

黑格尔辩证法是由德国哲学家格奥尔格·黑格尔推出的一套理论体系。黑格尔认为，世界的中心存在一个绝对精神，指导着所有现实。依据黑格尔的理论，所有历史发展都遵循 3 个基本法则：每个历史事件都遵循一个必要的过程（换句话说，它不可能以其他方式发生）；每个历史事件不仅代表变化，而且代表进步；每个历史事件或阶段都倾向于被它的对立面所取代，而后者后来会被两极之间的调和方案所取代。黑格尔辩证法中的第三定律后来被历史学家广泛讨论：事件在两个极端之间摆动，直到停在中间位置。两个极端分别叫作"正"和"反"，中间位置叫作"合"。黑格尔认为，依照这种理论，人类的经验是绝对的，也是可知的。

德国哲学家格奥尔格·黑格尔（1884 年的肖像）认为世界的中心存在一个绝对精神，指导着所有现实。

存在主义是什么？

存在主义不是一个单一的思想流派，而是指明显受到丹麦哲学家瑟伦·克尔恺郭尔理论影响的几个思想体系。存在主义者思考一个问题：人类在高深莫测的世界中的存在。在考虑这个"困境"时，哲学家们得出了不同的结论。

存在主义的先驱克尔恺郭尔反对黑格尔等传统哲学家的原则。黑格尔等哲学家将哲学视为科学，认为哲学是客观且确定的。克尔恺郭尔颠覆了这种观点，认为真理不是客观的，相反，真理是主观的；没有所谓的普遍真理；人的存在是不能用科学解释的。在写作时，克尔恺郭尔经常使用笔名。他这样做的目的是让读者自己决定何为真理，而不屈从在自己哲学思想的"权威"下。

到了 20 世纪，德国哲学家马丁·海德格尔、法国作家让-保罗·萨特继承了克尔恺郭尔的思想。海德格尔拒绝被贴上"存在主义者"的标签，萨特却自称存在主义者。存在主义者看到一个两难的困境，即一方面人必须用自由意志做出决定，并且为决定承担责任，而另一方面却不知道什么是真的，什么是对的，什么是好的。换句话说，没有让人确切地知道什么是正确选择的方法，但个体必须一直做出选择，并为做出的选择负责。萨特称这种状况为"自由之刑"。

 ## 尼采的权力意志是什么？

德国哲学家弗里德里希·尼采提出了许多关于人类行为的理论，权力意志就是其中之一。其他哲学家（包括古希腊思想家伊壁鸠鲁）认为人类是由追求快乐的欲望所驱动的，然而尼采却提出，驱动人类的既不是追求快乐，也不是回避痛苦，而是对权力的渴望。为了获得权力，人甚至可以忍受痛苦。需要指出的是，尼采所说的权力意志不是统治他人的意志。尼采崇拜"超人"，即一个能够对自己施加权力的人。尼采认为艺术家就是"超人"，因为他们通过创造力成功地驾驭了自己的本能，因此获得了比只希望统治他人的人更高形式的权力。

1868—1878 年，尼采在瑞士巴塞尔大学担任古典学教授，后来因身体欠佳而退休。退休之后，尼采转向写作，包括诗歌。1889 年，他精神崩溃，次年去世。在他死后，他的妹妹伊丽莎白·福斯特-尼采在编辑尼采的著作时，篡改了原意。1895 年，伊丽莎白嫁给了一名反犹主义煽动者伯恩哈德·福斯特，两人试图在巴拉圭建立一个纯净的雅利安人世界。失败后，福斯特自杀。伊丽莎白对尼采著作的修改直接导致了对尼采哲学的严重误读，最终推动了纳粹主义的兴起。

哲 学 和 政 治

 ## 自然法学是什么？

自然法学主张依据人的本性而立法，因此，自然法只能通过人类的理性被认知，而不需参照人为制定的法律。古罗马演说家和哲学家西塞罗认为，自然法是普遍有效的，它对所有地方的政府和人民都有约束力。

 ## 社会契约是什么？

社会契约认为人民与政府之间达成了一种契约关系，在这种关系中，人民和政府分别有不同的角色。这一理论基于这样一种观点：个体放弃自然状态（自由且无政府统治）的生活，以此为代价，得到了一个为他提供秩序、结构和保护的社会。

纵观历史，许多哲学家都考虑过社会契约背景下政府与公民的角色。在英国哲学家约翰·洛克的理论中，社会契约与自然法密不可分。洛克认为，人们最初生活在自然状态下，他们的自由没有任何限制。在意识到每个独立的个体在维护自己的权利时会引发冲突之后，人们同意生活在一个共同的政府之下，以获得保护。但是这样做的同时，人们并没有因此而放弃自己的自然权利。相反，洛克认为，政府应当保护人民的权利，特别是生命权、自由权和财产权。洛克将这些观点付诸笔端，他最有影响力的2本书都出版于1690年——《人类理解论》和《政府论两篇》。这些作品确立了他"自由主义之父"的地位。其思想深刻地影响了美国《独立宣言》的作者托马斯·杰斐逊。《独立宣言》宣称："我们认为这些真理是不言而喻的：人人生而平等，造物者赋予他们若干不可剥夺的权利，其中包括生命权、自由权和追求幸福的权利。"

法国哲学家让-雅克·卢梭是启蒙运动时期最重要的思想家之一。卢梭在其著作《社会契约论》中提出，人们缔结了一个契约，使得他们有义务去建立政府和政府系统。依据卢梭的理论，人们"只是对合法的权力才有义务服从"，这意味着只有人民能够决定由谁来统治他们。卢梭的思想推动了法国大革命和美国独立战争的爆发。卢梭所定义的社会契约的概念在美国的《独立宣言》中得到了具体体现，《独立宣言》宣称："政府之正当权力，是经被治理者的同意而产生的。当任何形式的政府对这些目标具破坏作用时，人民便有权利改变或废除它。"

 ## 伏尔泰信仰什么？

伏尔泰是一位多产的法国作家，一生致力于揭露社会不公，共创作了 52 部作品。伏尔泰的名言"踩死败类"概括了他的信仰。他信仰上帝，但是憎恶宗教传统；他将理性和怀疑论传播到全欧洲；他强烈主张宗教信仰自由和政治宽容；他坚信人类有能力追求完美。对于西方文学来说，他体现了启蒙时代的最高理想。但是，他的敌人害怕他、诋毁他。终其一生，有人赞扬，有人批评，但是在他还在世时，他的作品就广受欢迎。他的杰作《老实人》（1759 年）是一部讽刺小说，充分表现了人心的善良和丑恶，已经被翻译成 100 多种文字，在世界各地广泛流传。

 ## 伏尔泰为何会被法国驱逐？

法国作家伏尔泰，原名弗朗索瓦-马里·阿鲁埃，伏尔泰是他的笔名。他一生曾 2 次入狱，第二次获释的条件是离开法国。这 2 次牢狱之灾和驱逐出境的遭遇，是由于伏尔泰对时政的尖锐讽刺。伏尔泰年轻时这种讽刺就曾让他陷入困境。1704—1711 年，伏尔泰在一所耶稣会学校路易大帝学院学习，完成学业后，伏尔泰加入了巴黎一个由贵族组成的团体，那些贵族都很欣赏这位年轻作家的机智。他创作了批评摄政王奥尔良公爵的诗歌，广为传播。由于这些冒犯性的作品，1717 年，伏尔泰被投入了巴士底狱，在狱中他开始创作一部关于法国国王亨利四世的史诗《亨利亚特》。这部作品充满了对宗教狂热的控诉和对宗教宽容的赞扬，在当时引起了极大的争议。伏尔泰后来与法国最有权势的贵族家庭之一罗昂家族发生争执，导致伏尔泰再次被捕、再次入狱，并于 1726 年被流放到英国。伏尔泰在英国伦敦一直待到 1729 年。回到法国后，伏尔泰写下了他对英国社会和政治信仰的观察，1734 年，发表了《关于英吉利国的书信》。这本书再次引发争议，他对英国自由主义的赞扬被当局视为对法国保守主义的批评。为此，他被迫隐居在法国洛林，并在那里一直住到 1749 年。伏尔泰作品中对时政的尖锐批评既给他带来麻烦，也为他赢得荣誉，终其一生，两者一直伴随着他。1750 年，伏尔泰被邀请到普鲁士国王腓特烈大帝的宫廷做客，他在王宫居住了 2 年。1753 年，他与腓特烈大帝发生了争执，被迫离开。伏尔泰生命中最后的 20 年是在瑞士度过的。去世不久前，伏尔泰还前往法国巴黎观看了他的戏剧《伊雷娜》的演出。

 托马斯·潘恩的思想为何对民主如此重要？

英裔政治哲学家和作家托马斯·潘恩认为，民主是唯一能保障自然权利的政府形式。1774 年，潘恩从英国抵达美洲殖民地。2 年后，他写了一本名为《常识》的小册子，激发了公众对正在进行中的美国独立战争的支持。在美国争取独立的斗争中，潘恩出版了包含 16 篇文章的文集，名为《美国危机》，高度赞扬了独立战争。潘恩的文章通俗易懂，这使得他的思想被美国和其他地方的民众广泛接受。回到英国后，他继续用笔进行自由

英裔政治哲学家和作家托马斯·潘恩认为，民主是唯一能保障自然权利的政府形式。（乔治·罗姆尼 绘）

之战。1791—1792 年，潘恩分 2 部分发表了《人权》。在这部作品中，他为法国大革命辩护，并呼吁英国人民推翻英国的君主制。因此，他被英国定了叛国罪。逃亡到巴黎后，这位哲学家成为法国大革命时期法国最高立法机构国民公会的一员。但在马克西米连·罗伯斯庇尔的恐怖统治时期，潘恩受到了监禁。美国驻法大使为潘恩辩护，坚称潘恩是美国人。最终，潘恩被释放。此后，他一直住在巴黎，直到 1802 年返回美国。尽管他在美国独立战争中极大地鼓舞了殖民地民众的士气，发挥了重要作用，但他的晚年却穷困潦倒。

 法西斯主义是什么？

法西斯主义是一种极端的政治哲学，它将国家和种族凌驾于个人之上，支持建立权力集中在领袖手中的独裁政府。在第一次世界大战后，意大利的法西斯主义得到发展。意大利的法西斯主义运动由贝尼托·墨索里尼领导，他于 1922 年掌握了意大利的政权，开始实施一系列经济和社会管制计划，任何反对者都被镇压。1936 年，意大利与德国、日本建立了轴心国联盟。在第二次世界大战中，轴心国被同盟国打败。1945 年，墨索里尼被处决，意大利的法西斯主义急剧衰落。

第 7 章
科学与发明

科　　学

 毕达哥拉斯是谁?

　　毕达哥拉斯是公元前 6 世纪的一位古希腊哲学家和数学家，他为数学和天文学的发展做出了巨大的贡献。毕达哥拉斯的学派一直持续到公元前 4 世纪中叶。这一学派在本质上是宗教性的，认为数字有神秘性。毕达哥拉斯没有留下任何文字，这使得许多学者质疑此人是否真的在历史上存在过，有学者认为许多归功于毕达哥拉斯的发现都是某个群体的杰作。不管怎样，毕达哥拉斯的遗产是真实的。他提出了毕达哥拉斯定理（勾股定理）。他用数字形式呈现天文学和音乐，将天文学和音乐作为数学科目进行研究。毕达哥拉斯还在公元前 6 世纪就预测地球是一个球体，而不是一个平面，认为地球、月亮和行星围绕太阳旋转。

欧几里得是谁?

　　古希腊数学家欧几里得被尊称为"几何学之父"。他使用公理（公认的真理）发展出一套几何学的演绎证明系统，这些都记录在他的教科书《几何原本》中。这本书对科学思想的影响巨大，包括了欧几里得对毕达哥拉斯定理的证明。《几何原本》的开头给出了 5 个公理，对任何学过几何学的人来说都很熟悉：1. 任意两点必可用直线相连。2. 直线可以任意延长。3. 可以以任意一点为圆心，任意长度为半径画圆。4. 所有直角都相同。5. 过线外一点，恰有一条直线与已知直线平行。

托勒密体系是什么？

托勒密体系是由古希腊天文学家托勒密设计的模型。他提出一个体系，将地球放在宇宙中心，所有的天体，包括太阳、月亮和星星，都围绕地球运行。他观测到行星的运行并不完全符合他的体系，于是，他又在模型中增加了一个较小圆周，叫作"本轮"，认为行星在本轮上做圆周运动，而本轮又在更大的均轮上绕地球做圆周运动，以此让他的理论更符合现实。尽管这个体系不仅复杂，还是错误的，但它非常实用，能够预测行星位置。

托勒密体系的影响整整持续了 1 400 年的时间，天主教会将托勒密体系奉为其教义的一部分，即使 1543 年波兰天文学家尼古拉斯·哥白尼驳斥了这一理论，天主教会的高层仍然坚持这一体系。16 世纪 70 年代，丹麦天文学家第谷·布拉厄的精确观测证明了托勒密体系是不准确的。但是直到 1609 年德国天文学家约翰内斯·开普勒建构出能够更好解释天体运动规律的体系之后，托勒密体系才被真正淘汰。

 ## 哥白尼提出了什么学说？

1507 年，波兰天文学家尼古拉斯·哥白尼提出日心说，该学说认为太阳是宇宙的中心，地球只是围绕太阳运行的若干天体之一。这一学说与持续了约 1 400 年的托勒密体系（地球是宇宙中心，太阳、月亮和星星都围绕地球运行）相悖，所以在当时备受争议。

哥白尼提出这一方案实际上是出于必要。哥白尼发现使用托勒密体系来预测行星，在长时间内会产生随机结果。他开始假设太阳是中心，他发现这一模型能够比较容易和精确地计算出行星的位置。

哥白尼并不是第一个提出日心说的人。古希腊天文学家阿利斯塔克是已知的第一个主张地球围绕自己的轴自转，并绕太阳公转的人。哥白尼进一步发展了这一论点，声称与宇宙其余部分相比，地球微不足道、无足轻重。

哥白尼的学说同样存在问题。哥白尼认为行星轨道是完美的圆形。这个错误使哥白尼不得不借用托勒密的本轮概念来弥补预测的和观测的轨道之间的差异。直到 17 世纪早期，德国天文学家约翰内斯·开普勒才提出行星轨道是椭圆形的。

伽利略对科学和数学有何贡献？

伽利略确立了现代实验方法。他是第一位试图通过实验和观察结果来证明或证伪理论的科学家和思想家。在伽利略之前，科学理论完全基于假设和推测。正是出于进行精确的实验和观察的兴趣，伽利略发明了许多装置，比如约在 1586 年发明的比重秤（一种用来测量物体密度的装置）和在 1593 年发明的温度计（最早的科学测量设备之一）。

望远镜是最为人所知的伽利略的"发明"，实际上，伽利略并非望远镜的发明者，他只是在 1609 年改进了望远镜。伽利略是第一个使用望远镜研究天空的人，这使他在 1610 年发现了一系列天文现象：月球的光是反射的太阳光；月球表面多山；银河由无数的星星组成；木星有 4 颗比较大的卫星，他甚至能够正确地测算出这些卫星的自转周期。伽利略还是第一个观测到金星相位和太阳黑子的人。

在这些天文学发现之前，伽利略已经对科学做出了重大贡献。1589 年，伽利略才 25 岁时就发表了一篇关于固体重心的论文。1602—1609 年，他研究了摆和其他物体沿弧线和斜面的运动，通过实验和观察，他得出结论，下落物体以恒定的比率加速。他的这一发现后来启发艾萨克·牛顿推导出万有引力定律。伽利略还证明了抛射物的运动轨迹是抛物线。

伽利略曾在意大利的比萨（1589—1591 年）和帕多瓦（1592—1610 年）担任数学教授。1610 年，他被托斯卡纳大公科西莫·德·梅迪奇聘为哲学家和首席数学家。

伽利略是第一位试图通过实验和观察结果来证明或证伪理论的科学家和思想家。

伽利略为何会被当作异端受到宗教裁判所审判？

1613 年，伽利略出版了《关于太阳黑子的书信》。在书中，他支持哥白尼的宇宙体系，认同地球围绕太阳运行。这给他带来了麻烦。书中显示出的观点与天主教会所信奉的基于托勒密体系的信仰相悖。托勒密认为，地球是宇宙的中心，所有星体（包括太阳）

都围绕地球运行。因此，1616 年，教皇宣布哥白尼的学说为"愚蠢且荒谬的"，并警告伽利略不得支持这一体系。

1624 年，新教皇乌尔班八世加冕。伽利略前往罗马，请求撤销针对哥白尼理论的禁令。教皇拒绝了这一请求，但他允许伽利略就哥白尼的学说撰写文章，条件是他不能提倡这一体系而忽视教会支持的托勒密模型。1632 年，伽利略出版了《关于托勒密和哥白尼两大世界体系的对话》，为哥白尼的日心说辩护。教会识破了其中的讽刺含义，将伽利略召到罗马，作为异端接受宗教裁判所的审判。伽利略被指控违反了 1616 年的法令，被判有罪。伽利略被命令撤回其观点。审判结束后，他喃喃道："但是它（地球）还是在动啊。"

伽利略本应被监禁，但教皇允许伽利略在佛罗伦萨附近的家中接受软禁。此后他在软禁中浑浑噩噩地度过余生，直到 78 岁去世。

💡 约翰内斯·开普勒为何对现代天文学如此重要？

德国天文学家约翰内斯·开普勒提出，包括地球在内的行星围绕太阳公转的轨道是椭圆形的。他的这个结论建立在丹麦天文学家第谷·布拉厄的研究基础之上。

第谷是丹麦贵族，1576 年，他建立了历史上第一座真正的天文观测台，赞助他建造天文台的是丹麦和挪威的统治者国王弗雷德里克二世。在观测台中，第谷进行了极其精确的行星位置观测，并将结果记录下来。尽管他因宗教原因拒绝接受哥白尼的日心说，但是他同时意识到托勒密体系不能很好地解释他观测到的结果，他很快提出了自己的行星轨道理论。第谷的理论是在现有的两种模型（哥白尼的日心说和托勒密的地心说）之间的妥协。他的模型遵循哥白尼的理论，即其他行星围绕太阳运行，但保留托勒密的观点，认为太阳围绕地球运行。

1600 年，开普勒移居到布拉格，成为第谷的助手。第谷将自己的观测资料交给了开普勒，并委托他制定一个行星运动的理论。作为一名数学家，开普勒是这项工作的合适人选。在接下来的 20 年里，开普勒全身心投入这项工作中。有一次，开普勒设计了一个几乎与第谷的观测数据完全一致的方案，只是还有一点出入，由于相信第谷的观测结果是精确的，开普勒放弃了整个方案，然后重新开始。最后，他放弃了圆形轨道和托勒密理论中的本轮，转而研究椭圆形轨道。当开普勒假设行星的运行轨道是椭圆形时，他的计算完全符合第谷的观测结果。1609 年，开普勒在著作《新天文学》中提出了关于行星运行的两大定律：行星在椭圆形的轨道上围绕太阳公转；行星在距离太阳较近时运行的速度较快，在距离太阳较远时运行的速度较慢。1619年，他又提出了第三定律：行星绕太阳公转的周期的平方与它们轨道半长轴的立方成正比。

开普勒还为微积分的发明做了开创性工作。

 哈雷彗星是何时被观测到的？

关于哈雷彗星的最早记录在公元前613年。中国的史书《春秋》记载："（鲁文公十四年）秋七月，有星孛入于北斗。"

1682年，英国天文学家埃德蒙·哈雷观测到一颗明亮的彗星，这颗彗星的运动轨迹几乎与在1531年和1607年观测到的彗星的运动轨迹相同。于是，他断定它们是同一颗彗星，并且预测这个彗星将于1758年再次出现。1758年，这颗彗星果然再次出现，所以人们将它命名为"哈雷"。

哈雷是英国的第二位皇家天文学家。多亏了哈雷，普通人在观测夜空时可以稍稍安心。哈雷通过自己的观测和前人的数据，证明彗星只不过是一种遵循万有引力定律的自然物体；此前，人们曾将彗星的出现视为厄运的预兆。

最近一次观测到哈雷彗星是在1985—1986年，下一次哈雷彗星将出现在2061年。哈雷彗星的运行周期是76年。

值得一提的是，正是哈雷鼓励他的朋友和同事艾萨克·牛顿爵士撰写有关万有引力定律的书，即《自然科学的数学原理》。这本书出版于1687年，是现代科学的开创性著作。也是哈雷投资出版了这本书。

 牛顿是在看到苹果落地后产生了万有引力的灵感吗？

牛顿看到苹果落地后产生了万有引力的灵感，这是一个广为流传的传说，最初的叙述者都称这事是牛顿自己说的。

1665年，刚从剑桥大学毕业的艾萨克·牛顿，为了躲避蔓延伦敦的瘟疫，回到家里的农场。在那里，他由于看到苹果从树上落下，开始思考究竟是什么力量引起苹果落地。他得出的理论是物质之间都存在着相互吸引的引力，苹果落地是因为地球对苹果有引力，这种引力同样是月球围绕地球转动的原因。

很快牛顿就搁置了对引力的研究，转而关注光的实验研究。在17世纪80年代，牛顿开始重新思考引起苹果落地的引力，这时，他参考了伽利略的运动研究成果，这位意大利科学家总结出下落物体以恒定的比率加速。1867 年，牛顿在朋友埃德蒙·哈雷的帮助下出版了《自然科学的数学原理》，这本书概述了万有引力定律和行星运行的规律。牛顿总结出三条定律：1. 任何物体都要保持匀速直线运动或静止状态，直到外力迫使它改变运动状态为止（即惯性定律）；2. 物体加速度的大小跟作用力成正比，跟物体的质量成反比，且与物体质量的倒数成正比，加速度的方向跟作用力的方向相同（即 $F=ma$，F 是力，m 是质量，a 是加速度）；3. 相互作用的两个物体之间的作用力和反作用力总是大小相等，方向相反，作用在同一条直线上。正是这 3 条定律帮助牛顿计算出了地球和月球之间的引力。

 ## 是牛顿发明了微积分吗？

是的，牛顿发明了微积分。但是，德国数学家戈特弗里德·莱布尼茨也独立地发明了微积分。两人都是在尝试解释物理定律的背景下发展出微积分的。牛顿的发明要早于莱布尼茨，但是他对自己的成果秘而不宣。莱布尼茨先于 1684 年发表了自己的成果。1693 年，牛顿才发表自己的成果。两人使用不同的符号，由于莱布尼茨的微积分更优越，随即被广泛采用，这种情形导致了两人之间的矛盾。两人的矛盾很快变成了有关国家荣誉的问题，英国科学家一度拒绝采用莱布尼茨的微积分。无论怎样，牛顿的微积分系统要早于莱布尼茨的，所以牛顿被认为是微积分的发明者。

 ## 乔治·华盛顿·卡弗有多少农业上的发现？

美国植物学家、农业化学家乔治·华盛顿·卡弗从事农业研究，卓有成效，因此闻名世界。他开发出花生的 300 多种用途和甘薯的 100 多种用途。卡弗出生于美国密苏里州，双亲是黑奴。他通过努力得到求学机会，1894 年获学士学位，1896 年获艾奥瓦州立大学农学专业的理学硕士学位。1896 年，他受聘于亚拉巴马州塔斯基吉学院（现在的塔斯基吉大学）。在那里，他主管农业系，直到 1943 年逝世。他的第一个研究项目是土壤保护和农业实践。卡弗给美国南方的农民，特别是黑人农民，举办讲座，亲身示范，以帮助他们提高农作物产量。后来，他的注意力开始转向南方的 2 种主要作物：花生和甘薯。卡弗发现花生可以用来制作奶制品的替代品、印刷油墨和肥皂。他还发现了大豆的新用途，并设计了可以用棉花废料制作的产品。他的所有努力都旨在发展美国南方的经济，提高美国南方黑人农民的生活水平。

卡弗因其成就而广受赞誉。1916 年，他成为伦敦皇家艺术学会的成员。1923 年，由于他在农业化学领域的杰出成就，他被授予斯平加恩奖章。1939 年，由于他在科学领域的杰出贡献，他被授予西奥多·罗斯福奖章。

美国植物学家、农业化学家乔治·华盛顿·卡弗革命性地促进了农业发展。他开发出花生、大豆和甘薯的几百种用途。

阿尔弗雷德·诺贝尔做了什么？

　　瑞典化学家阿尔弗雷德·诺贝尔因诺贝尔奖而举世闻名。1866 年，诺贝尔发明了新型炸药。尽管新型炸药提高了炸药的安全性，但是诺贝尔也开始为自己的发明将被如何使用感到担忧。诺贝尔是一位和平主义者，他进入炸药行业完全是因为这是他家族的事业。按照他的遗嘱，他捐赠了 920 万美元的遗产，以建立基金，奖励在科学、文学和促进世界和平等领域做出杰出贡献的人士。诺贝尔死于 1896 年，从 1901 年开始，每年（1940—1942 年除外）都会评选出诺贝尔奖获得者。一开始，诺贝尔奖共有 5 个奖项：物理学、化学、生理学或医学、文学、和平。为了纪念阿尔弗雷德·诺贝尔，瑞典国家银行于 1968 年设立了诺贝尔经济学奖，从 1969 年开始颁发，是为第六个奖项。每个诺贝尔奖获得者都会被授予一枚金质奖牌、一份证书和一笔可观的奖金。每年 10 月宣布获奖者，每年 12 月 10 日举行颁奖仪式（12 月 10 日是阿尔弗雷德·诺贝尔的逝世周年纪念日）。

量子论的发展为何如此重要？

从 1900 年开始，德国物理学家和教授马克斯·普朗克提出并发展了量子论，因此他获得了 1918 年的诺贝尔物理学奖。量子论的基本理论是能量和其他一些物理属性能够存在于微小、有限的量子中。在普朗克的工作之前，经典物理学理论认为能量和物理属性是连续变化的。普朗克对黑体辐射进行了实验（黑体是一种理论上的理想辐射体，它可以吸收其上的所有辐射能量，不反射任何辐射能量）。普朗克得出结论，辐射能量可以被分割，且量子的值与能量源的值成比例。普朗克确定了光的能量与其频率之间的关系。量子论和阿尔伯特·爱因斯坦的相对论构成了现代物理学的基础。自从量子论出现以来，它已经被应用在了许多领域，主要是在原子或分子尺度能量转移的研究。1922 年的诺贝尔物理学奖得主尼尔斯·玻尔就使用了量子论来解释原子结构。量子论现在还被用来解释电子是如何穿过电脑芯片的，原子核是如何衰变的，以及激光器是如何工作的等问题。

1931 年，阿尔伯特·爱因斯坦正在书写关于银河密度的等式。爱因斯坦因提出相对论而举世闻名。

公式 $E=mc^2$ 为何具有历史意义？

1905 年，德裔物理学家、诺贝尔物理学奖获得者（1921 年）阿尔伯特·爱因斯坦提出了著名的公式 $E=mc^2$。这个公式之所以具有历史意义，是因为它和量子论（由马克斯·普朗克在 1900 年提出）一起为原子能的利用提供了理论基础。它是爱因斯坦相对论的一部分。

公式中，E 代表能量，m 代表质量，

c^2 是一个常量，代表光速的平方。这个公式展示了能量和物质之间的转换关系。20 世纪 30 年代，科学家们找到了一种分裂原子的方法，他们发现分裂后产生的亚原子粒子的总质量要小于原始的原子的质量，这表明在原子分裂后，一部分质量转换成了能量。根据爱因斯坦的公式 $E=mc^2$，科学家可以计算出原子分裂可以产生多大的能量。这种通过分裂原子来产生能量的方法是核能的基础。

爱因斯坦为何要致信美国总统罗斯福，建议美国发展原子弹？

阿尔伯特·爱因斯坦，1879 年出生于德国，在瑞士接受教育（他后来也成为瑞士公民），是一位热情的和平主义者。他敏锐的观察力让他很快就察觉到了纳粹德国所构成的威胁。1933 年，爱因斯坦正在英国访问时，纳粹没收了他在柏林的财产并剥夺了他的德国国籍。有人可能会说，这位犹太科学家很幸运，因为在接下来的几年里，其他犹太人遭受了更可怕的命运，纳粹德国在阿道夫·希特勒的专制统治下屠杀了 600 多万犹太人。

爱因斯坦移居到美国，在新泽西州普林斯顿高等研究院找到了一份工作。他定居下来，后来成了美国公民（1940 年）。1939 年 8 月，就在阿道夫·希特勒的德国军队入侵波兰引发第二次世界大战之前，爱因斯坦致信美国总统富兰克林·D. 罗斯福，敦促他启动一个政府项目研究核能。他警告美国必须建造原子弹，因为德国可能已经在进行此类研究。

美国接受了他的建议，开始原子弹开发计划。这一计划被称为"曼哈顿计划"，研发中心设在田纳西州的橡树岭和华盛顿州的汉福德，科学家们在那里致力于提取足够的钚和铀以制造原子弹。原子弹是在新墨西哥州洛斯阿拉莫斯的实验室开发的。美国政府为这项计划投入了 20 亿美元。1945 年 7 月 16 日，第一枚原子弹在新墨西哥州阿拉莫戈多爆炸。1 个月后，美国分别于 8 月 6 日和 8 月 9 日在日本的广岛和长崎投下原子弹，迫使日本投降。

二战后，爱因斯坦一直致力于世界和人类事业的发展。他对日本所遭受的破坏感到不安。作为一名拥护犹太复国主义的犹太人，他于 1952 年被提名为以色列国（建立于 1947 年）的总统，但是他婉拒了这一荣誉。1955 年，爱因斯坦逝世于美国新泽西州。

费密是谁？

意大利裔物理学家恩里科·费密是原子时代的创建者之一。1934 年，费密宣称他发现了一种铀之后的新元素，但是实际上他分裂了原子。1938 年，就在第二次世界大战前夕，这一过程被命名为核裂变。1 年后，德裔物理学家阿尔伯特·爱因斯坦致信美国总统富兰克林·德拉诺·罗斯福，要求他启动一项政府计划，研究原子弹。也正是在 1938 年，费密获得了诺贝尔物理学奖，并逃离了已经被贝尼托·墨索里尼控制的意大利。1939 年，费密成为美国哥伦比亚大学的一名物理学教授，在那里教了 3 年书。1942 年，费密加入了研发原子弹的曼哈顿计划，他指导了第一次受控的核链式反应。第二次世界大战后，已经于 1944 年加入美国国籍的费密在芝加哥大学教书，并且继续研究核反应。1953 年，一种人工核反应获得的放射性金属元素以他的名字被命名为"镄"。美国原子能委员会（AEC）还设立了恩里科·费密奖来表彰物理学上的成就。

💡 奥本海默为何受到审查？

美国物理学家 J. 罗伯特·奥本海默，曾指导新墨西哥州洛斯阿拉莫斯实验室开发和建造了第一枚原子弹，因其反对美国发展氢弹而在 1953—1954 年受到美国政府的审查。他也因涉嫌与共产党有联系而被吊销了安全特许权。

第二次世界大战中，奥本海默看到了自己实验室研发的原子弹的惊人破坏力，从此积极呼吁国际社会控制原子能的发展。当美国开始研制氢弹时，奥本海默基于道德和技术两方面原因提出了反对：氢弹的破坏力要远高于原子弹。

1953 年，奥本海默被认为对美国国家安全构成威胁，虽然在举行听证会后被宣布无罪，但美国原子能委员会还是终止了其职务。10 年后，即 1963 年，美国原子能委员会将恩里科·费密奖授予奥本海默，以奖励他在理论物理方面的成就。

奥本海默一生中做出了许多贡献。作为加利福尼亚大学伯克利分校的教授，他建立一个理论物理研究中心。他还在加州理工学院授课。1947—1966 年，他担任新泽西州普林斯顿高等研究院院长，在那里，他结识了德裔物理学家阿尔伯特·爱因斯坦，后者在 1933 年接受了该研究院的职位，并一直留在那里，直到 1955 年去世。

💡 末日时钟是什么？

末日时钟表示核毁灭的威胁离我们还有多远。它是由美国《原子科学家公报》理事会设立的。第二次世界大战中，美国在日本广岛和长崎投下原子弹；2 年后的 1947 年，末日时钟第一次出现在该杂志的封面上。原子科学家们提出这个想法，是为了提醒人们核武器造成全面毁灭的威胁。在这个时钟上，12 点代表毁灭。当末日时钟首次亮相时，科学家们将时间设定为离 12 点只有 7 分钟。随后的几十年内，根据核武器的扩散或限制核武器条约的签订，科学家向前或向后调整时钟的时间。

末日时钟上所设定的最接近午夜的时间是差 2 分钟。这次设定是在 1953 年，即在美国和苏联分别测试氢弹之后。1991 年，美国和苏联签订了《削减战略武器条约》，并且宣布削减核武器。科学家们将时钟调到差 17 分钟到午夜，这是末日时钟上所设定的离午夜最远的时间。

大爆炸理论是什么？

大爆炸理论是一种关于宇宙起源的理论。根据大爆炸理论，宇宙诞生于大约 150 亿 ~ 200 亿年前的一场大爆炸。随着时间的推移，大爆炸产生的物质逐渐形成了星系、恒星和我们所熟知的太阳系行星群。大爆炸理论最初由埃德温·哈勃提出，他观测到宇宙正在不停地膨胀，并且距离越远的星体后退的速度越快。20 世纪 60 年代，贝尔实验室的科学家们发现了弱无线电波，他们认为这些电波是大爆炸不久后宇宙早期的残留物。这个发现支持了哈勃的理论，并且将宇宙的寿命设定在大约 150 亿 ~ 200 亿年。

天文学家们观测到，各星系仍在相互远离，而且这种运动很可能会永远持续下去，至少在接下来的 700 亿年之内是这样。科学家相信，如果星系再次聚集，那么宇宙中的所有物质很可能会再次爆炸（换句话说，很可能产生第二次大爆炸），其结果也可能和第一次大爆炸一样，产生一个与今天人们所在的宇宙非常相似的宇宙。

英国科学家斯蒂芬·霍金也是一位大爆炸理论的支持者。1988 年，他出版了畅销书《时间简史：从大爆炸到黑洞》，在书中阐述了他关于黑洞的理论。

卡尔·萨根是如何普及科学的？

卡尔·萨根是美国康奈尔大学天文学和空间科学教授。通过他的 13 集电视节目《宇宙》，他成了在美国家喻户晓的人物。这个节目最初在 1980 年秋季由美国公共广播公司（PBS）的附属电视台播出。《宇宙》涵盖了多个科学主题，包括生命的起源和进化、人类大脑的进化、黑洞、时间旅行、太空探索和宇宙的最终命运等。节目播出后引起轰动，一度成为公共电视史上收视率最高的常规系列节目。它还衍生出一本同名书，这本书也成为当年的畅销书。

多莉羊是什么？

多莉是第一只用成年动物的 DNA 克隆出的哺乳动物。它是一只出生于 1996 年的芬恩多塞特羊。1997 年初，科学家向世人公布了它的诞生，标志着克隆技术的突破性进展。苏格兰爱丁堡市郊的罗斯林研究所的科学家们使用体细胞核移植（SCNT），创造出了多莉，这种技术使这只羊的 DNA 与捐献羊（细胞取自捐献羊的乳房）完全相同。多莉成为世界各地新闻的头条，并引发了公众关于克隆的可能性及其伦理问题的辩论。此后，世界各地的研究小组纷纷宣布成功克隆了鼠、牛、山羊、兔、猪、马、骡和狗。

2003 年，多莉被安乐死。芬恩多塞特羊的预期寿命在 10 ~ 12 年，而多莉的寿命只有一半，但对它进行尸检的科学家们发现，除了关节炎和肺癌外，它看起来是正常的。这只著名的绵羊还是 6 只羊的母亲，这些羊是以传统的方式生下来的。

查尔斯·达尔文是如何提出进化论的？

英国博物学家查尔斯·达尔文就读于剑桥大学期间，经老师介绍，以博物学家的身份登上了英国皇家海军军舰"小猎犬号"，由此开启了他的环球旅行。这次旅行始于 1831 年，使达尔文得以收集南方的植物、动物和地质数据，包括南美洲沿岸、加拉帕戈斯群岛、安第斯山脉、澳大利亚和亚洲。旅行于 1836 年结束。随后的几年里，达尔文发表了一系列关于自然历史的文章，但是其中没有一篇提出他的进化论理论。

达尔文在他的朋友、被誉为"现代地质学之父"的查尔斯·莱尔爵士的鼓励下写出了自己的理论。巧合的是，此时他收到了一篇由英国博物学家阿尔弗雷德·拉塞尔·华莱士撰写的关于自然选择的摘要。华莱士是独立于达尔文形成这一观点的，他在对巴西亚马孙河流域和东印度群岛（马来群岛）的比较生物学研究的基础上提出了进化论。1858 年，达尔文发表了他的作品，同时也附上了华莱士的摘要。次年，他出版了《物种起源》以完善自己的学说。《物种起源》风行一时，第一版的第一次印刷仅在一天之内就售罄了。1871 年，达尔文又出版了《人类的由来》，对《物种起源》进行补充。

达尔文认为所有的生命都起源于简单的、原始的原生质（构成所有生命的基本物质）。在自然选择理论中，达尔文假设，只有那些最适应环境的物种可以存活和繁殖，而那些不适应环境的物种就会被淘汰。

虽然有机进化和自然选择极大地影响了科学界，科学界进一步研究和支持了这些概念，但它们却让许多宗教界人士感到不安，引起了争议。创造论者相信《圣经》中给出的人类起源故事，即亚当和夏娃在伊甸园的故事，反对达尔文的理论。进化论和创造论之间的辩论由此展开。二者最著名的冲突是1925年7月发生的斯科普斯"猴子案件"：美国田纳西州代顿市的公立学校教师约翰·T.斯科普斯因在学校教授进化论而被控违反州法。他由有史以来最受赞誉的律师之一克拉伦斯·达罗辩护，检方则由另一位著名律师威廉·詹宁斯·布赖恩领导。最终斯科普斯输掉了案子，但此判决后来因技术性细节被推翻。该法律最终在1967年被废除。尽管科学研究在

英国博物学家查尔斯·达尔文以自然选择学说奠定了现代进化论的基础。

很大程度上证实了查尔斯·达尔文的进化论，但至今创造论仍然有其追随者，主要是基督教徒。

有意思的是，达尔文的祖父伊拉斯谟·达尔文是一位医生、植物学家和诗人，他在1803年写下《自然神殿：社会的起源》，也表达了类似进化论的观点。

利基家族做了什么？

利基家族是一个杰出的英国家族，包括4位在东非做出重大人类学发现的科学家。

路易斯·S.B.利基出生于肯尼亚内罗毕附近，是一名英国传教士的长子。他在那里长大，在学会英语之前先学会了当地土著基库尤人的语言。他漫步乡间时，发现了原始的石制箭头和工具。在剑桥大学就读时，利基决定从事考古学研究，并最终获得了博士学位。

1936年，路易斯·利基与考古学家和艺术家玛丽·道格拉斯（玛丽·利基）结婚。二人回到路易斯的故乡开展工作。1948年，夫妻二人有了重大发现。在肯尼亚的维多利亚湖附近，他们发现了30余片头盖骨，科学家们认定这种动物是人和猿的共同祖先，生活在250亿～400亿年前。

20 世纪 50 年代末—60 年代，利基夫妇在坦桑尼亚收获了他们最著名的发现，证明了人类进化的中心在非洲。奥杜瓦伊峡谷是一个 35 英里（约合 56.3 千米）长的峡谷，在这里，他们发现了存有 100 余种已经灭绝的动物的地质层，他们还发掘出一种接近现代人类（智人）的东非人类化石。这种人类的大脑只有现代人类的一半大小，他们能够直立行走，大约有 5 英尺（约合 1.5 米）高，生活在距今 175 万年前。因为他们以坚果和肉类为食，所以他们又被称为"胡桃夹子人"。后来证实，"胡桃夹子人"并不是现代人类的直系祖先，它其实是人类进化路线上的一个已灭绝的旁支，因此后来被改属南方古猿，被称为"南方古猿鲍氏种"。接下来，他们还在峡谷里发现了"能人"，起名"能人"是因为人们相信这种人类已经能够使用简单的石制工具。路易斯·利基认为"胡桃夹子人"和"能人"是生活在同一时代、同一地方的两种类人生物，这一结论意味着人类的进化并非遵循人们所设想的线性路线。

路易斯·利基具有争议的发现挑战了科学界，后来他的儿子理查德·利基也有了重要发现。在其父母在奥杜瓦伊峡谷的发现之后的几十年里，理查德在肯尼亚中北部的图尔卡纳湖开展他自己的研究项目。在那里，理查德发现了 200 余片早期人类化石。1971 年，理查德同他父亲的助手米芙·埃普斯（米芙·利基）结婚。米芙·埃普斯出生于英国，是一位动物学家和古生物学者。1965 年，她曾经作为助手参与了路易斯·利基的东非挖掘工作。理查德和米芙·利基夫妇，以及美国人类学家艾伦·沃克共同发现并鉴定了一些已知最古老的人类化石。1994—1995 年，在图尔卡纳湖附近，他们发现了生活在 400 多万年前的南方古猿湖畔种的化石。

 DNA 结构是何时被发现的？

1953 年，美国生物学家詹姆斯·杜威·沃森和英国生物物理学家弗朗西斯·克里克共同提出了一种脱氧核糖核酸（DNA）分子结构的模型。他们假设 DNA 由氢键连接的双螺旋结构构成。这一结论的提出有赖于英国生物物理学家莫里斯·威尔金斯收集的数据。在沃森-克里克模型中，DNA 由 2 条核苷酸链组成，它们沿着中心轴以相反的方向互相缠绕在一起，很像螺旋形的楼梯，两侧的扶手是 2 条核苷酸链的糖-磷基因交替结合的骨架，而踏板就是碱基对。当 DNA 复制时（DNA 在繁殖过程中会复制），"楼梯"的踏板分开，形成新的 DNA 分子。这个模型帮助科学家理解遗传特征是如何传给后代的。人体中的细胞有 46 条染色体，排列成 23 对；同一对染色体同一位置上的一对基因被称为等位基因，一般一个来自父亲，一个来自母亲。这样，孩子就既有父母的特点，又有些不同。1962 年，沃森、克里克和威尔金斯因他们在 DNA 上的开创性工作共同获得诺贝尔奖。

发　　明

 指南针有多长的历史？

　　世界上第一个指南针可以追溯到公元前 1 世纪。当时中国人观察到，当被放置在一个平面上时，磁石总是指向北方。也有证据表明，阿拉伯的水手们在公元 600 年左右就开始使用指南针。当阿拉伯人的影响逐渐向北扩展至欧洲时，指南针也传入了欧洲。到了 14 世纪，欧洲的船只携带着根据指南针读数绘制的地图，航行到不同目的地。15 世纪，葡萄牙的恩里克王子，亦称航海者恩里克，推进了指南针在导航中的使用。他鼓励水手和制图师互相合作以制作更为准确的航海地图。也是在 15 世纪，来自热那亚的航海家与探险家克里斯托弗·哥伦布在驶向新大陆时发现他的指南针的指向与北极星的方向之间有偏差。这其实是磁北和真北之间的差异。16—17 世纪，科学家们开始更好地了解地球的磁场。

　　美国工程师和发明家埃尔默·斯佩里发明了陀螺罗盘。陀螺罗盘是一种昼夜工作的装置，无论在地球的什么地方，甚至是在地球两极，它都能够正常运转，准确地指出北方。

　　在没有指南针的时候，航海的水手们通常依靠太阳、月亮和星星来确定自己的方位。

 水手何时开始在航海中使用经度和纬度？

　　1736 年，英国发明家约翰·哈里森向英国伦敦的经度委员会展示了他的经线仪。经线仪是一种精密的航海钟，准确度达到了每天误差不超过十分之一秒。此后，水手便可以在航海中使用经度和纬度。因为它是依照格林尼治时间设置的，所以水手可以依据本地时间来确定自己所在的经度位置。尽管哈里森的发明有 65 磅（约合 29.3 千克）重，而且复杂、精细，但后来得到了改进，使其能够在任何航海船只上、在任何天气条件下使用。

日晷有多长的历史？

日晷是利用日影测得时间的工具，通过棍、针或其他条状物体在刻有刻度的水平板上投下的影子来指示一天中的时间。公元前 6 世纪，人类已经开始使用日晷。古代中国人和埃及人都使用这种装置来计时。日晷是一种相当准确的时间指示仪器。但它也存在问题。日晷的刻度必须根据纬度进行调整，而且读数随季节变化而不同。日晷今天仍然是花园中最受欢迎的装饰品之一。

 ### 今天使用的历法有多长的历史？

今天普遍使用的历法是格里历，它始于 1582 年。公元前 46 年，古罗马的尤利乌斯·凯撒请天文学家索西琴尼制定了一部通用的太阳历，以便在全罗马范围内使用，史称儒略历。儒略历中，1 年有 365 天。因为实际上 1 年大致有 365.25 天，所以儒略历每隔 4 年增加 1 天，这一年被称为闰年。1 年有 12 个月，除了 2 月是 28 天以外，其余每月有 30 天或 31 天。新年始于每年的 1 月 1 日。1582 年，教皇格列高利十三世要求修订儒略历，改革后的历法称为格里历。格里历保持了儒略历的上述特征，只是将基督教的复活节调整到了春分（春天的第一天）那一天。同时，它规定整百的年数能被 400 整除的才能算闰年，例如，1900 年尽管能够被 4 整除，但是不能被 400 整除，所以它不是闰年；2000 年能够被 400 整除，所以是闰年。

现在世界上还存在许多不同的历法，如巴比伦历、中国农历、印度历等阴阳合历，回历等太阴历，科普特历、日本历等太阳历。

 ### 标准时间是何时设置的？

1884 年，美国华盛顿特区举行的一次国际会议引入标准时间制度。通过国际协议，地球被划分为 24 个时区。每个时区内，所有的时钟都被设定为相同的时间。时区的设置是现代工业发展的必然结果。运输业的发展尤其要求设置统一的时间以便相互合作。在没有标准时间的时候，火车时间表是相当复杂的。

每个时区跨越 15° 经度，从穿越英国伦敦格林尼治天文台的 0° 经线（亦称"本初子午线"）开始。格林尼治天文台的时间叫作格林尼治标准时间。时区通过在格林尼治以东或以西的距离来描述。该制度规定，相邻时区之间的时间相差 1 小时。当然，有的时区会根据国界线等因素而有所调整。

 ## 抽水马桶是何时发明的？

抽水马桶的发明可以追溯到 16 世纪 90 年代。它是由英国人约翰·哈林顿爵士发明的。哈林顿是英国女王伊丽莎白一世的大臣和教子，他在女王的一座宫殿里安装了抽水马桶。哈林顿既是一位严肃的作家和翻译家，又是一个具有反抗精神的离经叛道者。他因撰写讽刺作品而被流放。他的发明在当时并没有引起重视。但是在接下来的 200 年里，人们对抽水马桶进行了各种改进，最终开发出了我们现在熟悉的连接到下水道或化粪池的马桶。

 ## 谁发明了温度计？

早在公元前 1 世纪，古希腊人就制造了简单的温度计。伽利略发明了现代意义上的温度计。伽利略发明的温度计是气压温度计，当温度计内的空气受热膨胀时，温度计内的有色液体的高度就会由于气压上升而下降。今天使用的则是水银温度计，温度计中的水银受热膨胀，从而指示出温度。

1612 年，伽利略的朋友、意大利物理学家桑托里奥改进了伽利略的温度计，用于测定病人体温的变化。（医用温度计不是桑托里奥的唯一发明。作为第一个在医学领域使用精密仪器的医生，他还发明了脉搏计。）

1 个世纪以后，温度计上才有了固定的刻度。这是德国物理学家丹尼尔·华伦海特的创新。他于 1714 年发明了水银温度计。他还设计出华氏温标。

 ## 爱迪生是有史以来最伟大的发明家吗？

确实有人认为托马斯·阿尔瓦·爱迪生是有史以来最伟大的发明家，而且理由充分。被誉为"门洛帕克的奇才"的爱迪生一生中注册了 1 300 多项专利，比任何其他美国个人的专利都多。他最著名的发明包括同步发报机（1874 年）、留声机（1877 年）、白炽灯（1878 年）和活动电影放映机（1891 年）。爱迪生还做出了一项重大科学发现，他观察到阴极被加热时会释放电子，这一现象被称为"爱迪生效应"。

爱迪生在 20 多岁时，就建立了一个工厂，工厂里有 50 多位工程师与他一起工作。他把这个位于美国新泽西州纽瓦克的工厂称为"发明工厂"。该工厂持续存在了 6 年，其间，

爱迪生一生中注册了 1 300 多项专利，比任何其他美国个人的专利都多。

爱迪生获得了约 200 项新专利。这个工厂是美国第一个正式的非学术研究中心。到了 1876 年，纽瓦克的设施已无法满足爱迪生的需求，于是他在新泽西州门洛帕克安排建造了新工厂。在接下来的 10 年里，他在这里完成了几乎所有重要的创造性工作。

爱迪生没有接受过正规教育吗？

这基本上是事实。托马斯·爱迪生出生于美国俄亥俄州米兰。1854 年，举家迁往密歇根州休伦港。在休伦港，年轻的爱迪生上过学，那是一所只有一间房间的学校，由牧师和 G.B. 恩格尔夫人授课。只上了几个月的学，爱迪生就开始对学校感到厌烦，因此，他的老师认为他智力低下。当爱迪生把恩格尔夫人说他"头脑混乱"的事告诉妈妈南希后，南希立刻让他退学。从那时起，南希自己在家教育爱迪生，她向爱迪生讲授物理、化学和其他科学。爱迪生对科学很感兴趣，在 10 岁的时候就已经能够在家里独立做实验。

爱迪生通过大量阅读进一步提升了他的教育水平。他曾经在休伦港和底特律之间的火车上卖过杂志、零食和香烟，两地相距约 60 英里（约合 96.6 千米）。在底特律市中心停留时，他就在公共图书馆里读书。据他自己的回忆，他读完了整个图书馆的书。尽管爱迪生缺少正规教育，但是他有敏锐的头脑和天然的好奇心，更重要的是，他受益于母亲提供的教育，还充分利用图书馆资源。

有一件事情改变了爱迪生的生活。他年轻时丧失了听力。传记作家马修·约瑟夫森认为，耳聋对爱迪生产生了 2 方面的影响：他不但更加"封闭和害羞"，而且更加注重自己的研究，开始更加努力地学习。

谁发明了蒸汽机？

和很多现代发明一样，蒸汽机经历了漫长的演变过程。一般认为，第一个发明蒸汽机的人是生活在 1 世纪的古希腊科学家亚历山德里亚的希罗。这位数学家发明了很多由水、蒸汽或压缩空气驱动的装置，例如喷泉、消防泵和蒸汽机。十几个世纪后，1711 年左右，英国人托马斯·纽科门在 1698 年获得专利的设计的基础上进行了改进，开发出一种早期的蒸汽机，用于抽水。

苏格兰发明家詹姆斯·瓦特对纽科门的蒸汽机进行了重大改进，并于 1769 年获得专利。瓦特发明的是第一台实用的蒸汽机，为工业革命时期蒸汽机在制造业和运输领域的使用铺平了道路。瓦特申请蒸汽机专利时，英国正处于工业革命的前夕。蒸汽机后来被更高效的设备，如涡轮机（19 世纪）、电动机（19 世纪）、内燃机（1860 年发明了第一台实用的内燃机）和柴油机（1892 年获得专利）取代，但是不管怎样，瓦特的蒸汽机在推动社会从农业向工业经济转型的发展中起到了关键性作用。瓦特的遗产包括使用"马力"和"瓦特"作为度量单位。

人们何时开始使用火车？

火车的历史可以追溯到 16 世纪时欧洲人在煤矿和铁矿的开采中使用的原始的铁路。那时的轨道由 2 根木轨构成，贯穿矿井内部并延伸至地面。由人或马拉着车辆沿轨道行进。18 世纪初，矿业公司扩展了这种铁路，在地面上也使用这种铁路来运输煤和铁矿石。工人们发现他们可以在木轨上包裹一层铁皮，这样木轨就不那么容易磨损。不久之后，轨道就完全是铁制的了。

与此同时，蒸汽机也有了改进。1797 年，英国康沃尔矿区的工程师理查德·特里维西克制造了第一个蒸汽机车模型。3 年后，他又制成了第一台高压蒸汽机。此后，他迅速取得进展，建造了一辆道路车辆，在 1801 年的圣诞夜成为第一辆运送乘客的蒸汽机车。2 年后，他又制造了第一辆铁路蒸汽机车。

1825 年，另一位英国发明家乔治·斯蒂芬森对铁路交通的改善做出了极大贡献。他为自己制造的机车引擎申请了专利后，建设了世界上第一条公共铁路。铁路长 20 英里（约合 32.2 千米），可以把乘客从英国的斯托克顿运送到达灵顿。1830 年，斯蒂芬森修建了利物浦和曼彻斯特之间的铁路。铁路旅行迅速流行起来，直到现在铁路仍是最高效的交通工具之一，每天有大量的人依靠铁路通勤。

斯蒂芬森继续建造铁路，并且建立了家族企业，特里维西克的命运却不尽如人意。尽管他后来找到了高压蒸汽机的其他用途（包括钻岩、挖掘和农业灌溉），但他死时却一贫如洗。

💡 美国第一条横贯大陆的铁路是何时建成的？

1869 年 5 月 10 日，美国第一条横贯大陆的铁路铺设了最后一根铁轨，世界上第一条从太平洋沿岸到大西洋沿岸的铁路终于诞生。这条铁路实现了美国将全部国土更紧密连接在一起的梦想。

自从 19 世纪 40 年代以来，美国已经有短途铁路交通，但是还没有办法在遥远地区之间运输人员、原材料和成品。19 世纪 60 年代初，美国国会决定建造横贯全国的铁路线。联邦政府为了实现这个计划，不仅征用了土地，而且为 2 个公司提供了数百万美元的贷款。美国国会决定沿着北纬 42°线建造这条铁路，即从内布拉斯加州的奥马哈到加利福尼亚州的萨克拉门托，之所以确定这条路线是因为这条线路沿线的地形最适宜修建铁路。

美国联合太平洋铁路公司从奥马哈开始向西铺设铁路，美国中央太平洋铁路公司从萨克拉门托开始向东铺设铁路，其间跨越内华达山脉。1863 年，铁路正式开始修建。6 年后，2 个项目在犹他州中北部相遇。中央太平洋铁路公司铺设了 689 英里（约合

1869 年，铁路官员和铁路工人一起在美国犹他州普洛门特利市庆祝建成美国第一条横贯大陆的铁路。

1 102.4 千米）的铁路，而联合太平洋铁路公司铺设了 1 086 英里（约合 1 737.6 千米）。包括众多的爱尔兰、中国和墨西哥的移民工人在内的 600 名工人参加了 1869 年 5 月 10 日举行的庆祝仪式。最后一颗钢制轨钉被钉下时，这条铁路被连到一条电报线上，一个信号被发送到世界各地，向全世界宣告了美国第一条横贯大陆的铁路的建成。到了 19 世纪末，美国共有 15 条横贯全国的铁路。

🔆 自行车是何时发明的？

在 19 世纪的一系列尝试之后，1876 年，一辆安全的自行车诞生了。这辆自行车是现代自行车的前身，也是第一款在商业上取得成功的自行车。它的 2 个轮子一样大，这样的设计使得它比之前的自行车更容易控制，也更安全。自行车迅速流行开来。到了 1900 年，超过 1 000 万美国人拥有了自行车。

和其他发明一样，自行车是几位发明者共同努力的结果。1817 年，德国的卡尔·弗里德里希·冯·德赖斯男爵发明了一种类似滑板车的设备。1839 年，苏格兰人柯克帕特里克·麦克米伦为这个设备加上了踏板，从而制造出世界上第一辆真正的自行车。1870 年，英国发明家詹姆斯·斯塔利发明了一种前轮大、后轮小的车子，并取名为"阿里尔"。尽管这种自行车容易骑，速度较快，但是重心较高，导致这种车子不稳定，甚至很危险。后来，人们在阿里尔自行车的基础上增加了第三个轮子以保证安全性，但是仍然不够安全。1876 年，英国人亨利·约翰·劳森发明的自行车 2 个轮子大小相等，彻底解决了安全性问题，劳森还加装了一条用于驱动后轮的自行车链。1895 年，自行车再次得到改进，安装了充气轮胎。1885 年，自行车开始批量生产。

即使在发明汽车之后，自行车依然在日常生活中扮演着重要的角色。在美国，骑自行车已经成了人们的休闲运动，自行车运动的受欢迎程度甚至可以与棒球媲美，还出现了许多自行车俱乐部。

🔆 是亨利·福特发明了汽车吗？

不是。虽然亨利·福特改变了美国的工业格局，改变了人们的出行、生活和工作的方式，但是他没有发明汽车。20 世纪之前，已经有几个发明家在研究汽油动力车了。当福特完成他的第一辆可行驶的汽车时，查尔斯和弗兰克·杜里埃兄弟已经在美国展示了他们制造的汽油动力汽车，出生于美国俄亥俄州的兰塞姆·伊莱·奥尔兹已经开始大规模生产汽车。在这些美国发明家和企业家之前，欧洲人已经在发明汽车的道路上取得了重大进展。

汽车是一系列发明的成果，始于1769年，当时法国军事工程师尼古拉-约瑟夫·居尼奥制造了一辆蒸汽动力的道路车辆。19世纪初，其他发明家也尝试制作类似的车辆。蒸汽动力车在欧洲和美国都投入了生产。1899年，威廉·麦金利成为首位乘坐汽车的美国总统，他乘坐的是孪生兄弟弗朗西斯和弗里兰·斯坦利制造的斯坦利蒸汽汽车。

1860年，法国人艾蒂安·勒努瓦发明了内燃机并获得了专利，自此汽油动力汽车的发展出现重大突破。我们所熟知的汽车诞生于1885年，当时德国人戈特利布·戴姆勒和卡尔·本茨各自独立研发出了当今汽油发动机的前身。1891—1892年，法国潘哈德-勒瓦索尔公司设计了一款前置发动机、后轮驱动的汽车。这一汽车设计理念在接下来的近100年里都基本保持不变。直到1900年，欧洲在汽车的研发和生产方面都处于世界领先地位。1896年，美国的杜里埃汽车公司生产出了美国第一批量产汽车。同年，汽油动力汽车也出现在了市场上。

汽车的发展也得益于19世纪橡胶和充气轮胎技术的进步。美国人查尔斯·固特异、苏格兰人约翰·博伊德·邓洛普和法国人米其林兄弟等人都对轮胎的发明和改进做出重大贡献。

虽然发明了高效的汽油发动机，但是其他动力的车辆的发展也并行不悖。大约1891年，美国人威廉·莫里森成功开发出电车。电车很快投入生产，到20世纪与21世纪之交时，它们占美国汽车总销量的近40%。

💡 谁发明了热气球？

法国造纸商约瑟夫-米歇尔和雅克-艾蒂安·蒙戈尔菲耶兄弟制造了第一个实用的热气球。1783年6月5日，蒙戈尔菲耶兄弟在法国阿诺奈的一次公开集会上放飞了一个大气球。它在空中飘浮了10分钟。3个月后，他们放飞了一个载有鸭子、绵羊和公鸡的气球，动物们安全着陆。这次成功促使蒙戈尔菲耶兄弟尝试制造载人的气球。1783年10月，法国科学家让-弗朗索瓦·皮拉特尔·德罗齐耶成为第一个乘坐气球升空的人，不过出于安全考虑，气球是连接在地面上的。1个月后，他又成为第一次乘坐热气球自由飞行的两人之一，该热气球于1783年11月21日在巴黎上空升至约300英尺（约合91.4米）的高度，并在城市上空飘浮了约25分钟。事实证明，热气球飞行比同时期法国开发的氢气球更好，因此在欧洲非常受欢迎。1785年1月，热气球飞行员成功飞越了英吉利海峡，从英国多佛飞到法国加来。在大洋彼岸的美国，1793年，热气球在美国费城首次亮相，观众中包括时任美国总统乔治·华盛顿。

💡 谁发明了飞艇？

飞艇是一种比空气轻、拥有推进（动力）和操作系统的飞行器，其发展历史悠久。第一艘成功的自身驱动的飞艇由法国工程师亨利·吉法尔制造。1852年9月，他以平均5英里/小时（约合8.0千米/小时）的速度驾驶飞艇从法国巴黎飞到特拉普，总共飞行了17英里（约合27.4千米）。这艘飞艇呈雪茄形，有一个吊舱，吊舱上装有一台3马力（约合2.2瓦）的蒸汽发动机。虽然这艘飞艇配备了一个方向舵，但事实证明它难以操控。奥地利人戴维·施瓦茨设计了第一艘真正的硬式飞艇，并在1897年11月亲自驾驶这艘飞艇，但结果并不成功——飞艇坠毁了。

一个与飞艇紧密相关的发明家是德国人费迪南德·冯·齐柏林，他于1900年设计、制造并试飞了第一艘成功的硬式飞艇。这艘飞艇的最高飞行速度约为17英里/小时（约合27.4千米/小时）。在接下来的几年里，这个德国人不断改进自己的飞行器，并于1906年建立了一家制造飞艇的工厂。1909年，齐柏林帮助建立了世界上第一家商业航空公司，这家公司的全部运输都是通过飞艇完成的。第一次世界大战期间，这些飞行器被用于军事用途。在1937年"兴登堡号"飞艇在美国新泽西州着陆时坠毁后，飞艇的使用急剧减少。飞艇的衰落与飞机的发展大致同步。

💡 莱特兄弟发明了飞机吗？

莱特兄弟是首次成功制造并驾驶飞机的人，但这两件事在当时几乎无人关注。

威尔伯和奥维尔·莱特兄弟是美国俄亥俄州代顿市一家自行车店的店主，他们从小就对机械感兴趣。高中毕业后，兄弟俩一起做生意，并对航空产生了兴趣，开始在业余时间研究滑翔机。为了确定进行飞行试验最有利的地点，兄弟俩查阅了美国国家天气报告，并据此得出结论：北卡罗来纳州的基蒂霍克是最合适的地方。1900—1901年，他们在那里的一片狭窄的沙地"斩魔山"上测试了第一架可以载人的滑翔机。回到俄亥俄州的自行车店后，他们建造了一个约6英尺（约合1.8米）长的小型风洞，在其中使用机翼模型进行实验，以确定气压。由于这项研究，莱特兄弟首次描绘出曲面空气压力的图标。

基于他们成功的滑翔机飞行经验以及他们对空气压力的新认识，奥维尔和威尔伯·莱特兄弟设计并制造了一架飞机。1903 年 9 月，他们回到基蒂霍克试飞这架飞机，但出于天气原因，他们一直无法试飞，直到 12 月。1903 年 12 月 17 日，就在圣诞节前几天，莱特兄弟驾驶着这架自身驱动的、重于空气的飞行器，完成了世界上第一次飞行。奥维尔驾驶着这架飞机飞行了 120 英尺（约合 36.6 米），在空中停留了 12 秒。当天他们一共进行了 4 次飞行，威尔伯的飞行时间最长：飞行了 59 秒，飞行距离超过了 850 英尺（约合 259.1 米）。

　　众所周知，兄弟俩做飞行试验时有目击者（北卡罗来纳州海滩上的一些观众）目睹了全过程，也有一些报纸报道了莱特兄弟的这一惊人壮举，但有些报道并不准确。1904 年 1 月，他们公开宣布这一成就后，《大众科学月刊》杂志在 3 月发表了一篇报道，另一家杂志也进行了报道。除了这些零星的报道外，莱特兄弟的成果并没有引起人们的关注。当时，许多人都在尝试做莱特兄弟已经做到的事情，但公众对任何重于空气的人造机器能飞行表示怀疑。这种怀疑也导致了莱特兄弟没有得到应有的赞誉。与此同时，兄弟俩

1903 年，莱特兄弟的飞机在北卡罗来纳的基蒂霍克附近做了第一次飞行试验。这幅图是两人于 1909 年 9 月在纽约港为人们展示飞机。

继续在代顿附近的一个场地进行实验。1904—1905 年，他们共进行了 105 次飞行，但总飞行时间仅为 45 分钟。

莱特兄弟没有理会公众的怀疑，坚持不懈。尽管最初连美国政府都表示怀疑，但 1908 年，奥维尔和威尔伯·莱特兄弟还是与美国作战部签订了一份合同，负责建造第一架军用飞机。直到那时，他们才获得了应有的媒体关注。1 年后，他们成立了美国莱特公司，专门制造飞机。1912 年春，威尔伯因病去世。3 年后，奥维尔出售了他在公司的股份并退休。莱特兄弟于 1903 年 12 月在基蒂霍克附近驾驶的那架飞机现陈列于华盛顿特区的美国国家航空航天博物馆。

喷气式飞机何时开始投入使用？

1939 年，德国首次使用喷气式飞机，时值第二次世界大战爆发之际。

喷气式飞机的研发得益于英国发明家弗兰克·惠特尔，他在 1937 年制造出了第一台成功的喷气发动机。德国人复制了惠特尔的设计。这种发动机通过向后排放一股加热的空气或废气来推动物体向前。惠特尔任职的喷气动力有限公司在 1941 年为英国第一架喷气式飞机制造了发动机，这架飞机后来成为美国早期喷气式飞机的原型。在第二次世界大战期间，英国、美国和德国都在军事行动中使用了喷气式飞机，不过数量有限。

二战后，飞机制造商开始研发喷气式客机。在这一领域的创新者是成立于 1920 年的德哈维兰飞机公司，该公司生产了彗星型客机，这是第一架商用喷气式飞机。英国海外航空公司（后来的英国航空公司）于 1952 年开始使用彗星型客机运送旅客。但后来，彗星型客机结构上的一些缺陷导致了几次空中爆炸。这款飞机经过重新设计，1958 年，英国航空公司使用改进后的彗星型客机开通了跨大西洋客运服务。美国的喷气式客机客运服务始于 1959 年美国航空公司使用波音公司生产的 707 飞机将乘客从纽约运往洛杉矶。

谁发明了电报？

电报这项发明是许多人几十年研究的结果，而塞缪尔·F.B. 莫尔斯被誉为发明第一台实用电报机的人。1837 年，他发明了第一台能够通过电线发送电报的仪器。

莫尔斯曾是一名美国波士顿的肖像画家。大约 1832 年，他开始对电报感兴趣。在化学教授伦纳德·盖尔的技术协助和艾尔弗雷德·韦尔的资金支持下，莫尔斯进行了进一步的实验。他还发明了莫尔斯电码，这是一种由不同排列的点和横组成的系统，可用于传输信息。（例如，英文字母表中使用最频繁的字母是 e，在莫尔斯电码中用 1 点表示；使用较少的字母 z 则用 2 横和 2 点表示。）到了 1837 年，莫尔斯已经在纽约、费城和华盛顿特区向公众展示了电报机。1840 年，他在美国为自己的发明申请了专利。1843 年，他的发明获得了助力，美国国会批准建立一条从华盛顿特区到马里兰州巴尔的摩的实验线路。次年 5 月 24 日，莫尔斯通过这条线路发送了第一条信息："上帝创造了什么！"韦尔在电线的另一端接收到了这条信息。

到了 1861 年，几乎所有主要的美国城市都被电报线连接了起来。1866 年，第一条跨大西洋电缆铺设完成。通过地上电线传输的电报信号被称为电报，而通过水下电缆传输的被称为海底电报（或电缆）。在信息的发送和接收两端都设有专门的电报员和机械打印机。

电报的发明标志着现代通信的开始。1861 年 10 月 24 日，美国第一条横跨大陆的电报线路完工，这使得之前短暂地享有最快信息传递方式地位的小马快递变得多余。小马快递从密苏里州的圣路易斯到加利福尼亚州的萨克拉门托需要大约 8 天的时间，使用电报后，这个时间被缩短为几分钟。电报逐渐成为远程通信的主要手段。而发明于 1875 年的电话能够通过电线传输语音，逐渐取代了电报的地位，但这两种技术并行了几十年。

谁发明了电话？

1 个多世纪以来，亚历山大·格雷厄姆·贝尔一直被誉为电话的发明者。但在 2002 年，美国国会正式承认了一位此前不为人知的意大利裔美国发明家安东尼奥·梅乌奇为"电话之父"。

梅乌奇出生于意大利佛罗伦萨，1845 年来到了美国。他的主要研究方向是电力在医学领域的应用。但在进行实验的过程中，他意识到声音可以通过电线传输。到了 1862 年，他已经开发了数十种模型，但由于经济拮据，他无法申请专利来保护这些原创模型。1870 年，疾病迫使这位贫困的发明家出售了他的早期模型。到了 1874 年，他又组装了新的模型，并将它们交给了西部联盟电报公司的一位高管。2 年后，苏格兰裔美国人亚历山大·格雷厄姆·贝尔宣称他发明了电话。

贝尔于 1871 年来到美国，担任聋哑人的语言教师。他相信，声波的振动可以在电路的一端被转换为电流，然后在电路的另一端将电流重新转换为相同的声波。早在 1874

年，他就向父亲描述了这个想法，甚至有些人认为他可能早在 1865 年就构思了这个想法。尽管如此，梅乌奇的模型还是早于这些想法。

1875 年 6 月 3 日，贝尔在试图完善一种在同一电报线路上同时传输多条信息的方法时，在一根 60 英尺（约合 18.3 米）长的电线的另一端听到了弹簧被拨动的声音。1876 年，贝尔在一次实验室事故中首次实现了通过电线传输声音。当时他大声叫唤他的助手："沃森，请到这里来。我需要你！"托马斯·沃森在大楼的另一层，通过接收装置清晰地听到了贝尔的呼叫。同年，贝尔的电话在美国获得了专利，并在费城的世纪博览会上展出。

1889 年，梅乌奇在贫困潦倒中去世。他被认可为"电话之父"，是意大利裔美国人坚持不懈地希望纠正这一记录的结果。事实上，早在贝尔首次进行语音通信的 5 年前，即 1871 年，梅乌奇就已经获得了一份资格认定，证明他发明了电话。

💡 无线电通信是何时发明的?

1895 年，意大利物理学家和发明家古列尔莫·马可尼发明了无线电通信技术。次年，他成功地从意大利向英国发送了通过空气传播的电报信号。1897 年，马可尼在伦敦创立了自己的公司——马可尼无线电报有限公司，并开始设置横跨英吉利海峡到法国的通信线路，这一任务在 1898 年完成。1900 年，马可尼在美国成立了公司。他继续改进自己的发明，让电报机能够在不同波长上发送信号，以便同时传输多条信息而不会相互干扰。1901 年，第一条跨大西洋的信息从英国的康沃尔发送到加拿大的纽芬兰，并被成功接收。

起初，无线电技术被视为一种新奇事物，很少有人理解其工作原理。1901 年 1 月，位于美国马萨诸塞州南韦尔弗利特的马可尼无线电台接收到了来自欧洲的莫尔斯电码信息以及微弱的音乐和其他声音信号。这一事件改变了人们对无线电的看法。不久之后，美国人就习惯了接收通过无线电传输的"无线电报"。1906 年的圣诞夜，无线电广播出现了，信号从美国马萨诸塞州的布兰特罗克发出，半径数百英里（1 英里约合 1.61 千米）内的船只都能收听到节目。这一成就归功于另一位无线电先驱——美国工程师雷金纳德·费森登的发明。1901 年，他发明了一种高频交流发电机，能够持续发射无线电信号，而不再像以前那样只能断断续续发射电子脉冲。这是第一个成功的无线电发射器。

1910 年，美国发明家、"无线电之父"李·德福雷斯特通过无线电广播了男高音恩里科·卡鲁索的歌声。1916 年，德福雷斯特广播了第一则无线电新闻。宾夕法尼亚州匹兹堡的 KDKA 电台是第一个公司赞助的电台，也是第一个在业余频段之外获得执照的广播电台。1920 年 11 月 2 日，KDKA 电台通过无线电广播宣布总统选举结果（沃伦·G.哈定获胜），这是第一个商业无线电广播。3 年后，美国已有 500 多个广播电台。

谁发明了电视机？

许多人以为电视机是典型的美国发明，但实际上电视机是世界上许多科学家的一系列发明共同促成的。

早在 1872 年，英国工程师威洛比·史密斯在做硒棒实验时受到启发，构想了一个"视觉电报"系统。

5 年后，德国物理学家卡尔·费迪南德·布劳恩在法国斯特拉斯堡发明了阴极射线管，使得电视机的发明成为可能。阴极射线管，亦称布劳恩管，可以增大马可尼无线电发射器的功率。他还在发射机上安装了天线，来控制发射电磁波的方向。

1907 年，俄国物理学家鲍里斯·罗辛提出可以使用阴极射线管接收图像，他称之为"电动视觉"。1 年后，艾伦·坎贝尔·斯温顿建议使用阴极射线管接收和发送图像。同年，使用阴极射线管扫描图像的想法被发表。1912 年，鲍里斯·罗辛和他的前学生弗拉基米尔·兹沃雷金开始在俄罗斯研究这项技术。

1923 年，英国发明家约翰·洛吉·贝尔德在伦敦一家大商店向公众展示了他的机械扫描式的电视摄像机和接收机，这是电视机发明的新的里程碑。发明电视的竞赛还在继续，兹沃雷金在 1919 年移居到美国后，从 1920 年开始为西屋电气公司工作，他发明了以电子管技术为基础的光电摄像管，光电摄像管是电视摄像管的一种早期形式。1929 年，已经是美国人的兹沃雷金发明了显像管。兹沃雷金的这些发明合在一起，就构成了第一台电子电视机。

美国定期播放的电视节目始于 1939 年 4 月 30 日，那天美国总统富兰克林·D.罗斯福为被誉为"明日世界"的纽约世界博览会的开幕发表了演讲，这是第一次电视转播的总统讲话。美国全国广播公司（NBC）对世博会开幕式的转播开启了其每周电视节目安排。这是母公司美国无线电公司（RCA）的胜利，其总裁戴维·萨尔诺夫创立了 NBC，被誉为广播先驱。

彩色电视机是何时发明的?

1940 年，哥伦比亚广播公司（CBS）的研发实验室主任、匈牙利裔美国工程师彼得·卡尔·戈德马克发明了一种技术，通过黑白电视前的一组旋转滤镜将电视图像分解成三原色，让人们得以观看彩色视频。他的系统在 20 世纪 50 年代让位于美国无线电公司的系统，新系统的信号与常规黑白电视信号兼容。

1962 年 9 月，美国广播公司（ABC）开始每周播放 3.5 小时的彩色电视节目。此时，其竞争对手美国国家广播公司已有 68% 的黄金时段节目播出彩色节目，而哥伦比亚广播公司在早些时候播出彩色节目后，选择只播放黑白节目。到了 1967 年，三大广播公司都全部播放彩色节目。

直到 1967 年，英国才开始播放彩色电视节目。当年的 7 月 1 日，英国广播公司第二台播出了 7 小时的节目，其中大部分是温布尔登网球锦标赛的转播。

 传真机是何时发明的?

传真机看起来像是一项最近的发明，但实际上它的历史相当悠久，从传真机的发明到它成为人们日常生活的一部分总共走过了 100 多年的时间。1842—1843 年，苏格兰哲学家和心理学家亚历山大·贝恩发明了第一台传真机，那时的传真机还很粗糙。1924 年，扫描技术得到了极大的发展之后，报社开始使用传真机传输图片。20 世纪 80 年代，传真机得到广泛应用，生产厂商也生产出越来越精巧且便宜的机器。现在传真机应用于各个商业领域，随处可见。

 谁发明了计算机?

一般认为，英国数学家查尔斯·巴比奇是历史上第一个提出计算机概念的人，他发明的"分析机"被认为是现代数字计算机的原型。

1812 年，巴比奇就读于英国剑桥大学期间构想出一种能够比人脑更快也更准确地计算数据的机器。当时正值工业革命早期，巴比奇所生活的世界日益复杂。数据计算方面的错误已经多次给新兴工业的发展造成严重的阻碍。从剑桥大学毕业后，巴比奇重拾计算辅助机器的构想，他花费余生和大部分财富去制造这样一台机器，但未能如愿完成。尽管如此，巴比奇没能完成的分析机也是现代数字计算机的先驱。分析机是使用打孔来储存数据的，并打算用于输出答案。

100 多年后，哈佛大学发明了第一台全自动计算器。其研发始于 1939 年。在数学家霍华德·艾肯的指导下，第一台电子数字计算机——"马克 1 号"于 1944 年问世。（"马克 2 号"于 1947 年问世。）1946 年，宾夕法尼亚大学的科学家们完成了 ENIAC（电子数字积分计算机）的研制，这是第一台通用电子数字计算机。ENIAC 使用 18 000 个真空管，体积庞大，运行需要消耗大量电力，且产生大量热量。第一台能够自如地处理数字和字母数据的计算机是 UNIVAC（通用自动计算机），它是宾夕法尼亚大学于 1946—1951 年开发的。

▌1959 年，一个人在 UNIVAC 前工作。

💡 谁编写了第一条计算机程序？

美国海军将军格雷丝·默里·霍珀编写了第一条具有实用功能的计算机程序。她为第一台全自动计算器"马克 1 号"（1944 年开发）编写了这条程序。20 世纪 50 年代，霍珀负责研发了一种使用广泛的计算机编程语言 COBOL。霍珀于 1943—

1986 年在美国海军服役了 43 年，并以最高军衔退休。她还曾是美国瓦萨尔学院的教授，并在 1959—1971 年担任斯佩里兰德公司的程序员。她是计算机科学领域的先驱之一。

世界上第一条计算机程序也是由一名女子编写的，但是这条程序从来没有被使用过。英国女贵族奥古斯塔·埃达·拜伦（英国著名诗人拜伦勋爵的女儿，出生于 1815 年）为查尔斯·巴比奇的分析机编写程序，但是，由于分析机从未完成，所以这条程序也从未进行过测试。

 ### 计算机芯片是何时发明的？

计算机芯片，亦称集成电路，是 20 世纪 50 年代末 2 名研究者独立完成的发明。得州仪器公司的杰克·基尔比于 1958 年开发了自己的芯片，飞兆半导体公司的罗伯特·诺伊斯则于 1959 年发明芯片。计算机芯片由许多小硅片组成，现在的计算机芯片中还有数以万计相互连接在一起的微型晶体管和电路元件。自 20 世纪 50 年代末问世以来，计算机芯片中所能容纳的电子元件数量逐渐增加，因为计算机芯片担负着计算机的控制、逻辑和记忆功能，所以计算机芯片中电子元件数量的增加也使得计算机的性能逐渐提高。计算机的微处理器也是一种集成电路，单一芯片上包含计算机的全部逻辑和算术运算，它负责解释和执行由计算机程序（软件）发出的各种指令。可以说，微处理器是计算机操作系统的"大脑"。

还有很多电子产品也依靠计算机芯片工作，如微波炉、录像机和计算器。

 ### 晶体管的发明为何如此重要？

1947 年，贝尔实验室的科学家发明了晶体管，1948 年正式公布这一发明。晶体管的发明大大减小了电子设备的体积。晶体管是一种通过电阻器传输电子信号的装置。和真空管相比，晶体管更小，所需的能量更少，产生的热量更少，而且更可靠、更快。晶体管收音机是 1948 年公布晶体管发明后出现的早期创新产品之一，收音机真正实现了无线化和便携化。自晶体管发明以来，人们已经设计出了许多不同类型的晶体管，它们不仅被用于计算机，还被用于许多其他电子产品。晶体管的另一个主要用途是在航天和军事工业中，晶体管被用于飞行器和制导导弹的自动控制仪表。

谁发明了第一台个人计算机？

个人计算机（PC）是一种为单人使用而设计的微型计算机。20 世纪 60—70 年代，出于商业用途，个人计算机被开发出来。美国数字设备公司开发的 PDP-8 型计算机主要应用于科学实验。家用计算机的发明则要归功于两名大学辍学者——史蒂夫·沃兹尼亚克和史蒂夫·乔布斯。在一间车库中工作了 6 个月后，他们开发了粗糙的 Apple I 原型机。600 余名计算机爱好者购买了这种计算机，他们需要懂得如何接线、编程和设置机器。推出于 1977 年的 Apple II 才是第一台完全组装好的、可编程的微型计算机，但是它仍然需要客户使用电视机充当显示屏，并使用音频磁带来存储数据。Apple II 的零售价为 1 300 美元。也是在 1977 年，科莫多公司和坦迪公司推出了比较廉价的个人计算机。1984 年，苹果公司生产的麦金塔计算机（Mac）成为第一款被广泛使用的具有图形用户界面（GUI）的电脑。美国国际商用机器公司（IBM）早在 1981 年已经推出了它的个人计算机，尽管 IBM 在开发用户友好的图形用户界面方面比较落后，但是它的个人计算机很快超过了苹果公司的麦金塔计算机。

 为何要发明互联网？

20 世纪 60 年代末，美国国防部发明了计算机网络，目的是让国防部的研究人员能够共享信息资源。互联网是由国防部的高级研究计划局（ARPA）研发的。当时的用户大部分是科学家和研究人员，他们看到了这项新技术的远大前景：将计算机终端连成一个网络，世界上任何地方的任何人都能够通过计算机相互联系和沟通。尽管互联网是由政府开发的，但是并不是由政府运营的，由志愿者组成的国际互联网协会负责互联网的使用和标准问题。

 万维网发明多久了？

1990 年，英国计算机科学家蒂姆·伯纳斯-李开发了万维网，他为位于瑞士日内瓦附近的欧洲核子研究组织（CERN）的物理实验室编写了万维网软件。伯纳斯-李编写的程序定义了超文本标记语言（HTML）、超文本传输协议（HTTP）和统一资源定位符（URL）。1991 年，万维网成为互联网的一部分，并在国际计算机网络的普及中发挥了重要作用。它的多媒体界面使信息更容易被用户访问，这些界面可以呈现为图形（格式化文本和超链接、照片和插图），以及流式或可下载的音频和视频。

 电子邮件是何时发明的？

电子邮件是计算机工程师雷·汤姆林森于 1971 年发明的，他为美国国防部高级研究计划局的计算机用户开发了一个通信程序，该程序允许在阿帕网的各台计算机之间传送文本信息。20 世纪 70 年代，随着调制解调器的使用，这项技术被广泛使用（调制解调器用电话线将计算机接入网络）。在电子邮件诞生的 10 年后，它已成为一种在工作场所普遍使用的通信方式。到了 20 世纪 90 年代，电子邮件的使用迅速扩展到家庭、学校和其他地方的互联网用户。一些技术分析师称电子邮件为互联网的"杀手级应用程序"，是全球计算机网络中最强大的工具之一。

 移动电话是何时出现的？

移动通信可以追溯到 20 世纪 40—50 年代的无线电话。那时的无线电话是一种由汽车电池供电的双向无线电系统，不仅需要接线员的协助，而且还不稳定。这种电话只能固定在一个地方，而不能随人移动。第一次真正意义上的移动电话通信发生在 1973 年 4 月 3 日，打电话的人是摩托罗拉公司的马丁·库珀博士，他从曼哈顿的街头打电话给贝尔实验室的对手研究员乔尔·恩格尔，两家公司正在激烈地争夺移动电话技术的开发权。库珀当时使用的装置叫作"Dyna-Tac"，它有 2 磅（约合 0.9 千克）重，具有简单的拨号、通话和接听功能。

第一代移动电话在 20 世纪 80 年代开始被广泛使用。以今天的标准来看，这些移动电话体积较大，通常安装在汽车里或放在公文包里，传输是通过基站集群或蜂窝网络进行的。第二代移动电话出现在 20 世纪 90 年代，与第一代相比，第二代移动电话的手持装置和电池技术都有了进步，不仅体积更小，而且移动性能更高，人们可以随身携带。当人们逐渐接受这种技术之后，蜂窝网络服务商也拓展了它们的服务。到了 2000 年，世界上一些地区的移动电话使用率几乎达到了普及的程度。

第  章
文化与娱乐

语 言 文 字

 文字是何时发明的?

　　文字是人类使用约定俗成的可见符号进行沟通的手段。最古老的文字诞生于美索不达米亚地区。美索不达米亚是位于底格里斯河和幼发拉底河之间的地区,在现在的伊拉克境内。这种文字被称为楔形文字,诞生于约公元前 3400 年。它们被刻在泥板上,字符由楔形笔画组成。楔形文字很有可能是由苏美尔人创造的。苏美尔人起源不明,今人只知道他们与邻近的闪米特人非常不同。苏美尔人很可能是由东方迁移到了亚洲西南部的美索不达米亚。

　　古埃及的象形文字也是最古老的文字之一,由古埃及的祭司发展起来,并在第一王朝成熟。古埃及的象形文字由 600 多个符号组成。古埃及的象形文字是字母表的前身。

 第一套字母是哪个民族发明的?

　　最初的文字都是象形的符号,后来人们不仅用这些符号表意,还用它们来表音。古埃及人的文字逐渐演化出了字母,不过这套文字只有辅音,没有元音。他们书写一个词时,会在表音的字母旁边画一个表意的意符。后来,腓尼基人学到了这套文字,发明了腓尼基文,干脆抛弃了意符,只留下 22 个字母,但还是没有元音。腓尼基字母是当今世界上所有字母文字的基础。古希腊人把这套字母学过来,发现腓尼基语中有几个发音是希腊语中没有的,就把表示这几个发音的字母当作元音字母,发明了希腊字母。

纸是何时发明的？

现存最古老的书写载体包括巴比伦人的泥板和印度人的棕榈叶。公元前 3000 年左右，古埃及人开始使用纸莎草制作莎草纸为书写工具。神圣罗马帝国早期，埃及人、希腊人和罗马人使用的莎草纸卷轴开始逐渐被抄本所代替。抄本比较类似于现代的书籍，将许多单独的纸张在一侧装订，并加装封面。后来，莎草纸被羊皮纸取代，在羊皮纸表面更容易画上精美的绘画。

我们今天所说的由木制成的纸是由中国人蔡伦在 105 年发明的。蔡伦利用树皮、麻绳、碎布和渔网制造纸。这种古老的纸张制造过程中的某些主要环节现在仍然可以在造纸厂中看到。公元 1150 年左右，摩尔人将造纸术带到西班牙，造纸术就此传入欧洲。到了 15 世纪，整个欧洲都开始使用这种造纸术生产纸张。1789 年，一名法国造纸厂工人发明了一台持续利用纸浆生产纸张的机器，这台机器可以根据需要生产不同大小的纸张。1807 年，英国人亨利和西利·富德里尼耶兄弟改进了这台机器，并申请了专利。这项发明促进了报纸的发展。

 ## 印刷术是何时发明的？

105 年，中国发明家蔡伦制造出第一张纸。印刷术的发明则晚得多。大约在唐朝，中国开始使用雕版印刷术来印刷书籍，即把一本书的内容刻在木板上，再用木板翻印出一本本书。中国人又发明了活字印刷术，将刻着单字的字模排列在字盘中，涂墨印刷，印刷完再拆出字模，等待下次重复利用。然而，活字印刷术并没有在古代中国流行起来，因为中文的字符太多，印刷商发现使用雕版更为方便。德国印刷商约翰内斯·谷登堡是西方活字印刷术的发明者。

 ## 谷登堡为何被认为是现代印刷术的先驱？

1440—1450 年，德国人约翰内斯·谷登堡建造了第一台印刷机，被认为是西方活字印刷术的发明者。谷登堡的印刷机大大降低了印刷成本，使得书籍不再专属于神职人员和特权阶层，而逐渐面向公众。谷登堡是文艺复兴的思想得以在全欧洲传播的功臣。

第一份报纸出现于何时？

报纸是一种定期（通常每天或每周）发行的出版物，用于通知读者最近发生的事情。报纸的出现可以追溯到公元前 59 年，当时古罗马人每日在公共场所的一块木板上手写新闻告示，他们称之为"每日纪闻"。最早的印在纸上的报纸是中国人的"邸报"。后来活字印刷术的发明推进了报纸的发展。17 世纪，德国出现了定期出版的报纸。19 世纪，随着能够生产任何尺寸纸张的造纸机的出现，报纸的数量激增。

 ## 美国第一份报纸是什么？

美国的第一份定期报纸是波士顿邮政局局长约翰·坎贝尔出版的周报《波士顿新闻信》。该报纸的出版从 1704 年开始至 1722 年结束，持续了近 20 年。报纸宽 7 英寸（约合 17.8 厘米），长 11 英寸（27.9 厘米），正反两面都印有来源于邮递员、船长和水手的新闻，但并不是所有消息都是准确的。到了 1765 年，美国殖民地已有 20 多份报纸。

 ## 便士报是什么？

尽管在美国独立后的头几十年里，美国的报纸发行量迅速增长，但是普通人家一般消费不起。当时，每份报纸的价格在 6 美分左右，超出了普通美国人的购买能力。工业革命时期，节约劳动力的机器纷纷出现，降低了报纸的成本。由于报纸的成本下降了，报商就可以降低每份报纸的价格。1833 年，本杰明·亨利·戴创办了第一份便士报（亦称美分报）——《纽约太阳报》，由此，美国报业的发展突然加速。面对广大读者群体，各报商之间展开了激烈的竞争。在 19 世纪末 20 世纪初，美国的移民人口大量增长，人口增长意味着美国数千份报纸的读者人数也增加了。在 20 世纪的第一个 10 年内，在收音机（发明于 1895 年）被广泛使用之前，美国国内已有约 2 600 份日报和约 14 000 份周报。

 ## 新闻界的"扒粪者"是什么？

"扒粪者"指那些专门搜集并揭发名人丑事的记者。19 世纪末 20 世纪初，"扒粪者"登上美国的历史舞台。"扒粪者"倡导社会变革，但他们的报道不是关于社会上出现的新事物，而是针对社会的不公正、歧视等丑陋现象以吸引公众的注意力。他们通过报纸和杂志暴露商业和政治领域的腐败现象。尽管"扒粪者"早期因其战术而饱受批评，但是他们在某种程度上也提高了公众对社会、经济、政治领域弊病的关注，促进了一系列的改革，如《纯净食品和药品法》和反托拉斯法案的通过。"扒粪者"这个名字是美国政治家西奥多·罗斯福起的，这个词出自英国作家约翰·班扬的著作《天路历程》，书中有一个人物，他拒绝接受王冠，而选择了一把粪耙。

教　育

 第一所学校是何时建立的？

发明文字后不久，古美索不达米亚的苏美尔人和古埃及人都建立了学校，教学生读写文字。

第一所面向所有人，而不仅仅是面向上层阶级的学校，很可能是由中国哲学家孔子创办的。他秉持"有教无类"的思想，向任何愿意学习的人教授文学、音乐、礼仪和道德。

西方教育模式的基础源于公元前 5 世纪的古希腊学校。在斯巴达，男孩们不仅接受军事训练，还学习读写和音乐。在雅典，男孩们学习读写、音乐，背诵诗歌，还接受体育训练。公元前 5 世纪下半叶，诡辩家（古希腊的修辞学和哲学教师）向年轻男性教授有关社会与政治的知识，希望将他们培养成为理想的公民。

 公立学校的概念是何时出现的？

公立学校的概念至少可以追溯到古代中国。中国哲学家孔子第一个提出基本的教育应该面向所有人，他坚持"有教无类"。他从不拒绝收学生，学费只要"束脩"（十条干肉）。孔子认为，无论父母是谁，哪怕是"犁牛之子"（品行不端的父母的孩子），任何人都有可能成为有道德的人。

然而，直到启蒙运动时期，公立学校才在欧洲普及。19 世纪初，普鲁士的开明君主腓特烈大帝建立了公共教育体系。在普鲁士统一德国，形成一个强大的帝国之后，其他欧洲国家认为普鲁士的教育模式是德国强大的主要原因，于是，他们开始逐渐建立本国的公共教育体系。20 世纪初，欧洲大部分国家的公立小学教育都是免费的，接受基础教育也是每个公民的义务。有些国家还提供免费的初中教育。

　　在美国，公立学校始于殖民地时期。1647 年，马萨诸塞通过了一项法律，建立了美国的第一所公立学校。

▍传统的美国 19 世纪课堂。

美国学校是何时废止种族隔离的？

　　1954 年 5 月 17 日，在布朗诉托皮卡教育委员会案中，美国最高法院以 9 比 0 的票数裁定公立学校的种族隔离是违宪的。最高法院推翻了 1896 年普莱西诉弗格森案中确立的"隔离但平等"原则。首席大法官厄尔·沃伦命令各州"以审慎的速度"逐渐在教育机构取消种族隔离。同样是在 1954 年，11 月 7 日，美国最高法院下令公共高尔夫球场、公园、游泳池和游乐场取消种族隔离。在这些裁决之后，美国的反种族隔离进展得缓慢而痛苦。20 世纪 60 年代初，黑人及黑人的同情者采取静坐、自由乘车者运动和类似的非暴力抵抗方式，使公共场所的种族隔离做法有所减少。

1957 年，在美国最高法院宣布公立学校的种族隔离违宪后，美国阿肯色州小石城的黑人学生在军队的护卫下进入高中。

美国的政教分离是如何影响公立学校的？

美国公立学校中的宗教问题是贯穿 20 世纪的热点问题。20 世纪中叶，美国最高法院的裁决对这一问题影响最大。1947 年，美国新泽西州的埃弗森诉教育委员会案中，最高法院以 5 比 4 的票数支持使用州资金将儿童送入教会学校，但是警告"政教之间必须保持一道分离之墙"。1948 年，麦科勒姆诉教育委员会案中，最高法院禁止伊利诺伊州尚佩恩的学校开展宗教教育课程，确立了不得利用公共资源协助宗教组织传播其信仰的准则。1962 年，在恩格尔诉瓦伊塔尔案中，最高法院裁定在纽约课堂上诵读祈祷词是违宪的。1963 年 6 月 17 日，最高法院以 8 比 1 的票数裁定，在公立学校祈祷或阅读《圣经》是违宪的。这个在阿宾顿学区诉申普案中的裁决使得美国法院关于公立学校的宗教问题的争论尘埃落定。在此之后，美国的公立学校中逐渐取消了宗教活动。

世界上第一所幼儿园是何时建立的？

　　世界上第一所幼儿园出现于 1837 年的德国布兰肯堡，是由教育家弗里德里希·福禄培尔创建的。福禄培尔还为幼儿园教师设立了系列培训课程。福禄培尔将幼儿园推广到了整个德国。现在在世界上大部分地区，这种为 4 ~ 6 岁的幼儿开设的幼儿园已经非常普遍了。

 蒙台梭利学校是如何创建的？

　　蒙台梭利学校遍布世界，美国、英国、意大利、荷兰、西班牙、瑞士、瑞典、奥地利、法国、澳大利亚、新西兰、墨西哥、阿根廷、日本、中国、韩国、叙利亚、印度和巴基斯坦等国都建有这种学校。蒙台梭利学校是以创始人玛丽亚·蒙台梭利的名字命名的。蒙台梭利是意大利第一位获得医学学位并从事医疗工作的女性。1900 年，蒙台梭利提出了一套教学方法，旨在提高和改善智力发育迟缓的幼儿园学生和小学生的感官、运动和智力技能。在她的指导下，这些"朽木不可雕"的学生不仅掌握了包括读写在内的基本技能，还能像其他普通学生一样通过考试。

　　随后，蒙台梭利花了大量时间观察意大利国内小学教师的教学实践。很多教师在采用死记硬背的教学方法，并在课堂上依赖约束和奖惩制度。她相信她的"蒙氏教学法"能够给学生的学习带来更好的效果。蒙氏教学法建立在非强迫性方法的基础之上。蒙台梭利认为儿童天生就有学习的欲望，如果给予他们一个适合学习的环境，那么他们的潜能自然会被激发出来。蒙台梭利认为，与其讲授知识，不如直接给儿童做示范，然后让他们在自己动手的过程中自学或相互教学。蒙台梭利还认为社区应参与学校教育，她鼓励家长和其他社区成员参与儿童的教育。蒙台梭利把她的方法应用于教育后，取得了非常好的效果。

　　1909 年，蒙台梭利出版了她的《蒙台梭利方法》。3 年后，该书英文版问世，并迅速成为美国畅销书。她相信这种方法"能以奇妙和令人惊讶的方式发展和释放孩子的个性"，该方法很快得到了普及。蒙台梭利被誉为"自律、毅力和勇气的典范"，推广她的教学法成为她毕生的工作。她 81 岁时去世于荷兰，去世前仍在世界各地巡回演讲，受到听众的热烈欢迎。蒙台梭利的教学法不仅深刻地影响了蒙台梭利学校的学生，而且对整个世界的小学教育都产生了不可磨灭的影响。

高等教育始于何时?

古希腊是高等教育的重要渊源之一。约公元前 6 世纪，古希腊科斯岛上就有了医学院。古希腊哲学家和数学家毕达哥拉斯的信徒们在意大利南部建立了第一所高等教育学校，教授哲学和数学。大哲学家苏格拉底、柏拉图和亚里士多德继承了毕达哥拉斯的传统，公元前 4 世纪的伊壁鸠鲁和芝诺亦然。

在阿拉伯世界，大学也有很长的历史。例如，埃及开罗的爱资哈尔大学建立于 970 年，是世界上最古老的大学之一。

 西方的第一所大学是何时建立的?

西方的第一所现代大学建立于中世纪，确切地说是建立于 1158 年意大利博洛尼亚。1158 年，神圣罗马皇帝腓特烈一世宣称他对意大利北部的伦巴底拥有统治权。他授权博洛尼亚的学生组织起来，为博洛尼亚大学颁发了第一张大学特许状。欧洲中世纪的大学没有固定的场所和建筑，只是一些学者和学生的团体。建立于 13 世纪的巴黎大学很快成为欧洲最大、最著名的大学。

到了 1500 年，整个欧洲都建立起大学。其中保留至今的有英国的剑桥大学和牛津大学，法国的蒙彼利埃大学、巴黎大学和图卢兹大学，德国的海德堡大学，意大利的博洛尼亚大学、佛罗伦萨大学、那不勒斯大学、帕多瓦大学、罗马大学和锡耶纳大学，以及西班牙的萨拉曼卡大学。这些大学的教育方法和教育模式为后来的大学确立了标准。它们的影响一直持续到现在。

 西半球的第一所大学是哪所大学?

西半球的第一所大学是西班牙人于 1538 年在多米尼加（位于加勒比海伊斯帕尼奥拉岛东南部）建立的圣多明各大学。

 美国的第一所大学是哪所大学?

美国的第一所大学是哈佛大学。1636 年 10 月 28 日，美国马萨诸塞州的州议会通过了一项建立大学的法案。次年 11 月，州议会决定将这所大学建立在马萨诸塞州的新镇。由于一些殖民者在英国的剑桥大学学习过，1638 年，新镇被更名为剑桥。1638 年秋，哈佛的第一个教授纳撒尼尔·伊顿开始授课，当时大学的第一栋建筑还在建设中，而大学的图书馆还处于筹备阶段。

哈佛大学的名字并非来自创始人，而是来自牧师和慈善家约翰·哈佛。他将其一半的财产 800 英镑和全部的 400 册藏书赠给哈佛大学。他去世的次年，即 1639 年，这所大学为了纪念他而取名哈佛大学。

美国的第一所州立大学是位于北卡罗来纳州查珀尔希尔的北卡罗来纳大学，成立于 1789 年。1795 年，北卡罗来纳大学开始面向全美招收学生。

学园运动是什么？

从 19 世纪 20 年代开始，一场公共教育运动应运而生，推动了美国公立学校、图书馆和博物馆的广泛建立，被称为"学园运动"。这一想法由耶鲁大学毕业的讲师乔赛亚·霍尔布鲁克提出，1826 年，他在马萨诸塞州的米尔伯里建立了美国的第一个学园。他创建学园的主要目的是定期举办讲座。学园的建立恰逢其时，它们在伊利运河竣工（1825 年）后不久启动，运河使得美国内陆地区人口增加，同时，普遍、免费的教育对于维护美国民主至关重要的观念也深入人心。这场运动迅速蔓延开来。起初，学园开展讲座是当地自发的活动，邀请当地的演讲者。但随着运动的发展，各学园组织起来，付费邀请演讲者在全国各地发表演讲。学园的演讲者中有一些著名的美国人，如作家拉尔夫·沃尔多·爱默生、亨利·戴维·梭罗和纳撒尼尔·霍桑，以及女权主义者苏珊·B. 安东尼。南北战争后，学园运动的教育功能被新教徒发展出来的肖托夸运动接手。

肖托夸运动是什么？

肖托夸运动是一场开始于 19 世纪 70 年代，持续到 20 世纪 20 年代的有关文化、宗教和政治教育的运动。据估计，大约有 4 500 万美国人参加了肖托夸运动，使其成为那时主导美国生活的力量之一。西奥多·罗斯福称之为"美国最具有美国性的事物"。第一次世界大战期间，美国总统伍德罗·威尔逊声称，肖托夸运动是"国家防御不可或缺的一部分"。一些学者认为，肖托夸运动在全美国播下了自由思想的种子。

这场运动始于 1874 年美国纽约州肖托夸湖畔的卫斯理宗的露营地。当时，来自美国新泽西州卡姆登的年轻牧师约翰·H. 文森特试图以一种夏令营的方式培训主日学校的教师们。他的这种训练很快流行起来，从开始的《圣经》研究和宗教培训扩展到文学、历史和社会学等课程。这种夏令营的学习模式很快风靡全美。到了 1900 年，美国 31 个州共有 200 多个这种组织。参加者来自各个年龄段，讲授的内容也涵盖各个方面，包括艺术、旅游和政治。许多音乐家和演艺人士都加入了演讲者行列，表演成了运动的一部分。

20 世纪初，肖托夸运动逐渐世俗化，成为有组织的集演讲和娱乐为一体的巡回活动。演讲者和表演者从一个城镇到另一个城镇，每到一个地方，他们就搭起帐篷，一讲就是数周。许多美国人在肖托夸的帐篷里观看了人生中的第一场电影。随着通信和交通条件的改善，20 年代中期，肖托夸运动逐渐消失。为了纪念肖托夸运动的精神，纽约州的肖托夸研究所至今仍持续举办夏季教育项目。

民 间 故 事

 《伊索寓言》出现于何时？

《伊索寓言》中的故事可以追溯到公元前 6 世纪。这些简短且具有道德训诫意味的故事据说是由一个古希腊奴隶伊索创作的，通过口口相传流传了下来。这些故事包括著名的龟兔赛跑和披着羊皮的狼。由于其中有些故事可以追溯到更早的文学作品，很多人认为伊索只不过是个传说中的人物。

 格林兄弟是谁？

德国的雅各布和威廉·格林兄弟以童话故事而闻名，但实际上，他们的职业是图书管理员和大学教授，两人还共同撰写过德语词典。

1805 年，雅各布前往巴黎研究法律。在当地的图书馆里，他发现了损坏严重的中世纪的德国手稿，其中记载着古老的故事。他认为这些故事太有价值，不应失传，于是他发誓要收集这些故事。兄弟俩对童话很感兴趣，他们寻找古老的传统、传说和故事，尤其是那些专为儿童创作的故事。他们游历德国的乡村，采访村民，收集故事，其中大多数故事都是口头流传的，从未被记录下来。兄弟俩非常勤奋，忠实地记录每一个故事，确保不增加也不遗漏任何内容。

1812 年，《儿童与家庭童话集》，即人们所熟知的《格林童话》的第一卷出版，受到了孩子们的喜爱。随后的几卷在 1815 年之前陆续出版。这部多卷本作品中收集的童话故事包括《大拇指汤姆》《小红帽》《蓝胡子》《穿靴子的猫》《白雪公主和七个小矮人》《豌豆公主》《睡美人》和《灰姑娘》等经典故事。

文　学

 ## "荷马问题"是什么？

在 18—19 世纪，学者们参与了一场被称为"荷马问题"的辩论，争论的焦点在于荷马是否真实存在，以及《伊利亚特》和《奥德赛》是如何形成的。这些问题到现在也没有解决。有学者认为《伊利亚特》的创作很可能早于《奥德赛》，但如今还没有足够的证据证明《伊利亚特》和《奥德赛》的作者不是荷马。有学者认为，荷马只是一个游吟诗人，他不会读写，只能用里拉琴伴奏，将《伊利亚特》和《奥德赛》的伟大故事唱出来。根据这种看法，《伊利亚特》和《奥德赛》的故事很可能是在荷马晚年时由他口述给一位抄写员，由抄写员记录下来的。也有学者认为，《伊利亚特》和《奥德赛》是众多游吟诗人的共同成果。

另外还有一些诗篇，如《玛吉特斯》和《蛙鼠之战》，也被认为是荷马的作品，但它们很可能是后人托名荷马之作。

 ## 关于荷马，我们知道什么？

荷马很可能是一位游吟诗人。尽管关于荷马的生平事迹我们知之甚少，但很多人认为他生活在公元前 8 世纪或公元前 9 世纪的爱奥尼亚。在 20 世纪 20 年代，学者米尔曼·帕里证明了荷马的诗歌具有大量程式化用语，以便配合格律，即兴演出。这表明，荷马很可能是一位游吟诗人，即四处游走的职业朗诵者，即兴创作并演唱诗歌。

 ## 现代人为何还要研究《伊利亚特》和《奥德赛》？

古希腊诗人荷马创作的史诗《伊利亚特》和《奥德赛》可以被列入西方文学最伟大的作品之列，对西方诗歌的发展产生了深刻的影响，在维吉尔的《埃涅阿斯记》和但丁的《神曲》中我们都还可以找到这两部史诗的影子。

可以说，《伊利亚特》是西方文学的起点，它可以追溯到公元前 13 世纪。在 3 000

多年的历史中，《伊利亚特》一直是西方教育的重要组成部分。《伊利亚特》描写了持续10年的特洛伊战争，充分表现出了作者对人类本性的深刻认识。

 ## 维吉尔的《埃涅阿斯记》并未完成吗？

是的，维吉尔并没有写完《埃涅阿斯记》。维吉尔是最伟大的古罗马诗人，他共花了10年时间来写作《埃涅阿斯记》，并计划花3年的时间修订它。但是，在他为诗歌收集新的资料时，他因病死于旅途中。临终前，他嘱咐自己的朋友烧掉《埃涅阿斯记》，但是当时的罗马皇帝屋大维驳回这个请求，并命令维吉尔的朋友修订他的手稿。屋大维明确要求修订者不要大量添加、删除或改动文本。维吉尔最伟大的史诗《埃涅阿斯记》于公元前17年出版。这部史诗共12卷，每卷700~1000行。

 ## 维吉尔有哪些创新？

古罗马作家长期从古希腊文学中汲取素材、主题，其风格也十分相似。学者认为，维吉尔改变了这种古希腊文学传统。其他作家总是将田园理想化，而维吉尔则用当代人物充实他田园诗中的背景。他使用比以前更加复杂的句法，所塑造的人物也更加真实。这些技术上的创新影响了后来的文学作品。

然而，维吉尔一开始并没有想过从事文学创作。维吉尔年轻时学习的是修辞学和哲学，他原计划从事法律工作。但是他太害羞，不适合公开演讲，于是，他只好回到父母的农场，学习写诗。

维吉尔的作品除了《埃涅阿斯记》之外，还有《牧歌》和《农事诗》。《牧歌》是由10首田园诗组成的，写于公元前42—公元前37年。《农事诗》讴歌意大利的乡村生活，是一部4卷的著作，写于公元前36—公元前29年。公元前19年，维吉尔去世。在维吉尔死后50年内，其诗歌成了古罗马学校标准课程的一部分，因此古罗马人印刷了大量的维吉尔作品。所以，现在的学者和学生们还可以看到这些伟大的著作。

 ## 《贝奥武夫》为何如此重要？

《贝奥武夫》是现存最古老的英语史诗，其最早的手稿大约可以追溯到公元1000年。它是以古英语写成的，作者不详。这部民间史诗讲述了一位斯堪的纳维亚英雄的故事。他代表丹麦国王与可怕的怪物格伦德尔搏斗，并将其杀死，然后又杀死了怪物的母亲，最后与一条巨龙同归于尽。由于该史诗混合了基督教和异教的主题，学者们认为它可能早在 700—750 年就已经写成。

 《神曲》写了什么?

简而言之，《神曲》共 100 章，分 3 卷:《地狱篇》《炼狱篇》和《天堂篇》。《神曲》至今仍被广泛研究，不仅是因为它优美的韵文，而且因为它本身传达出一种超越时间的启示。

在给资助人的一封信中，但丁·阿利吉耶里解释道，他创作《神曲》，是为了"将活在世上的人们从苦难中解救出来，引领他们走向幸福之境"。虽然根据但丁的说法，该诗的主题是"死后灵魂的状态"，但从寓言的角度来看，这首诗是关于活着的人类的，人类可以通过行使自由意志来对自己实施"公正的奖赏或惩罚"。

但丁的这部杰作被认为是意大利语文学的奠基之作。在他写作《神曲》的年代，拉丁语是科学界和文学界无可争议的规范语言，而意大利语被视为粗俗的语言。然而，但丁的《神曲》是以意大利托斯卡纳地区的方言写成的，不仅打破了传统，而且发展了方言写作。学者们一致认为但丁的作品不仅立意深刻，而且创作技巧也十分纯熟。

 但丁的贝亚特里切是谁?

在但丁的《神曲》中，主人公由一位名叫贝亚特里切的人物引领，历览天堂，走向救赎。（到达天堂之前，他在地狱和炼狱中的向导是伟大的古罗马诗人维吉尔。）

但丁·阿利吉耶里出生于意大利佛罗伦萨，他生命中大部分的时间也是在佛罗伦萨度过的。1274 年，9 岁的但丁遇见了贝亚特里切·波尔蒂纳里。9 年后，两人再次相见，贝亚特里切的美貌和优雅给但丁留下了深刻印象。1290 年，贝亚特里切去世，但丁深受触动，在多部作品中纪念她，其中最著名的就是《神曲》，其他作品还有包含 31 首诗歌的情诗诗集《新生》和抒情诗集《飨宴》。

 乔叟的《坎特伯雷故事集》为何在文学史上如此重要?

杰弗里·乔叟大约于 1486 年开始创作《坎特伯雷故事集》，他生命中最后的 14 年都用于创作这部作品，然而至死也未完成。《坎特伯雷故事集》是中古英语的杰作。

乔叟是一名酒商的儿子。在《坎特伯雷故事集》中，他以第一人称将在旅店中遇见的 28 位朝圣者所讲的故事串联起来。这些朝圣者、旅店主人和作者自己代表了英国社会的不同阶层——贵族、教士、平民，甚至中产阶级。虽然当时的社会并没有正式承认中产阶级，但是在现实生活中中产阶级是确实存在的。

为了将这些故事连接起来，乔叟在故事中设计了一个前往托马斯·贝克特圣祠的旅程。贝克特是坎特伯雷大主教，1170 年，在坎特伯雷大教堂里被杀害。乔叟在《坎特伯雷故事集》的序言中暗示了本书包括 120 个故事，目的是在旅途中解闷。但是，乔叟只写了 24 个故事，其中还有 2 个故事不完整。这些故事包括一些粗俗的情节，也有一些寓言和教训。朝圣者们抵达圣祠后并没有返回。关于这一情节，一些学者们认为乔叟是有意为之，目的是象征人从尘世到天堂的旅途。正如《诺顿英国文学选集》的编辑们所评价的那样，乔叟的《坎特伯雷故事集》在提供基本层次的娱乐方面可与莎士比亚作品媲美，同时，还极大地启发了人们对于现实的思考。

这些故事在中世纪晚期的英国十分流行，特别是在 15 世纪，因而一版再版。乔叟对故事以及讲故事的人的细致描写使得读者能够对人物的性格有更深刻的认识，并对人自身的矛盾产生感悟。这也是这本书最成功的地方。

为何要研究莎士比亚？

英国剧作家本·琼森曾经这样评价威廉·莎士比亚："他不属于一个时代，而属于一切时代。"历代的教师、学生、批评家和戏剧观众，可能都同意琼森的评价。莎士比亚的作品（包括 37 部戏剧，分为喜剧、悲剧和历史剧，还有诗歌和十四行诗）描写了普遍的人性，这是其他作品无法比拟的。莎士比亚的名言甚至对于那些没有研究过莎士比亚的人来说都是十分熟悉的。这不仅是因为他的作品被当代人多次改编，更是因为多年来，莎士比亚的短语已经融入了日常用语。没有其他哪位剧

▌威廉·莎士比亚的作品描写了普遍的人性。

作家的戏剧能在如此多的国家被如此频繁地上演和阅读。

 莎士比亚接受过什么样的教育？

一般认为，威廉·莎士比亚曾就读于英格兰埃文河边的斯特拉特福德的国王新学校。这是一所当地的文法学校，主要教学语言是拉丁语。学生在这里可以学习修辞学、逻辑学和伦理学，而且研究古典作家的经典著作，如古罗马剧作家泰伦斯、古罗马喜剧作家普劳图斯、古罗马政治家和演说家西塞罗、古罗马诗人维吉尔、古希腊传记作家和哲学家普卢塔赫、古罗马诗人贺拉斯和古罗马诗人奥维德的作品。这就是莎士比亚接受的全部教育。没有证据表明莎士比亚曾经上过大学。

 莎士比亚在世时就出名了吗？

是的。至少在 1592 年，剧作家莎士比亚已经声名远扬。

威廉·莎士比亚的父亲约翰·莎士比亚属于商人阶层，而威廉的母亲玛丽·阿登则来自一个社会地位稍高的家庭。他的第一部剧作是历史剧《亨利六世》，上中下三篇于1590—1592 年在伦敦上演。

1592 年，剧作家罗伯特·格林首次在伦敦文学界提及莎士比亚，称他为"暴发户式的乌鸦"。尽管有这样令人不快的批评，但莎士比亚的文学声誉在接下来的几年里不断增长。在作家生涯早期，他尝试用古典戏剧形式写作了悲剧《泰特斯·安德洛尼克斯》（1593—1594 年），并发表了 2 首叙事诗《维纳斯与阿多尼斯》（1593 年）和《鲁克丽丝受辱记》（1594 年）。这些作品迎合了当时以神话入诗的时尚，获得了巨大的成功，使莎士比亚成为当时著名的作家，与他同时代的弗朗西斯·米尔斯以"甜蜜"来形容莎士比亚的文笔。

1594 年，莎士比亚加入了宫内大臣剧团。1603 年，该剧团更名为国王剧团。这个剧团很快成为伦敦最重要的剧团，很大程度上是因为莎士比亚自 1594 年加入后只为它创作剧本。

 桂冠诗人是什么？

桂冠诗人是由国家颁给最杰出、最具代表性的诗人的荣誉称号。

本·琼森是英国的第一位桂冠诗人。琼森是莎士比亚同时代的人，莎士比亚还在琼森的第一部著名剧作《个性互异》中扮演重要角色。1605 年开始，琼森为英国宫廷写了一系列的假面剧（一种戏剧，由佩戴面具的人扮演神话或寓言中的人物，该娱乐形式在16—17 世纪早期的英国很流行）。1616 年，国王詹姆斯一世赐予他桂冠诗人的称号，并授予他丰厚的年薪，让他为国王服务。琼森的作品还有《福尔蓬奈》等。

 美国有桂冠诗人吗？

有。1985 年，美国国会图书馆设立了桂冠诗人这一荣誉头衔。1986 年，出生于肯塔基州的作家罗伯特·佩恩·华伦成为美国第一位桂冠诗人。他的作品包括小说《国王的人马》、多卷诗集，还有收录在文集《我要表明我的态度》中的散文。1935—1942年，他还担任文学杂志《南方评论》的编辑。继华伦之后，获得桂冠诗人称号的还有约瑟夫·布罗德斯基、莫娜·范杜因（第一个获得此称号的女性）和丽塔·达夫（第一个获得此称号的非裔）。

 弥尔顿为何对英国文学如此重要？

约翰·弥尔顿是除莎士比亚之外，作品评论最多的英国作家。弥尔顿是一位伟大的史诗作家。根据《诺顿英国文学选集》，在弥尔顿的作品中，"两场伟大的思想和社会运动达到了高潮"。两场运动指的是文艺复兴和宗教改革。学者们指出，弥尔顿作品中对古典材料的引用体现了文艺复兴的特质，而他"真诚而独特的基督教思想"则与宗教改革相呼应。例如，在他的杰作《失乐园》（1667 年）中，弥尔顿像之前的诗人荷马和维吉尔一样，探讨了人类的诸多主题：战争、爱情、宗教、地狱、天堂和宇宙。弥尔顿并没有让亚当通过英勇的行为战胜邪恶，而是让他"接受了世俗存在的负担，通过承认和忏悔自己的罪行而战胜罪恶"。

除了他著名的史诗外，弥尔顿还创作了十四行诗和其他短诗，包括《论莎士比亚》《欢乐颂》《沉思颂》和《利西达斯》。他的作品还包括政论，其中最主要的是《论出版自由》（1644 年）。弥尔顿主张限制君主权力、废除主教，提倡言论自由和离婚制度。一位评论家曾说："美国宪法中的自由思想更多地来自弥尔顿的《论出版自由》，而不是约翰·洛克。"

 歌德对世界文学有何贡献？

约翰·沃尔夫冈·歌德是德国最伟大的作家之一。他同时还是科学家、艺术家、音乐家和哲学家。作为一名作家，歌德尝试了许多体裁和风格，他的作品引领了德国 18 世纪末 19 世纪初的文学运动。他的杰作《浮士德》体现了作者的人文主义理想，超越了国家和历史的界限。

 狄更斯有哪些作品？

查尔斯·狄更斯创造了许多令人难忘的角色：奥利弗·特威斯特、小蒂姆和小耐儿等。这位英国作家的最著名的作品包括《雾都孤儿》《老古玩店》《荒凉山庄》《双城记》和《远大前程》。狄更斯的作品无论是当时还是现在都很受欢迎，这是因为他不仅创造出了生动的角色，还表达了对社会问题的关注。狄更斯在后期作品中变得更加悲观，他始终展现出对受压迫者的深切同情和对人的尊严的信念。

 第一部现代小说是谁写的？

尽管关于这个问题的答案存在不同意见，但人们普遍接受的观点是，第一部现代小说是西班牙作家塞万提斯的《堂吉诃德》。《堂吉诃德》分 2 部分，分别完成于 1605 年和 1615 年。《堂吉诃德》是欧洲文学中第一部长篇散文叙事作品，书中对人物和事件的描述开创了现代文学的现实主义传统。《堂吉诃德》对早期小说家的影响无可否认，包括英国小说家和剧作家亨利·菲尔丁。菲尔丁是现实主义小说《汤姆·琼斯》（1749 年）的作者。

 小说是如何发展的？

批评家和学者们一致认为，法国作家古斯塔夫·福楼拜将现代小说发展成一种"自觉的艺术形式"。福楼拜的著作《包法利夫人》采用了多种手法，如客观的人物刻画、讽刺、叙事技巧，以及对意象和象征的运用。

美裔英国作家亨利·詹姆斯拓展了小说的范围，将戏剧的因素引入小说的叙事结构，倡导现实主义。他的作品有《一个美国人》（1877 年）、《黛西·米勒》（1879 年）、《一位女士的画像》（1881 年）和《使节》（1903 年）。

爱尔兰作家詹姆斯·乔伊斯是 20 世纪上半叶最重要的英语文学人物，他重新定义了现代小说。乔伊斯对小说的改革始于他的第一部小说《一个青年艺术家的画像》（1916 年）。他后来又写下他最重要的杰作《尤利西斯》（1922 年），发展了内心独白和意识流叙事的技巧。

美国作家威廉·福克纳对小说进行革新，是美国文坛上可以对应乔伊斯的存在。他的作品包括《喧哗与骚动》（1929 年）、《八月之光》（1932 年）和《押沙龙，押沙龙！》（1936 年）等。1949 年，福克纳在接受诺贝尔文学奖的仪式的演讲中提到，他的小说的基本主题是"人类内心斗争"。他通过运用多种叙事技巧来探索这一主题。与乔伊斯一样，他的小说与传统小说有着本质的不同。

 简·奥斯丁的作品为何仍在被广泛阅读？

简·奥斯丁是英语文学史中最伟大的小说家之一。她一生中只写了 6 部小说，包括她的著名小说《理智与情感》（1811 年）、《傲慢与偏见》（1813 年）和《爱玛》（1816年）。虽然只有 6 部作品，但她依然是伟大的作家，她的风俗小说至今仍然被广泛阅读。

奥斯丁是一位牧师的女儿，她拒绝当时的浪漫主义文学运动，选择了忠实地描绘她熟知的生活。因此，她成了英国第一位现实主义小说家。奥斯丁的作品充满了对生活的敏锐观察和对日常生活的热爱，这让她的故事引人入胜。

 《白鲸》为何被认为是美国最伟大的小说之一？

1851 年，赫尔曼·梅尔维尔写成小说《白鲸》。《白鲸》的第一句话就是为广大读者所熟悉的"叫我以实玛利吧"。《白鲸》是有史以来最伟大的小说之一，有许多人认为它是美国最好的小说。当然，确定哪部小说最好纯粹是主观的事情，《白鲸》有很多有力的竞争对手，但不可否认的是，《白鲸》是一部引人入胜的优秀作品。《白鲸》描写的是捕鲸船长搜寻一条咬断他腿的白鲸的故事，它既是一个激动人心的海上冒险故事，也是一个有趣的寓言。《白鲸》在当时并没有受到重视，梅尔维尔去世 30 年后，这部作品才引起轰动。

 为何乔伊斯的《尤利西斯》曾经在美国被禁止出版？

爱尔兰作家詹姆斯·乔伊斯的杰作《尤利西斯》最早是连载作品，1922 年由巴黎出版商莎士比亚书店出版。1928 年，美国海关法院正式将这本书列为淫秽书籍。原因有两方面。一是书中出现了脏话，二是此书一位主角用意识流的叙述方式描述了女性的内心想法。1933 年，美国法庭质疑了上述官方立场，法官约翰·伍尔西称它是一本"真挚和诚实的书"。在经过长时间的讨论之后，法官最终决定解除对《尤利西斯》的禁令。美国出版商兰登书屋曾主张法庭应当质疑《尤利西斯》是淫秽书籍的结论，在禁令解除后很快开始排版这部作品，以出版美国版《尤利西斯》。法庭的裁决对美国产生了深远的影响，它是美国审查制度的转折点。在此案之前，人们一般认为政府对出版物发布禁令不违背美国宪法第一修正案（第一修正案保证言论自由），此案之后，政府减小了审查力度。后来，虽然政府向美国巡回法院提出申诉，但是法官伍尔西的决定并没有被推翻。

 普鲁斯特是谁？

马塞尔·普鲁斯特是 20 世纪最伟大的法国小说家之一，他因将心理分析、创新的时间处理和多主题等元素引入小说而备受赞誉。普鲁斯特主要以他的多卷本著作《追忆似水年华》（1954 年）而闻名。

普鲁斯特不仅是一位富有创造力的文学家，还是一位敏锐的社会观察者。19 世纪 90 年代中期，普鲁斯特与其他杰出的作家，包括 19 世纪伟大的法国小说家埃米尔·左拉，都坚定地支持德雷福斯，公开批评法国军方的反犹主义。阿尔弗雷德·德雷福斯是一名犹太裔法国军官，1894 年，他因叛国罪被判处终身监禁，但其有罪的证据是反犹分子捏造的。

 美国诗歌始于何时？

沃尔特·惠特曼是第一位真正的美国诗人，他创造出真正的美国诗体。他的诗歌没有因袭欧洲诗人的结构，并且清晰地描绘了美国人的经历。

1855 年，他自费出版了他的第一部诗集《草叶集》。为了获得承认，惠特曼送了一本诗集给当时著名的美国作家拉尔夫·沃尔多·爱默生。爱默生不仅认识许多著名的作家，而且与他们交情匪浅。他的朋友包括英格兰诗人威廉·华兹华斯和塞缪尔·泰勒·柯尔律治、苏格兰散文家托马斯·卡莱尔，以及美国作家亨利·戴维·梭罗和纳撒尼尔·霍桑。惠特曼的大胆举动有了回报，在《草叶集》不被评论家看好的同时，爱默生撰写了一篇长达 5 页的文章，称赞惠特曼的诗歌。他称惠特曼"正在开创一项伟大事业"。梭罗也对惠特曼的诗歌大加赞扬。约 100 年后，传记作家贾斯廷·卡普兰称《草叶集》是"新大陆上最优秀、最富有原创性的诗歌，既实现了美国文学的浪漫主义，也开启了美国文学的现代主义"。惠特曼最著名的诗歌包括《自我之歌》《噢，船长！我的船长！》《大路之歌》和《我歌唱那带电的肉体》等。

埃米莉·狄更生生前几乎无人知晓。狄更生大约与惠特曼同时代，但是终其一生只发表了几首诗。她的作品集是她去世后发表的。现在她也被视为美国最伟大的诗人之一。如果她能更早发表更多作品，那么可能她会被视为第一位真正的美国诗人。

哈莱姆文艺复兴有什么持续的影响？

哈莱姆文艺复兴是指 20 世纪 20—30 年代黑人艺术和文学的兴起。从那时起，美国的白人学者和艺术家开始关注美国黑人文化。根据一些资料显示，这场运动最早兴起于 1917 年。1925 年，《纽约先驱论坛报》发表文章宣称："我们正处于一场黑人文艺复兴的初期或中期。"这篇文章引起了广泛关注。美国黑人阿兰·洛克是哈莱姆文艺复兴运动的领导人，他也是霍华德大学的一名哲学教授。第一次世界大战后的纽约上曼哈顿地区是这场运动的中心。

这场运动给美国留下了许多重要的文学遗产。1923 年，琼·图默发表作品《甘蔗》，这是哈莱姆文艺复兴的第一部作品。其他作品包括兰斯顿·休斯德的《黑人谈河流》（1921 年）和《萎靡的布鲁斯》（1926 年）、康蒂·卡伦的《有色人种》（1925 年）和《古铜色的太阳》（1927 年）。杰西·R. 福塞特是一位小说家，同时她还是美国全国有色人种协进会的杂志《危机》的编辑。克劳德·麦凯 1928 年发表的小说《回到哈莱姆》，因其描写黑人生活的方式，遭到了 W.E.B. 杜波依斯和阿兰·洛克的激烈批评。佐拉·尼尔·赫斯顿因写作小说《他们眼望上苍》（1937 年）而成为美国第一位获得古根海姆奖的黑人女性。

哈莱姆文艺复兴不仅局限于文学领域，在战后的繁荣时期，爵士乐和蓝调音乐也蓬勃发展，20 世纪 20—30 年代涌现出的路易斯·阿姆斯特朗、"果冻卷"·莫顿、埃林顿公爵、贝西埃·史密斯和约瑟芬·贝克等人声名鹊起。至今人们仍会被他们的音乐表现力所感动。

佐拉·尼尔·赫斯顿（摄于 1940 年左右）是美国第一位获得古根海姆奖的黑人女性。她是哈莱姆文艺复兴的重要人物。

《哈利·波特》引起了多大的轰动？

英国作家 J.K. 罗琳是《哈利·波特》系列小说的作者。《哈利·波特》讲述了一个年轻巫师哈利·波特的冒险经历。自 1997 年首次出版以来，此书深受读者喜爱，在出版界屡创新纪录。《哈利·波特》也使罗琳成为世界上最富有的人之一。

《哈利·波特》系列的第五部书《哈利·波特与凤凰令》于 2003 年 6 月 21 日出版，并在其出版的第一个周末成为历史上销售最快的书。巴诺书店的首席执行官史蒂夫·里焦说，《哈利·波特》"第五部书的销售额与一部好莱坞大片第一周的票房收入相当"。2004 年 12 月 24 日，《哈利·波特》系列的第六部《哈利·波特与混血王子》将于 2005 年 7 月 16 日出版的公告一经公布，这部小说仅凭预售订单就登上了美国和英国畅销书排行榜的榜首。这个公告同时促使罗琳的美国和英国出版商及其主要图书经销商的股价大幅上扬。那时，《哈利·波特》的前 5 部书已经在全世界销售了约 2.6 亿册。所有《哈利·波特》系列书都是销量第一的畅销书。

罗琳在 20 世纪 90 年代中叶开始规划这个系列时，还在靠失业救济金生活。2004 年春，罗琳首次登上福布斯全球亿万富豪榜，她 10 亿美元的财富使她在 587 位亿万富翁中位列第 552 位。

艺　术

 艺术有多长的历史？

艺术可能起源于 3.5 万年前（石器时代）的欧洲。距今约 3.5 万年—公元前 8000 年，在今天的法国和西班牙境内许多山洞的墙壁上和洞顶上，欧洲智人画下了自己的手印、战士和各种动物（包括野牛、马和驯鹿等）。他们使用红色、黑色和黄色的颜料，这些颜料是将泥土和粉碎后的石头用水混合后制成的。这些著名的洞窟包括法国多尔多涅的拉斯科洞窟、法国阿列日的尼奥洞窟、法国洛特的佩什-梅尔洞窟、西班牙卡斯特利翁的加苏利亚洞窟和西班牙坎塔布里亚的阿尔塔米拉洞窟。

这些早期的智人还会装饰自己的武器，制作一些栩栩如生的动物和女人雕像。如果这些人穿上现代的衣服，那么他们几乎和现代人没有什么区别。这一时期的欧洲智人被称为克罗马农人。1868 年，在法国多尔多涅地区的莱塞济附近的克罗马农洞中发现了高大直立行走物种的遗骸，人们因此将这种智人称为克罗马农人。

 ### 波提切利的绘画有哪些特点？

桑德洛·波提切利是一位意大利文艺复兴时期的画家，他的绘画以宁静优雅的构图和人文主义的精神而闻名。

作为佛罗伦萨画家弗拉·菲利波·利比的学生，波提切利精进了利比的绘画技法，被视为一名伟大的"线条大师"。然而，波提切利的光辉很快就被比他年轻几岁的莱奥纳尔多·达·芬奇所掩盖，达·芬奇在绘画方面的天分使波提切利的作品显得过时。不过，19 世纪末，波提切利再次受到艺术家和评论家们的推崇，他们赞扬他的作品简洁而真诚。英国艺术评论家约翰·罗斯金认为波提切利是艺术家的典范。

波提切利的《维纳斯的诞生》为何如此有名？

波提切利的《维纳斯的诞生》约创作于 1482 年。这幅画作因其优雅的人物、对画面空间的合理安排和装饰性的细节而广为人知。在创作这幅画的年代，展现裸体维纳斯是

▌波提切利的著名画作《维纳斯的诞生》是受佛罗伦萨的梅迪奇家族的委托而创作的。

一种创新，因为在中世纪，艺术作品中不允许出现裸体形象。然而，波提切利是受佛罗伦萨的梅迪奇家族的委托而创作的，所以可以不理会这样的禁令。梅迪奇家族是他的赞助人，在他们的保护下，波提切利可以追求自己想象中的世界，而不必担心被控告为异教徒。

 梅迪奇家族为何对文艺复兴时期的艺术如此重要？

梅迪奇家族在 14—16 世纪的意大利佛罗伦萨拥有强大的势力。这个家族的建立者是乔瓦尼·迪比奇·德·梅迪奇，他通过经商积聚了大量财富，并于 1421—1429 年统治佛罗伦萨。后来，洛伦佐·德·梅迪奇于 1478—1492 年统治佛罗伦萨。尽管他是一位残暴的统治者，但是他也是一位伟大的艺术和文学的赞助人。洛伦佐在佛罗伦萨城外有一个名叫菲耶索莱的别墅，在那里，他经常与佛罗伦萨的一些著名艺术家和思想家一起讨论问题。这些艺术家和思想家中就有桑德洛·波提切利。洛伦佐也是米开朗琪罗的赞助人。

 为何说达·芬奇是全才？

莱奥纳尔多·达·芬奇拥有强烈的求知欲和创造性的想象力。他的画作中最为人们熟悉的莫过于《最后的晚餐》和《蒙娜丽莎》。他的作品为文艺复兴时期的雕塑、油画、素描和建筑奠定了基础。人们同样熟悉的还有他的植物学、解剖学、动物学、水力学和生理学等领域的科学笔记和素描。据他自己所说，他进行科学研究只是为了使自己成为一名更好的画家。尽管如此，他显然也深入研究了自然法则。结果，他的研究极大地促进了生理学和心理学的发展。这位天才艺术家被誉为全才，正如《加德纳艺术史》所说，他站在"一个新时代的开端，像一位先知和智者"。

 米开朗琪罗研究过解剖学吗？

研究过。1492 年，雕塑家米开朗琪罗·博纳罗蒂开始用罗马圣灵医院的尸体进行解剖学研究。

米开朗琪罗最著名的雕塑是《大卫》和《摩西》。他在西斯廷教堂的穹顶和墙壁上的壁画也同样有名。米开朗琪罗还是一位建筑师，他认为建筑应当模仿人体的形态，"唯一的轴线位于中心，将各部分对称地布置在轴心周围，就像手臂同身体的关系一样"。他还会写诗。米开朗琪罗是一个全才。

 文艺复兴的美术三杰中，谁的绘画水平最高？

文艺复兴的美术三杰指的是达·芬奇、米开朗琪罗和拉斐尔。大多数历史学家和评论家都认为，三者中，拉斐尔·圣齐奥最明确地阐述了文艺复兴的理想。莱奥纳尔多·达·芬奇和米开朗琪罗·博纳罗蒂都对年轻时的拉斐尔产生过重要影响，但拉斐尔最终发展出了自己独特的风格。拉斐尔既高产，又有高超技术，他的作品以不费吹灰之力的优雅为特点。他最知名的作品是《雅典学院》，这幅画的艺术形式和精神意义完整地表现了全盛时期的文艺复兴。这幅画汇集了古典时代的伟大思想家——柏拉图、亚里

米开朗琪罗的雕塑《大卫》，现保存在意大利佛罗伦萨学院美术馆。

士多德、毕达哥拉斯、赫拉克利特、第欧根尼、欧几里得。拉斐尔甚至把自己也画入了这场伟大的聚会。在这幅作品中，拉斐尔运用了透视的技巧，使人物位置看起来十分自然。

 提香为何如此重要？

在提香生活的时代，艺术家们开始在画布上作画，摒弃了曾经在木板上作画的习惯。这位威尼斯画家是色彩大师，极受欢迎而且多产。即使他雇用了多名助手，他的画作也供不应求。他的作品确立了画布为西方油画的典型媒介的地位。他最著名的画作包括《神圣与世俗之爱》（约1515年）和《乌尔比诺的维纳斯》（1538年）等。

《根特祭坛画》是胡贝特·凡·爱克还是扬·凡·爱克画的？

《根特祭坛画》是一幅巨大的祭坛装饰画，它引起的争议就像对它的赞赏一样多。争

议源自这样一个发现：1832 年，人们在它外板的一块涂层下发现了一首拉丁文诗歌，这首短诗暗示是胡贝特·凡·爱克开始了这一作品，而扬·凡·爱克完成了它。所以，人们相信《根特祭坛画》是兄弟两人合作的成果。但是，这幅画的归属问题还是困扰了艺术史学家近 1 个半世纪之久，因为当他们试图区分出这一作品中哪个部分是谁画的时候，他们发现根本没有办法区分。一位艺术史学家认为胡贝特很可能根本没有参加绘画，他只是一个雕塑家，根据这一理论，有人认为胡贝特的贡献只是制作了画框，而此画的画框在 1566 年被移除，随后遗失。然而，学者们似乎最后达成了共识，他们认为胡贝特负责了祭坛画的设计工作和绘画工作，而扬设计和绘画了大部分人物。这幅精美的祭坛装饰画是由 20 块可折叠面板组成的，是中世纪北欧艺术的典型代表。

凡·爱克兄弟还推动了北欧文艺复兴运动。扬是一名细密画家和插画家，他的作品细节精致、装饰性强。他的画作《包着红头巾的男子》（1433 年）很可能是自画像。这幅作品标志着艺术人性化过程中的重要一步。在此之前，艺术家们的创作主题都是宗教，而这幅绘画却是对一个活生生的人的记录。随着艺术家和赞助人越来越关注现实生活，这种肖像画越来越多。通过人物画像，人类开始面对自己。《加德纳艺术史》认为，文艺复兴艺术是"将人们的目光从对超自然的关注引向自然世界的缓慢但巨大的进步的顶点"。

伦勃朗为何被认为是职业艺术家的完美典范？

想要知道伦勃朗·范赖恩和现代艺术家的共同点，就需要着重了解这位杰出的肖像画大师的作品在其生前遭受到的批评：一些人认为他的作品过于个人化，过于古怪。这是因为伦勃朗运用光影的手法独树一帜。还有一位意大利传记作家断言，伦勃朗的作品关注的都是丑陋的事物，认为这位画家格调不高。伦勃朗作品的主题主要是下层人民、日常生活，以及基督的人性和谦卑（而不是像其他宗教画一样，以合唱、小号和天国的胜利为背景）。他的肖像画描绘了岁月在人面部留下的痕迹，包括他自己的面部。总而言之，这位荷兰艺术家的画作体现了深入人心的洞察力和对人类苦难的深切同情。他同时以使用画笔的末端来涂抹颜料而闻名。因此，伦勃朗超越了当时艺术所接受的程度。

今天的艺术评论家不仅将伦勃朗视为伟大的肖像画大师，还认为他是现实主义的巨匠。这位荷兰画家还擅长蚀刻、素描和版画制作，被视为职业艺术家的典范。他向人们展示了对于艺术家来说，重要的不是题材，而是艺术家如何创作这些题材。

伦勃朗最受赞誉的作品包括《呢商同业公会理事》（1662 年）和《浪子回头》（约

1665 年）。前者描绘的是几个商人正在翻阅账本，伦勃朗敏锐地捕捉到了六位商人被打断的那一刻，从而展现了一个极其真实的日常场景。《浪子回头》则是史上最感人的宗教画作之一。在这幅画中，伦勃朗以极大的同情心描绘了父子团聚的场景，捕捉到了一个仁慈的瞬间——悔过的儿子跪在宽恕的父亲面前。通过一系列的自画像，伦勃朗记录了自己的历史——从年轻时的自信和乐观，到"晚年疲惫的顺从"。

 ## 印象派是什么？

"印象派"这个术语出自克劳德·莫奈的早期作品《日出·印象》（1872 年），当时一个刻薄的评论家用这个词嘲讽包括莫奈在内的一批新兴艺术家。法国的印象派画家们在画布上捕捉大自然的风景和户外的景物，力求忠实地描绘所见之景。他们不以绝对视角固定和冻结画面，而是捕捉不断变化的自然和移动视线所瞥见的景象。

乔治·修拉和保罗·西涅克也是印象派画家，因为他们同卡米列·毕沙罗一起，通过更科学的光和色彩的理论，将印象派发扬光大，在作品中引入了精心设计的光学效果。修拉和西涅克还被称为点彩派画家。修拉开创了点彩法，即使用小笔触创造出复杂的马赛克效果。后期印象主义画家不仅包括修拉和西涅克，还有亨利·土鲁斯-劳特累克、保罗·高更、文森特·凡·高和保罗·塞尚。这些印象主义画家一起为 20 世纪的绘画艺术铺平了道路。

印象派画家们为 20 世纪的艺术发展铺平了道路，因为这个群体"主张绘画作为一件东西、一个创作对象的自身价值，拥有自己的结构和法则，这些法则超越并不同于……人类和自然的世界"（引自《现代艺术史》）。

 ## 莫奈是法国印象派的先驱吗？

尽管印象派之名来自克劳德·莫奈的一幅画作《日出·印象》，而他的《睡莲》（1905年）无疑是最著名、最受赞誉的印象派作品，但印象派的根源实际上是爱德华·马奈的作品。马奈是第一个尝试用色彩和光线使绘画更加自然的画家，是印象派的精神领袖。

1863 年，马奈展出了他的 2 幅广受争议的开创性作品：《草地上的午餐》和《奥林匹亚》。虽然两幅作品都采用传统主题，但是马奈在创作时加入了自己的体验，从而使画面上流露出朴实而明显的性欲色彩，而这是当时的巴黎艺术评论家和艺术家们难以接受的。因此，他的展出在当时遭到了猛烈抨击。但是，马奈坚持不懈。1868 年，他再次挑战艺术界的价值观，创作了法国作家埃米尔·左拉的肖像画。一位文艺评论家公开指责这幅作品，说左拉的裤子不是用布料做的。几年后，1870 年，马奈开始尝试在自然阳光下进行户外绘画实验。现在许多印象派画家的技巧和理念都是马奈开创的。

玛丽·卡萨特是如何进入法国巴黎印象派艺术圈的？

玛丽·卡萨特是美国宾夕法尼亚州匹兹堡一位富有银行家的女儿。1866 年，她与母亲和一些女性朋友一同前往巴黎，年轻的卡萨特决心融入这座城市的艺术圈。由于巴黎美术学院不招收女学生（该政策于 1897 年废除），卡萨特私下学习绘画，周游欧洲，寻找自己的艺术兴趣。1874 年，她回到巴黎，结识了埃德加·德加，德加在巴黎秋季沙龙上看过她的一幅画后评论说，这位美国艺术家拥有"无限的才华"，而且她"是一个和我有同样感受的人"。卡萨特后来于 1879 年、1880 年、1881 年和 1886 年与印象派画家一同举办画展，并于 1891 年举办了自己的首次个人展览。

卡萨特在印象派画家中的地位经常为男性画家所遮蔽，她对艺术世界的贡献往往也只占据艺术书籍中的寥寥数笔，但是她的天分、洞察力和坚定的决心是印象派的传奇。正如高更所说："玛丽·卡萨特既有魅力，也有魄力。"

为何马蒂斯的作品一经展出立刻引起轰动？

法国表现主义画家亨利·马蒂斯的画作虽然今天看来似乎平淡无奇，但其色彩和风格在当时却是革命性的。1905 年，马蒂斯与其他几位艺术家一起在巴黎的秋季沙龙展出作品。他们作品中狂野的色彩运用让一位艺术评论家惊呼他们是"野兽派"。这个名字就这样流传下来，马蒂斯和他的同代人因为随意使用鲜艳色彩而被称为野兽派。

在这场构建新的艺术价值观的运动中，马蒂斯一直站在最前沿。野兽派画家们既不像乔治·修拉那样以科学的方式使用色彩，也没有像保罗·高更和文森特·凡·高那样以非描述性的方式使用色彩。野兽派开创了抽象主义的概念。

马蒂斯的著名作品《带绿色条纹的马蒂斯夫人像》（1905 年）描绘了他的妻子，画中，她的头发是蓝色的，脸部中间有一条绿色的条纹，鼻子的一侧是粉红色的，另一侧是黄色的。马蒂斯整个职业生涯中都在不断尝试各种艺术形式——绘画、色纸剪贴和雕塑等。他的所有作品都体现出对细节的省略以及对线条和色彩的简化。他的风格对现代艺术的影响如此之大，以至于 70 多年后，一位艺术评论家评论说，马蒂斯仿佛属于另一个年代，另一个不同的世界。

毕加索的作品有哪些特点？

要概括或分类西班牙画家巴勃罗·毕加索的作品是不可能的，因为他的艺术生涯贯穿了他的一生，而且他尝试了许多不同的风格。毕加索经常声称自己在会说话之前就会画画，而且据所有报道，他童年的大部分时间都在画画。他 15 岁时就提交了自己的第一批参展作品。到了 20 世纪初，当他还是一名年轻人时，他开始探索蓬勃发展的现代艺术运动。

毕加索的职业生涯可以分为几个时期。他的蓝色时期（1901—1904 年）得名于他对单色蓝色的使用，这可能是朋友自杀带来的绝望情绪所致。接着是他的玫瑰时期（1904—1906 年），这一时期他的作品中出现了小丑和弄臣的形象，所有这些都带有一种忧郁的色彩。他很快开始将原始艺术元素融入其中，后来又在作品中尝试了几何线条和形式，这些作品有时是结构性的，只能通过标题来识别主题。

1912 年，立体派诞生，而毕加索站在其最前沿。1923 年，他又开创了超现实主义。他的重要杰作之一是 1937 年创作的《格尔尼卡》。作品展现的是德国在西班牙法西斯主义者的支持下对西班牙的一座名叫格尔尼卡的巴斯克小镇的轰炸。20 世纪 40 年代，毕加索达到艺术的顶峰，当时他居住在纳粹占领的法国巴黎。

传记作家皮埃尔·卡巴纳总结了毕加索最后一个时期（1944—1973 年）的作品："他创造了第二个古典主义——自传体古典主义……他最后 30 年的创作是一场令人眩晕、惊心动魄的竞赛。"在这段时

毕加索的许多作品都是立体派画作。这幅画是他于 1948 年创作的《坐在扶手椅上的女人》。

间里，毕加索并没有开辟任何新的艺术领域，只是以惊人的速度创作艺术作品。1973 年他去世后，他的遗产清单列出了 3.5 万件作品，包括油画、素描、雕塑、陶瓷、版画和木刻。

毕加索给艺术界留下了巨大且令人惊叹的遗产。在 1991 年《名利场》杂志的一篇文章中，毕加索的朋友和传记作家约翰·理查森说："在过去 50 年里，几乎所有有趣的艺术家都受惠于毕加索……无论他们是有意识地反抗他，还是不知不觉地受到他的影响。毕加索播下了种子，而我们仍在收获其果实。"

摄　　影

 摄影是何时发明的？

静态摄影的概念可以追溯到 10 世纪，当时的伊斯兰科学家发明了暗箱。暗箱是一个带有小孔的暗室，光线可以透过小孔在暗箱中的一个平面上形成一个倒转的图像。人们可以在暗箱中或者透过窥视孔在外部观察和研究形成的图像。

到了 16 世纪，意大利科学家詹巴蒂斯塔·德拉波尔塔发表了他的研究：在暗箱小孔上安装一个透镜，可以放大所投射的图像。通过这个改进，暗箱的用途得到极大拓展，因此在 17—18 世纪的欧洲艺术家中流行起来。

但是暗箱只能将图像投影（而不是复制）到屏幕或纸张上。19 世纪，科学家们尝试用各种方法来永久保存图像。在摄影技术方面做出重大贡献的人包括法国物理学家约瑟夫-尼塞福尔·涅普斯，他于 1826 年拍摄了第一张照片；法国画家路易-雅克·达盖尔，他于 1839 年发明了银版摄影术；英国科学家威廉·亨利·福克斯·塔尔博特，他于 1841 年左右发明了塔尔博特式摄影法；英国天文学家约翰·赫舍尔爵士，他是第一个制造出实用的摄影定影剂的人，也是第一个将"正片"和"负片"这两个术语应用于摄影的人。所有这些里程碑式的成就使得摄影成了一种实用的记录现实生活图像的方式。

静态摄影的突破在于柯达相机的发明。1888 年，美国发明家乔治·伊斯门推出了这种相机。柯达相机使用卷绕在滚筒上的胶片，取代了之前使用的玻璃片。这种盒状相机使摄影变得人人可及，哪怕是业余爱好者。在柯达相机出现之前，摄影基本上是专业人员的领域，他们受委托为上流社会的名人拍摄照片。柯达相机普及后，照片开始记录普通人的面孔和日常生活的事件。到了20世纪初，伊斯门的柯达公司已成为世界上最大的摄影胶片和相机生产商。

1925年，托马斯·爱迪生和乔治·伊斯门站在一台摄影机旁。两人在发明摄影摄像技术方面都做出了重要贡献。

 ## 摄影是从何时开始变成一种艺术形式的？

阿尔弗雷德·施蒂格利茨被誉为"现代摄影之父"。当他还是孩童时，他就对摄影十分着迷。2岁时，他迷上了一张表亲的照片，总是随身携带。9岁时，他反对一位专业摄影师使用颜料给黑白照片上色的做法，认为这破坏了照片的质量。

1887—1911年，施蒂格利茨致力于将摄影确立为一种艺术表现形式，他有时还会因此受到公开嘲笑。他认为，摄影不同于绘画，在艺术方面，两者应处于同等地位。他还努力在照片中加入美国特征，纽约市的街道成了他主要的创作主题。到了1902年施蒂格利茨成立"摄影分离派"时，他已经发展出了一种独具美国特色的艺术形式。施蒂格利茨还编辑出版摄影杂志，其中最著名的是《摄影作品》（1903—1917年）。在第一次婚姻失败后，1924年，施蒂格利茨与美国艺术家乔治娅·奥基夫结婚，此后，关于奥基夫的一系列摄影作品成了他最著名的作品系列之一。

建　　筑

 ## 长城有多长的历史？

公元前3世纪，中国的秦始皇下令修建长城，后来历代多有扩建。长城是抵御外敌入侵的防御工事。

长城是抵御外敌入侵的防御工事。

 帕台农神庙有多长的历史?

公元前 447—公元前 432 年，古希腊人修建了帕台农神庙。这座位于雅典卫城的古老神庙是古希腊建筑的杰出代表。它有一段波折的历史。500 年左右，它成为一座教堂。15 世纪中期，当土耳其人占领了这个地区后，它又成为一座清真寺。1687 年，当威尼斯人试图攻占雅典时，帕台农神庙遭到严重破坏。现在只剩下遗址。

 古罗马竞技场为何损坏严重?

古罗马竞技场始建于罗马皇帝韦斯巴芗统治时期。中世纪时期，有些石块和建材被拆除，移作其他建筑的材料，竞技场因此受到破坏。

古罗马竞技场位于罗马市中心。它是一个巨大的露天场所。80—404 年，它是一处娱乐中心，上演着战斗表演，角斗士们在这里搏斗，观众观看人与野兽的斗争。竞技场能够容纳 5 万名观众。看台和表演区之间由一道高 15 英尺（约合 4.5 米）的墙隔开。

伦敦的威斯敏斯特教堂是何时修建的?

英国伦敦的威斯敏斯特教堂修建于 1042—1065 年，当时的英国国王忏悔者爱德华下令修建了这座教堂。1245 年，在国王亨利三世的命令下，开始修建教堂的主体部分。从国王征服者威廉征服英格兰（1066 年）开始，除了爱德华五世和爱德华八世之外，所有的英国国王都是在这座教堂加冕的。这座教堂还是许多英国政治家和文学巨匠的安息之地，教堂墓地中的诗人角专门安葬英国文豪。

 比萨斜塔为何会倾斜?

比萨斜塔（位于意大利西北部的比萨）之所以倾斜，是因为它建造在松软的土地上。这座高 180 英尺（约合 54.9 米）的钟楼始建于 1173 年。前三层完工时，钟楼就倾斜了，但是建造仍在继续。1360—1370 年，这座 7 层钟楼逐层建成。建成后，比萨斜塔每年倾斜程度都有所增加，直到 1990 年，从顶层测量，塔身偏离了垂直线 14.5 英尺（约合 4.4 米），被迫关闭重修。工程师们加固了地基，并为了安全起见，将它的倾斜角度稍微调小了一些。如果它不倾斜，也许就不会这么有名。这座倾斜的钟楼每年都吸引着大量游客来到这个位于意大利阿尔诺河畔的小镇。

 阿尔罕布拉宫为何如此重要?

阿尔罕布拉宫位于西班牙南部格拉纳达以东，由摩尔人建造。摩尔人是北非穆斯林，中世纪时期占领了伊比利亚半岛（今西班牙和葡萄牙）达数百年之久。阿尔罕布拉宫建于 1238—1354 年，是西方世界伊斯兰建筑的典范。其名称源自阿拉伯语，意为"红色"；这座装饰繁复、富丽堂皇的宫殿，以其精美的柱子、墙壁和天花板著称，通体由红砖建造。这座位于山顶的堡垒式建筑是摩尔人在西班牙的最后据点。1492 年，该宫殿被西班牙国王斐迪南和女王伊莎贝拉的军队攻占。

 布鲁克林大桥是何时竣工的?

横跨美国纽约的东河，连接曼哈顿和布鲁克林的布鲁克林大桥，竣工于 1883 年。它被赞誉为现代工程的杰作，其哥特式的双塔也是优雅美丽的建筑地标。这座大桥是那个时代的写照，体现了工业革命的乐观精神。它由德裔美国工程师约翰·奥古斯图斯·罗布林设计，他去世后，其子华盛顿·奥古斯图斯·罗布林接手了该项目。布鲁克林大桥竣工时，它是世界上最长的悬索桥，桥长 1 595 英尺（约合 486.2 米）。大桥由 275 英尺（约合 83.8 米）高的塔楼上垂下的直径 16 英寸（约合 40.6 厘米）的钢缆悬吊。两个塔基建在东河河床上，为了建造塔楼还特别设计了水密室。这个项目艰巨且危险，水下作业的工人会患上潜水病，这是一种严重的可能致命的血液病，是由水深处快速上升导致的压力急剧下降所引起的。但人类战胜了自然，经过 14 年的艰苦努力，1883 年 5 月 24 日，布鲁克林大桥正式开通。5 年后，布鲁克林成为纽约市的一个区。1964 年，这座大桥被指定为美国国家历史地标。

▌布鲁克林大桥（摄于 1900 年）被赞誉为现代工程的杰作。

 现代建筑始于何时？

"现代建筑"一词用于指代那些摒弃过去的设计风格，转而采用体现时代特色的设计风格的建筑。现代建筑始于 19 世纪末，当时建筑师们开始反对流行的折中主义。两大流派应运而生：新艺术派和芝加哥建筑学派。

新艺术派大约始于 1890 年，在欧洲流行了约 20 年，不仅在建筑和室内设计中有所体现，还表现在家具、珠宝、印刷字体、雕塑、绘画及其他艺术中。代表人物包括比利时建筑师维克多·奥太和亨利·范德费尔德，以及西班牙建筑师安东尼·高迪。

1871 年芝加哥大火之后的城市重建中，开创了一种全新的艺术形式——芝加哥建筑学派。美国工程师和建筑师威廉·勒巴伦·詹尼是这一流派的领军人物。追随这一流派的年轻建筑师中，有 4 位曾在詹尼的办公室工作过：路易斯·亨利·沙利文、马丁·罗奇、威廉·霍拉伯德和丹尼尔·赫德森·伯纳姆。伯纳姆与另一位建筑师约翰·韦尔伯恩·鲁特联手合作。这些人为现代建筑和摩天大楼的设计确立了一条原则，即"形式服从功能"。他们谨慎地使用装饰，并充分利用铁、钢和玻璃等材料。

到了 20 世纪 20 年代，现代建筑的地位已经不可动摇。20 世纪中叶，沃尔特·阿道夫·格罗皮厄斯、勒·科尔比西耶（原名查尔斯-爱德华·让纳雷）、路德维希·米斯·范德罗厄和弗兰克·劳埃德·赖特的作品进一步发展了现代建筑。从实用角度来说，现代建筑在 20 世纪 60 年代随着上述大师的离世而终结。

现代建筑的代表作品包括芝加哥的莫纳德诺克大厦、信托大厦、C.P.S 百货公司大厦和罗比住宅，纽约市的洛克菲勒中心、利华大厦和西格拉姆大厦，亚利桑那州的西塔里耶森，威斯康星州的美国庄臣公司总部，以及洛杉矶的洛弗尔住宅（1929 年）。

第一幢摩天大楼是谁设计的？

摩天大楼无疑是美国对世界建筑做出的贡献。在 1871 年 10 月的大火之后，芝加哥开始了重建工作，一种新型的建筑风格应运而生，即芝加哥建筑学派，这种风格主要关注商业建筑。芝加哥建筑学派的建筑师们使用新型建筑材料和载人电梯（由伊莱沙·奥蒂斯发明，1861 年首次获得专利），建造垂直的办公大楼，从而最大限度地利用城市房地产。许多设计师都参与了这种形式的建筑创作，而工程师和建筑师威廉·勒巴伦·詹尼被誉为"摩天大楼之父"。一般认为，詹尼设计了第一幢摩天大楼——10 层高的家庭保险大楼。它建成于 1885 年（1931 年被拆除），位于美国芝加哥拉萨尔街和门罗街交会处。这是第一幢完全采用骨架结构的建筑，由批量生产的铸铁、锻铁、贝西默钢和砖石建成。

19 世纪末，钢材的使用、安全电梯的发明和中央供暖系统的应用，使得建造摩天大楼成为可能。这一潮流一旦开始，便迅速蔓延。很快，芝加哥和纽约的天际线就被不断拔地而起的高楼所点缀。詹尼的 2 个学生创建了霍拉伯德和罗奇事务所，这一位于芝加哥的事务所设计出骨架结构的塔科马大楼，于 1889 年竣工。芝加哥的另一家事务所伯纳姆和鲁特（伯纳姆也曾是詹尼的学生）在 1895 年完成了 14 层的信托大厦，也采用了钢骨架结构。芝加哥的盖奇集团大厦见证了摩天大楼的进一步发展，其中 2 幢由霍拉伯德和罗奇事务所设计，1 幢由路易斯·亨利·沙利文设计。霍拉伯德和罗奇事务所设计的其他芝加哥摩天大楼还包括马凯特大厦（1894 年）和论坛报大厦（1901 年）。纽约的公园街大楼（至今仍矗立在曼哈顿下城）于 1899 年完工，高达 386 英尺（约合 117.7 米），共有 30 层，是当时最高的摩天大楼。

20 世纪，摩天大楼建得越来越高。曼哈顿著名的克莱斯勒大厦（1930 年）曾一度成为世界上最高的大楼，高达 1 046 英尺（约合 318.8 米），共有 77 层。但它很快就被帝国大厦（1931 年）超越，帝国大厦总高度达 1 224 英尺（约合 373.1 米），共有 102 层。这座纽约地标性建筑保持了长达 40 年的世界最高建筑地位，直到 1973 年世界贸易中心双子塔完工。双子塔的高度分别达到了 1 368 英尺（约合 417.0 米）和 1 362 英尺（约合 415.1 米），各有 110 层，但在 2001 年 9 月 11 日的恐怖袭击中倒塌。

戏　　剧

 悲剧有多长的历史？

悲剧是西方的一种重要的戏剧形式，其历史可追溯到公元前 5 世纪，当时古希腊人祭祀丰产之神、酒神狄俄尼索斯时发展出了悲剧。著名的古希腊悲剧作品包括埃斯库罗斯（他被认为是悲剧的创造者）的《俄瑞斯忒亚》、索福克勒斯的《俄狄浦斯王》和欧里庇得斯的《美狄亚》《特洛伊妇女》。哲学家亚里士多德认为，悲剧的功能在于宣泄：戏剧能够引发观众的怜悯和恐惧，以净化情感。

 喜剧是如何发展的？

和悲剧一样，喜剧这种戏剧形式也起源于古希腊。根据亚里士多德的观点，悲剧旨在引发人类的情感，从而净化观众的内心，而喜剧的目的则纯粹是为了娱乐观众。生活在公元前 5 世纪的雅典作家阿里斯托芬是古希腊最伟大的喜剧作家。他的作品包含对社会、政治和文学的讽刺。公元前 4 世纪，喜剧逐渐演变为新喜剧。新喜剧少了些尖锐讽刺，多以浪漫爱情和现实生活为题材，人物塑造鲜明。新喜剧作家包括古希腊剧作家米南德和古罗马喜剧作家普劳图斯、泰伦斯，他们对 16—17 世纪的作家如本·琼森、威廉·莎士比亚、莫里哀等产生了影响。

 ## 能剧是什么？

能剧是日本最古老的传统戏剧形式。能剧的主题主要是历史和传说。戴着面具的能剧演员在舞台上表演，他们通过精心控制的动作来演出故事。能剧通常配有合唱，合唱队会吟唱剧中的台词。14 世纪早期，演员兼剧作家观阿弥、世阿弥创设了这种表演形式。世阿弥 7 岁开始演戏，日本现存的约 250 部能剧中，超过一半都是他的作品。

 ## 歌舞伎是什么？

歌舞伎是日本最受欢迎的传统戏剧形式，它通过舞蹈、歌曲、色彩鲜艳的服装、浓重的妆容和活泼夸张的动作来讲述历史事件。这种戏剧起源于 16 世纪，创造者是一位名叫阿国的女子。1603 年，京都的北野神社附近来了一个戏班，为首的正是阿国。然而，1629 年 10 月，德川幕府下令，女性不得演出歌舞伎，歌舞伎由此变成了男性专属的艺术形式，就和伊丽莎白一世时代的英国戏剧一样，此后女性的角色便由男性来扮演。这种表演形式在 17 世纪变得越来越流行，受欢迎程度逐渐超越了净琉璃文乐木偶戏（由叙述者叙事，木偶演员操纵大型木偶表演的日本传统戏剧）。如今，歌舞伎依然是一种有生命力的艺术形式，它借鉴其他戏剧形式，以适应时代的变化。

 ## 受难剧是什么？

受难剧表现的是与耶稣受难有关的事件。宗教剧的根源可以追溯到古埃及和古希腊，古埃及人曾表演献给冥王奥西里斯的戏剧，古希腊人也曾上演戏剧来敬奉他们的酒神狄俄尼索斯。在中世纪，人们上演礼拜剧。10 世纪末，教会开始在弥撒中加入戏剧，尤其是在如复活节这样的节日中，礼拜剧由此诞生。神职人员用拉丁语在教堂内表演这些戏剧。后来，表演逐渐世俗化，由非宗教人士在教堂台阶上甚至市场里表演。礼拜剧逐渐演变出了奇迹剧和神秘剧。为了表达对上帝的感恩或祈求上帝的恩赐，村民们会在舞台

歌舞伎通过舞蹈、歌曲、色彩鲜艳的服装、浓重的妆容和活泼夸张的动作来讲述历史事件。

上表演圣母玛利亚或某位守护圣徒的故事。当黑死病肆虐欧洲时，位于德国巴伐利亚阿尔卑斯山区的上阿默高的村民们发誓他们将定期上演受难剧，希望通过这种方式免受黑死病的侵害。1634 年，他们首次上演了受难剧，并一直保持着每 10 年演出 1 次的传统，如今吸引了众多游客。

 ## 环球剧场为何如此有名？

环球剧场之所以广为人知，是因为威廉·莎士比亚与其有着密切关联。16 世纪 90 年代，瘟疫的暴发促使当局关闭了伦敦的剧院。当时，莎士比亚是宫内大臣剧团的成员。他与剧团的其他成员一起出资，在泰晤士河畔建造了环球剧场。1599 年，环球剧场作为夏季露天剧场开放。虽然当时的环球剧场位于伦敦城外，但上演的剧目仍吸引了大批观众。宫内大臣剧团还多次在宫廷为国王詹姆斯献上专场表演。16 世纪末，莎士比亚被公认为伦敦最受欢迎的剧作家。到了 1603 年，这个以环球剧场为夏季驻地的表演团体更名为国王剧团。

 ## 歌舞杂耍表演是什么？

歌舞杂耍表演是一种轻松、滑稽的娱乐形式，在 19 世纪末 20 世纪初极为盛行。歌舞杂耍表演综合了音乐、戏剧等多种元素，以吸引广大观众。剧作家们还有意让剧中出现不同民族、方言，调侃美国移民日常生活中的困难，以此吸引移民观众。

19 世纪 70 年代，歌舞杂耍表演开始登上美国的舞台，纽约、芝加哥和其他城市的剧院都在上演歌舞杂耍表演。各剧团在全国近 1 000 家剧院巡回演出。每天有多达 200 万美国人涌向剧场，观看喜剧演员埃迪·坎托和 W. C. 菲尔兹、歌手伊娃·坦圭，以及法国女演员莎拉·贝纳尔等明星的演出。

在 20 世纪的头 20 年里，歌舞杂耍表演是美国最受欢迎的娱乐形式。然而，到了 20 世纪 30 年代，就在纽约市著名的无线电城音乐厅（原本打算用作歌舞杂耍表演剧场）开业之际，歌舞杂耍表演却开始迅速衰落。电影、广播，以及后来的电视取代了它的地位，许多歌舞杂耍表演演员也成功地将自己的事业拓展到了这些新领域。在歌舞杂耍表演中崭露头角的艺人包括演员鲁道夫·瓦伦蒂诺、卡里·格兰特、梅·韦斯特、杰克·本尼、乔治·伯恩斯、格雷西·艾伦、金杰·罗杰斯、弗雷德·阿斯泰尔、威尔·罗杰斯和阿尔·乔尔森等。

音　乐

 我们现在使用的记谱法是谁发明的？

　　11 世纪初，意大利僧侣阿雷佐的圭多设计了一套精确记录音高的系统。圭多是一位杰出的音乐教师和音乐理论家。大约在 1028 年，他受邀前往罗马，向教皇约翰十九世展示了一系列宗教赞美诗。圭多用 4 根平行线来标示音高，并使用符号 ut（后来替换为 do）、re、mi、fa、sol 和 la 来命名大调音阶的前 6 个音。在圭多发明这种精确的记谱法之前，歌手们只能通过记忆来学习旋律，这个过程需要耗费多年时间。使用圭多的记谱法后，歌手们就能直接阅读旋律了。圭多的名著《辨及微茫》是中世纪最广泛使用的音乐教材之一。

 历史上有几个巴赫？

　　巴赫家族是一个显赫的音乐世家，从 16 世纪中叶开始音乐家辈出，被载入史册的巴赫就有数十位。约翰·塞巴斯蒂安·巴赫是其中最才华横溢的音乐家，人们一般所说的巴赫指的就是他。约翰·塞巴斯蒂安·巴赫的父亲——安布罗修斯·巴赫是爱森那赫公爵的宫廷乐师，而约翰·塞巴斯蒂安·巴赫的几位近亲也都在教堂担任风琴演奏者。约翰·塞巴斯蒂安·巴赫的哥哥约翰·克里斯托夫·巴赫是德国著名作曲家约翰·帕赫贝尔的学生。除了数量庞大的声乐和器乐作品之外，约翰·塞巴斯蒂安·巴赫还留下了更为丰富的音乐遗产：他有 4 个儿子是杰出的音乐家。"英国巴赫"指约翰·塞巴斯蒂安·巴赫的儿子约翰·克里斯蒂安·巴赫，他写作了大量歌剧、清唱剧、咏叹调、康塔塔、交响曲、协奏曲和室内乐作品。作为巴洛克音乐的巅峰，约翰·塞巴斯蒂安·巴赫深刻地影响了沃尔夫冈·阿马多伊斯·莫扎特。

 巴赫为何如此重要？

　　约翰·塞巴斯蒂安·巴赫的作品数量庞大，总计约有 1 100 部，并对后世的音乐创作产生了持久而深远的影响。尽管巴赫在生前并不出名，而且在其职业生涯中与雇主意见不合，但巴赫的作品在很大程度上塑造了如今人们所知的音乐。他用平均律创作，开创了一种至今仍被视为标准的键盘演奏技巧。从时间上看，1750 年巴赫的去世标志着丰富多彩的巴洛克时代（1600—1750 年）的结束。

作为一名虔诚的基督教徒，巴赫坚信音乐是为了"颂扬上帝和重塑人类精神"。对永生深信不疑的巴赫留下了大量宗教音乐，包括康塔塔、受难曲和清唱剧。巴赫还创作了室内乐，包括器乐协奏曲、组曲和序曲。他最著名的作品包括《马太受难曲》《耶稣，人类渴望的喜悦》《羊儿可以安静地吃草》和《圣诞节清唱剧》。

莫扎特是几岁开始作曲的？

沃尔夫冈·阿马多伊斯·莫扎特是一位天才，3 岁开始演奏羽管键琴，5 岁开始作曲。其父利奥波德是一位作曲家和小提琴家，他发现了小莫扎特的非凡的音乐天赋，于是鼓励和培养他。1762 年，他带着小莫扎特和小莫扎特的姐姐玛丽亚·安娜前往巴黎。在那里，莫扎特创作了他的第一部公开发表的小提琴奏鸣曲和即兴曲。

然而，他并不像人们描述的那样，是一个作曲不费吹灰之力、天真无邪的上帝之子。有些传言说，莫扎特从不修改乐稿，他的曲子都是一次成型。这并非事实。他在给父亲的一封信中写道："人们错误地认为我的创作轻而易举。没有人像我一样用心地研究作曲。几乎没有哪位著名的音乐大师的作品我没有频繁而认真地研究过。"事实上，他确实会修改自己的作品，但他创作速度之快也是事实。就这样，他留下了大量精美且多样的作品。他的 600 多部作品包含各种音乐形式，有交响乐、协奏曲、歌剧、喜歌剧、康塔塔、咏叹调、二重奏等，几乎可以装满 200 张 CD。他最重要的作品包括《费加罗的婚礼》（1786 年）、《唐乔瓦尼》（1787 年）、《女人心》（1790 年）和《魔笛》（1791 年）。

贝多芬生命中的大部分时间都听不见吗？

是的，路德维希·范·贝多芬 20 多岁开始逐渐丧失听力，最终在 30 岁出头时完全失聪。听力的丧失对这位德国作曲家来说是毁灭性的打击。他在给弟弟的一封信中写道："我身边的人听到远处的笛声，而我什么也听不见。有人听到牧羊人歌唱，而我什么也听不见。我感到多么自卑啊！"他甚至一度考虑过自杀，但最终还是继续创作。

贝多芬曾在 1787 年短暂地向莫扎特学习，在 1792 年向约瑟夫·海顿学习。1800 年，他首次在自己的音乐会上亮相。虽然后来失聪导致贝多芬无法很好地弹奏钢琴，但这并没有阻碍他的作曲。1800—1824 年，贝多芬创作了 9 部交响曲，许多人认为他将

音乐天才贝多芬生命中的大部分时间都听不见。

这种曲式发展到了极致。他的其他作品包括 5 部钢琴协奏曲和 32 部钢琴奏鸣曲，以及弦乐四重奏、小提琴奏鸣曲、歌剧和清唱剧。大约在他完成《第三"英雄"交响曲》（1804 年）时，他完全失聪了。尽管贝多芬是一位古典主义音乐家，但音乐评论家将《第三"英雄"交响曲》视为一个转折点，它展现了浪漫主义音乐的特征。

贝多芬是一位真正的天才。他的创新之处包括延长交响曲和钢琴协奏曲的长度，增加弦乐四重奏乐章的数量（弦乐四重奏一般有 4 个乐章，贝多芬时而达到 6—7 个），向交响乐队中添加乐器，包括长号、低音大管和短笛，使其拥有更广阔的音域。通过他大胆的钢琴作品，贝多芬也提高了钢琴这种相对较新的乐器的地位。他最著名的作品包括《第三"英雄"交响曲》《第五"命运"交响曲》《第六"田园"交响曲》和《第九"合唱"交响曲》，以及《第四钢琴协奏曲》和《第五钢琴协奏曲》。

令人惊叹，甚至令人难以想象的是，这些对许多人来说如此熟悉的作品，作曲家却从未亲耳听过。有一件感人的轶事，贝多芬在《第九"合唱"交响曲》首次公开演出时担任指挥。演出结束后，背对着听众的贝多芬完全不知道听众的反应，直到合唱团的一名成员让贝多芬转过去，他才意识到自己的作品获得了热烈反响。

勃拉姆斯《第一交响曲》为何被称为"贝多芬第十交响曲"？

约翰内斯·勃拉姆斯在许多方面继承了贝多芬的风格。一些音乐评论家和音乐史学家将勃拉姆斯的《第一交响曲》称为"贝多芬第十交响曲"，这并非贬低这位伟大的 19 世纪作曲家的作品，而是表示勃拉姆斯的才华足以与贝多芬相提并论，并显示其作曲风格与贝多芬一脉相承。勃拉姆斯留下了一系列历久弥新的作品。勃拉姆斯证明，在 19 世纪末盛行的浪漫主义面前，古典主义依然具有艺术价值。

瓦格纳是谁?

理查德·瓦格纳是一位极具创造力的作曲家、指挥家和艺术经理,他将歌剧推向了顶点,他的歌剧被称为"乐剧"。瓦格纳从小就对戏剧感兴趣,十几岁时就开始写剧本。为了给这些作品配乐,他四处寻求作曲老师的指导。因此,瓦格纳后来提出"整体艺术"的概念也就不足为奇了。整体艺术是将音乐、诗歌和视觉艺术结合在一起,形成一部令人叹为观止的戏剧作品。

成年后的瓦格纳私生活混乱,但他是一位真正的魅力十足的天才艺术家。如果他现在还活着,那么他很可能会创作出轰动一时的作品。事实上,他的音乐作品至今还被用于电影中(包括弗朗西斯·福特·科波拉的《现代启示录》),甚至对当今最年轻的观众来说也是耳熟能详的——至少是那些观看《兔八哥》卡通片的观众。

瓦格纳最著名的歌剧作品包括《罗恩格林》(1848 年)、《尼伯龙根指环》四部曲(1848—1874 年)和《特里斯坦与伊索尔德》(1859 年)。在去世后的几十年里,瓦格纳的名声越来越大,以至于在 19 世纪末,几乎所有的作曲家都受到了他的影响,他们经常用瓦格纳作品来评估自己作品的价值。

 勋伯格为何在其生活的年代受到尖锐的批评?

出生于维也纳的美国作曲家阿诺德·勋伯格现在被认为是 20 世纪的音乐大师之一,然而,他曾因违反作曲规则、突破传统和声的限制而受到批评。

年轻时的勋伯格是一位瓦格纳迷,反复观看瓦格纳的主要歌剧。勋伯格的早期作品可以明显看出瓦格纳的影响。但就在 18 世纪末 19 世纪初,勋伯格开创了自己的道路。他 1909 年创作的《三首钢琴曲》被一些音乐史学家认为是 20 世纪最重要的作品之一。这部作品是无调性的。勋伯格摒弃了数百年来一直沿用的音乐写作技巧,这在音乐界产生了相当大的震动,许多人对此表示强烈反对。(对于这种强烈反对,勋伯格在 1947 年说他就好像"掉进了沸腾的海洋"。)

虽然反对者众多,但支持者也不少,包括他的学生。尽管勋伯格基本上是自学成才的,但他成为他那个时代最有影响力的音乐教师之一。然而,值得注意的是,他的教学方法还是基于传统和声的方法。后来,他发展十二音体系,为混乱的无调性带来了秩序,展示了整个作品如何围绕一个规定的 12 个音的序列组织起来。然而，他从未教授这种方法，也很少撰写这方面的文章。

 巴托克的音乐对现代音乐有何影响？

贝拉·巴托克不仅是一位富有才能的钢琴家（他的老师将他与弗朗茨·李斯特相提并论，后者可能是 19 世纪最伟大的钢琴家），还是一个深受尊敬的作曲家，其作品深受匈牙利民间音乐传统的影响。巴托克研究并分析了匈牙利、罗马尼亚和阿拉伯的民间音乐，在其一生中发表了数千种此类民歌集。虽然民族音乐也对其他作曲家的作品产生影响，但巴托克首次将民歌视为艺术音乐创作不可或缺的一部分。他的作品之所以独特，是因为民间音乐赋予其作品一种原始而纯粹的个性。他的杰作包括 3 部舞台作品：芭蕾舞剧《木偶王子》和《神奇的满大人》，以及独幕歌剧《蓝胡子公爵的城堡》。

巴托克将民间音乐作为音乐作品的核心这一做法产生了深远的影响，美国作曲家阿龙·科普兰肯定也感受到了这一点，他的《阿巴拉契亚之春》（1944 年）以一首简单的震教派曲调为核心。

 斯特拉文斯基是 20 世纪最重要的作曲家吗？

俄裔美国作曲家伊戈尔·斯特拉文斯基无疑是 20 世纪最重要的作曲家之一。斯特拉文斯基创作了协奏曲、室内乐、钢琴曲、歌剧和芭蕾舞剧，其中芭蕾舞剧可能是他出名的最主要原因。

1903—1906 年，斯特拉文斯基师从伟大的俄罗斯作曲家尼古拉·里姆斯基-科萨科夫。1908 年，为了庆祝里姆斯基-科萨科夫的女儿结婚，斯特拉文斯基创作了他的第一部引人注目的作品——管弦乐曲《焰火》。这部作品引起了俄罗斯芭蕾舞团负责人谢尔盖·季阿吉列夫的注意，他邀请这位年轻作曲家参加芭蕾舞团 1910 年的演出季（俄罗斯芭蕾舞团在 1 年前已令观众为之倾倒，为芭蕾这一艺术形式注入了新的活力）。在与季阿吉列夫的合作中，斯特拉文斯基继续创作出杰作《火鸟》（1910 年）、《彼得鲁什卡》（1911 年）和《春之祭》（1913 年）等。这次合作提升了芭蕾舞剧作曲家在艺术界的地位。

《春之祭》是斯特拉文斯基最大名鼎鼎，也是最臭名昭著的作品。1913 年演出季第三周，俄罗斯芭蕾舞团在巴黎首次演出这部作品。编舞由著名舞蹈家瓦斯拉夫·尼金斯基负责。这次演出震动了音乐界和舞蹈界。首演时，观众对这部作品的反应极为强烈，以至于剧院内几乎爆发了骚乱。斯特拉文斯基创作这部音乐并不是为了表达春天的田园风光，而是表现春天时如分娩一般的混乱与不和谐。尼金斯基编舞时采用复杂且疯狂的舞蹈动作，后来被作曲家形容为跳跃比赛。尽管许多人认为这是一次灾难性的演出，但当俄罗斯芭蕾舞团继续到伦敦演出时，观众接受了《春之祭》——主要是因为观众已经做好了充分的心理准备。次年，《春之祭》在俄国上演，观众反响不一。年轻的作曲家谢尔盖·普罗科菲耶夫也在观众席上，他后来写道，他被这部作品深深地打动了，久久不能平复。如今，听众仍然会被《春之祭》高昂的节奏所打动，它把整个管弦乐团都变成了打击乐器。最终，大多数音乐家和评论家都认为这部具有划时代意义的作品是 20 世纪最优秀的作品之一。

谁发明了爵士乐？

美国新奥尔良钢琴家费迪南德·"果冻卷"·莫顿声称自己发明了爵士乐。在某种程度上，他的说法也是有道理的，毕竟，他与红辣椒乐队（1926—1930 年）合作录制的唱片是早期爵士乐作品的范例之一。但事实上，爵士乐从拉格泰姆和蓝调演变而来，是许多地方的许多音乐家共同参与的成果。大多数人认为莫顿是爵士乐的创始人之一，其他创始人还包括本尼·莫滕、尤比·布莱克、埃林顿公爵和托马斯·"胖子"·沃勒。

有些人甚至追溯得更远，探寻爵士乐的根源。1899—1914 年，斯科特·乔普林使基于非洲民间音乐的拉格泰姆广受欢迎。即使是敏锐的音乐评论家也可能无法明确区分拉格泰姆和早期爵士乐。这 2 种音乐形式都依赖于切分音，都可以应用于现有的旋律并对其进行改编。关于这 2 个术语的定义和区别一直存在争议，

1946 年 1 月，爵士乐大师埃林顿公爵（弹钢琴者）和路易斯·阿姆斯特朗（吹小号者）在纽约城演出。

而一些当时的音乐家认为拉格泰姆是早期爵士乐的同义词，这进一步加剧了这一问题的复杂性。

尽管这 2 个流派之间没有严格的区别，但仍存在重要的不同。拉格泰姆是按照欧洲的记谱法来创作和记录的，而早期的爵士乐则是通过听觉记忆来学习的，演奏者只通过演奏来互相演示。爵士乐鼓励即兴创作，而拉格泰姆在大多数情况下则不是。2 个流派的基本节奏也有明显的不同，爵士乐有摇摆节奏，而拉格泰姆则没有。

无论其起源如何，爵士乐到 20 世纪 30 年代已成为音乐主流，并影响了其他音乐流派，包括古典音乐。美国作曲家乔治·格什温既创作爵士乐和拉格泰姆，也创作交响乐作品。他的许多作品，包括《蓝色狂想曲》（1924 年）和他的钢琴曲，都含有拉格泰姆和爵士乐的元素。

迈尔斯·戴维斯扩展了爵士乐这一流派，或许比其他任何作曲家和音乐家的贡献都大。经过几十年的不懈创作，戴维斯不断扩展爵士乐的范围，并在此过程中为其他音乐家树立了标准。

蓝调音乐的历史比爵士乐更长吗？

除非爵士乐的定义不包括拉格泰姆，这个说法才勉强成立（而且只是勉强）。事实上，蓝调音乐和爵士乐是并行发展的。

蓝调大约出现在 20 世纪的第一个 10 年，并在 20 世纪 20 年代的哈莱姆文艺复兴中达到了其早期流行的顶峰，当时人们认为这些歌曲表达了非裔美国人的生活。马·雷尼和贝西·史密斯等伟大蓝调歌手唱出了黑人的现实——坚定而疲惫。在哈莱姆文艺复兴时期，这种音乐是那些努力接受真实的自己的非裔美国人的象征。诗人兰斯顿·休斯认为蓝调是一种独特的黑人音乐流派，有助于黑人摆脱美国的标准化塑造。

美国亚拉巴马州佛罗伦萨的音乐家和作曲家 W.C. 汉迪是第一个整理和出版蓝调歌曲的人，因此被誉为"蓝调之父"。他创作了许多知名作品，包括《孟菲斯城的蓝调》、《圣路易斯蓝调》（这是流行音乐中最常被录制的歌曲之一）和《比尔街的蓝调》。

大乐队时代始于何时？

1934 年 12 月 1 日，电台节目"让我们跳舞"播放本尼·古德曼的音乐，古德曼的乐队正是当时流行的爵士乐大乐队，由此开启了大乐队时代。古德曼是一位技艺高超的单簧管演奏家，他引领摇摆乐成为当时最流行的爵士乐风格。

 乡村音乐有多长的历史？

乡村音乐出现在 20 世纪早期。到了 1920 年，美国已经有了第一家乡村音乐广播电台，同时，乡村音乐唱片在农村地区的良好销量引起了音乐产业高管们的注意。但是，让乡村音乐名声大噪的是发生在 1925 年的一件事，当时正处于美国爵士乐时代的中期：11 月 28 日，WSM 广播电台播出了《WSM 的谷仓之舞》，这就是后来著名的《大奥普里》。该节目的首位表演者是吉米·汤普森叔叔，早期的热门表演者包括一边弹班卓琴一边唱歌的戴夫·梅肯叔叔和《大奥普里》的第一位歌唱明星罗伊·阿卡夫。数以百万计的人收听这个节目，很快，这个以田纳西州首府纳什维尔为基地的节目将该城变成了美国的音乐之城。在 20 世纪 60 年代，以及 80 年代末和 90 年代，乡村音乐在美国的流行程度达到了最高峰，同时它也保持了以小城镇和农村为基础的第一批观众。

 蓝草音乐是典型的美国音乐吗？

是的，蓝草音乐是在 20 世纪 30 年代末和整个 40 年代期间从乡村音乐中发展而来的。乡村音乐歌手兼词曲作家比尔·门罗改变了传统乡村音乐的节奏、乐调、音高和乐器，创造出了一种新的风格。这种风格以他组建的乐队"蓝草男孩"的名字命名。1939年 10 月，门罗和他的乐队在广受欢迎的乡村音乐广播节目《大奥普里》中亮相时，蓝草音乐首次被广大听众所听闻。

尽管蓝草音乐经历了几个发展阶段，并涉及众多音乐家，但比尔·门罗始终是其领导者和精神领袖，因此有资格被称为"蓝草音乐之父"。

 谁对摇滚乐更加重要，是埃尔维斯·普雷斯利，还是甲壳虫乐队？

尽管音乐史学家和音乐迷可能有自己的观点，但这个问题并没有明确的答案。事实上，如果没有埃尔维斯·普雷斯利和甲壳虫乐队，今天的流行音乐就不会是现在这个样子，两者的影响延续至今。

埃尔维斯·普雷斯利将乡村音乐、福音音乐、蓝调音乐和节奏蓝调音乐融合在一起，创造了一种激动人心且新鲜的音乐风格，以其独特的表演风格和魅力震撼了年轻观众。1954年，他录制了第一张唱片《没关系》，随后在1956年凭借《伤心旅馆》一举成名。1956—1969年，他共有17首单曲荣登各大排行榜榜首。普雷斯利定义了一种新的音乐风格，也定义了一个时代。

在英国，有4位音乐家受到了普雷斯利的影响，他们自称"甲壳虫乐队"。1956年，四人之一的约翰·列侬还在读中学时，就组建了一支名为"采石工人"的摇滚乐队，这是甲壳虫乐队的前身。20世纪60年代，甲壳虫乐队成为最受欢迎的摇滚乐队。他们第一首单曲是《爱我吧》，发行于1962年10月5日。此后，制作人乔治·马丁鼓励甲壳虫乐队打造一张冠军专辑。1963年，他们做到了：第一张专辑《请取悦我》于1月12日在英国发行，很快大获成功。他们的第二张专辑《与甲壳虫一起》于1964年发行，使他们成为英国最受欢迎的乐队。

甲壳虫乐队在英国已经广受欢迎，但1964年2月7日才在美国刮起了狂热风潮，当时甲壳虫乐队抵达纽约肯尼迪国际机场，迎接他们的是1万多名尖叫的歌迷和110名警察。2天后，即2月9日，披头士乐队在《埃德·沙利文秀》上献上了传奇般的演出。到了4月，该乐队把持了美国单曲排行榜的前五名。

1956年的埃尔维斯·普雷斯利。他将乡村音乐、福音音乐、蓝调音乐和节奏蓝调音乐融合在一起。

在早期作品中，甲壳虫乐队追随普雷斯利、巴迪·霍利和小理查德等前辈的足迹，为摇滚乐注入新的活力。甲壳虫乐队的乐器演奏和编曲（其中至少有一部分要归功于他们的制作人乔治·马丁）在当时是一种创新，在今天的摇滚音乐中很常见。他们的摇滚电影《一夜狂欢》（1964年）和《救命！》（1965年）是现代音乐电影的先驱。1970年4月10日，乐队宣布解散，标志着一个时代的结束。

舞　　蹈

 俄罗斯芭蕾舞团为何如此有名?

　　俄罗斯芭蕾舞团由俄国演出经纪人谢尔盖·季阿吉列夫创建,其声名始于 1909 年 5 月的一个夜晚,当时该芭蕾舞团表演了由米哈伊尔·福金编排的新型芭蕾舞剧。巴黎的观众都是城内的精英人士,他们被编舞、布景、音乐和主演舞者的表演所震撼——瓦斯拉夫·尼金斯基的活力、塔玛拉·卡尔萨温娜的精致、安娜·巴甫洛娃的表现力,以及伊达·鲁宾斯坦的异国风情。芭蕾舞从此摆脱了传统的限制和束缚,这一艺术形式得到了重生。

　　该芭蕾舞团对芭蕾舞的改革涉及方方面面:编舞、表演、服装设计和布景设计。剧团的首席布景设计师是莱昂·巴克斯特,他对色彩的独特表现不仅影响了舞台设计,甚至还影响了女性的时装潮流。很快,季阿吉列夫和俄罗斯芭蕾舞团便成了艺术世界的中心。20 世纪的主要画家,包括罗伯特·埃德蒙·琼斯、巴勃罗·毕加索、安德烈·德兰、亨利·马蒂斯和霍安·米罗,都为这家舞蹈公司设计过布景和服装。季阿吉列夫还委托了当时著名的作曲家为芭蕾舞剧作曲,以匹配壮观的舞蹈和装饰。历史上最著名的作曲家,包括莫里斯·拉威尔、克劳德·德彪西、里夏德·施特劳斯、谢尔盖·普罗科菲耶夫和伊戈尔·斯特拉文斯基,都为俄罗斯芭蕾舞团的舞蹈谱写过乐曲。在季阿吉列夫的领导下,剧团创造了一种完全不同的舞剧,将芭蕾从歌剧的阴影中解脱出来,并确立它本身就是一种艺术形式。

 巴兰钦是谁?

　　俄裔美国编舞家乔治·巴兰钦是 20 世纪最具影响力的编舞家之一,一生创作了 200 多部芭蕾舞剧,并为 19 部百老汇音乐剧和 4 部好莱坞电影编舞。他协同创建了美国最重要的 3 家舞蹈机构:美国芭蕾舞学校(1934 年)、美国芭蕾舞团(1935 年)和纽约城市芭蕾舞团(1948 年),其中,纽约城市芭蕾舞团是美国第一家公立芭蕾舞团。

　　巴兰钦进入舞蹈界纯属偶然。1914 年 8 月,巴兰钦的姐姐参加帝国芭蕾舞学校的考试,落选后 10 岁的巴兰钦也试着投考,竟阴差阳错地成功了,尽管并非己愿,但还是很快就被录取了。巴兰钦对这门艺术依然不感兴趣,甚至在入学后不久就从学校逃跑了。这位年轻舞者的转折点出现在观看柴可夫斯基的芭蕾舞剧《睡美人》(1890 年)的演出时,他被这场舞剧震撼了,于是选择留在学校,接受严格的训练。

《小夜曲》（1935 年，柴可夫斯基作曲）是巴兰钦的代表作。他的其他知名作品包括《阿波罗》（1928 年）、《浪子回头》（1929 年）、《胡桃夹子》（1954 年）和《堂吉诃德》（1965 年）。

由于自己还是小孩时就得到了上台演出的机会，因此巴兰钦经常在芭蕾舞剧中编排儿童角色。他的贡献远不止于此：他组织学校的巡回讲座，为贫困儿童提供免费芭蕾舞表演，每年为舞蹈教师举办免费培训课，免费为其他芭蕾舞团提供建议，允许其他芭蕾舞团免费表演他的芭蕾舞剧作品。巴兰钦无与伦比的作品奠定了美国当代芭蕾舞的风格，将芭蕾领向了表演艺术的最前沿。

 ## 玛戈·芳廷是谁？

芳廷是一位著名的芭蕾舞演员。她在英国接受训练，在英国皇家芭蕾舞团度过了 34 年的时光，赢得了全球声誉和认可。她扩大了剧团的女性演出剧目，成为现代芭蕾舞女演员的典范。1962 年，43 岁的芳廷与从苏联叛逃的鲁道夫·努列耶夫结成舞蹈搭档，挑战了舞者一旦上了年纪就无法活跃表演的传统观念。在晚年，她继续活跃在舞蹈界，设立舞蹈奖，促进国际艺术交流，并鼓励世界各地舞蹈机构的发展。

 ## 现代舞是如何起源的？

美国舞蹈家和编舞家玛莎·格雷厄姆是现代舞的创始人。1929 年 4 月 14 日，玛莎·格雷厄姆舞蹈团首次演出时，她已经 35 岁。这场表演标志着舞蹈进入了一个新时代。新的舞蹈形式打破了心灵与身体之间的界限。

格雷厄姆对舞蹈的兴趣始于青年时期。她能敏锐地观察、操纵光线和空间，被誉为现代艺术大师之一，与画家巴勃罗·毕加索齐名。在她手中，舞蹈成了非线性和非具象化的戏剧。她一生编排了约 180 部舞蹈作品，还培养了许多杰出的舞蹈家学生，包括梅尔塞·坎宁安和保罗·泰勒。

 ## 谁创立了哈莱姆舞剧院？

哈莱姆舞剧院是世界上第一家享有盛名的美国黑人芭蕾舞团，由纽约市芭蕾舞团的首席舞者阿瑟·米切尔与舞蹈教师、荷兰芭蕾舞团前总监卡雷尔·舒克共同创立。成立这样一个剧团的想法出现在 1968 年 4 月 4 日，当时米切尔正准备登机从纽约飞往巴西时（他当时正在巴西建立该国第一家国家芭蕾舞团），听闻马丁·路德·金遇刺身亡的消息。米切尔后来表示，当他坐在那里思考这场悲剧时，他问自己："我满世界跑来跑去组建芭蕾舞团，为什么不在家乡做这些事呢？"米切尔的青年时期是在哈莱姆度过的，他觉得应该回到那里创办一所学校，将自己的知识传授给他人，并为黑人舞者提供表演的机会。学校的宗旨是"培养年轻黑人对古典芭蕾、现代舞和民族舞蹈的兴趣，并教授相关知识，从而帮助学生树立必要的自我意识和更好的自我形象"。这个想法取得了成功。在20世纪70—80年代，该剧团在国内和国际上进行巡回演出，经常座无虚席，并参加了国际艺术节、白宫国宴和1984年奥运会闭幕式等知名活动。

如今，哈莱姆舞剧院被公认为世界上最优秀的芭蕾舞剧团之一。米切尔不仅成功地为黑人舞者提供了学习和表演的机会，还有效地打破了舞蹈界的种族壁垒，证明了古典芭蕾舞的普适性。

 华尔兹有多长的历史？

华尔兹，亦名圆舞曲，是一种典型的舞会舞蹈，1813年左右在欧洲流行起来，但其历史可追溯至18世纪中叶（1781年首次出现"华尔兹"这个词的书面记录）。到了19世纪50年代，这种舞蹈风靡维也纳，被誉为"圆舞曲之王"的小约翰·施特劳斯为满足日益增长的需求，创作了大量圆舞曲。

 吉特巴舞是什么？

20世纪30—40年代初是摇摆乐盛行的时期，至少有50支在全美享有盛誉并拥有大量粉丝的舞蹈乐队。吉特巴舞等舞蹈基于爵士乐大乐队，而大乐队正是那几十年间美国最受欢迎的音乐形式。吉特巴舞是两步舞的变种，两人按照标准舞步摇摆和旋转，有时还插有一些杂技动作，非常热情激烈。

吉特巴舞是两步舞的变种，两人按照标准舞步摇摆和旋转，有时还插有一些杂技动作。

电　影

 第一部电影上映于何时?

1895 年 3 月 22 日，第一部电影于法国巴黎上映。当时，法国国家工业促进会的成员们在午餐时间聚集在一起，观看了一段工人离开里昂吕米埃工厂的影片。路易和奥古斯特·吕米埃兄弟发明电影时才 31 岁和 33 岁，他们大大改进了托马斯·爱迪生 1894 年推出的活动电影放映机，爱迪生的电影一次只能供一位观众观看。吕米埃兄弟开发的每秒 16 帧的电影在随后的几十年里成了电影的标准。次年 4 月 20 日，美国的第一部电影在纽约放映。这部电影使用的是托马斯·爱迪生发明的维太放映机和托马斯·阿马特发明的投影仪，维太放映机是对活动电影放映机的改进。

 电影产业中有哪些里程碑?

随着新的尖端技术不断被引入，电影不断发展，改善观众的观影体验。在电影诞生之初的几十年里，出现了许多里程碑事件，不仅包括技术上的进步，还包括当时这个新兴行业中工作条件的改善:

1903 年: 埃德温·S. 波特执导的《火车大劫案》是第一部讲述完整故事的电影。这部由爱迪生制片公司出品的 12 分钟电影确立了悬疑剧的模式，后来的电影制作人都纷纷效仿。

1907 年: 芝加哥电影放映员唐纳德·H. 贝尔和照相机修理工艾伯特·S. 豪威尔用 5 000 美元的资本共同创立贝尔与豪威尔公司。该公司致力于改进电影摄影和放映设备。

1910 年:《布鲁克林鹰报》的漫画家约翰·伦道夫·布雷绘制了一部赛璐珞动画，成为动画领域的先驱。

1912 年: 7 月 12 日，由莎拉·伯恩哈特主演的《伊丽莎白女王》在纽约上映，成为美国第一部上映的长篇电影。

1915 年: D.W. 格里菲思执导的《一个国家的诞生》是第一部长篇叙事电影。

1925 年: 在《战舰波将金号》中采用的新剪辑技术革新了世界各地电影的制作方式。苏联电影导演谢尔盖·爱森斯坦通过拼接多个地点拍摄的镜头创作出这一杰作，这一方法后来被大多数电影导演采用。

1926 年: 第一部有声电影上映。

1927 年：米高梅电影公司的路易斯·B.梅耶创立美国电影艺术与科学学院。该学院的第一任院长是道格拉斯·范朋克。

1927 年：有声电影《爵士歌王》上映，该片由喜剧演员阿尔·乔尔森主演，大获成功。到了 1932 年，所有的电影都采用了有声技术。

1928 年：好莱坞各大电影制片厂与美国电话电报公司签订协议，使用电话电报公司的技术制作有声电影，这让电影迅速流行。

1929 年：第一届电影艺术与科学学院奖颁奖。最佳影片是威廉·韦尔曼的《翼》，出演《最后命令》的埃米尔·詹宁斯获得最佳男演员奖，出演《日出》的珍妮特·盖纳获得最佳女演员奖。后来，电影专栏作家西德尼·斯科尔斯基将这一奖项称为"奥斯卡"。

1929 年：伊斯门的柯达公司推出了用于电影摄影机的 16 毫米胶片。

1933 年：6 名演员相聚于好莱坞，成立了一个演员自治组织——美国电影演员公会（SAG）。首次会议有 18 名创始成员参加。

1935 年：首部标准长度的彩色电影《浮华世界》上映。然而，彩色电影技术还有需要改进之处，电影中的颜色显得过于鲜艳刺眼。

1939 年：彩色电影《乱世佳人》上映。自 1935 年首次亮相以来，彩色电影技术已经有了长足的进步。

好莱坞的黄金时代是什么时候？

好莱坞在 20 世纪 30 年代迎来了它的鼎盛时期。在这 10 年里，尽管世界经济因大萧条而陷入瘫痪，但美国电影业反而进入了黄金时代。这一时期以技术创新为标志：1927 年，首部标准长度的有声电影《爵士歌王》问世；到了 1932 年，所有电影都变成了有声电影。1935 年，首部彩色电影《浮华世界》上映；到了 1939 年《乱世佳人》上映时，彩色电影技术已臻于完美。而 1933 年的《金刚》则通过精心的定格动画和背投摄影技术为电影带来了特效。

与此同时，克拉克·盖博、克劳德特·考尔伯特、格蕾塔·嘉宝和马克斯三兄弟等电影明星赢得了公众的欢迎，"让政治和商业领袖们羡慕不已"。

米高梅电影公司、华纳兄弟娱乐公司和雷电华电影公司在这一时期引领着好莱坞电影的制作。福克斯、派拉蒙、环球、哥伦比亚和联美等其他电影制片厂也在这段经济艰难时期取得了不错的成绩。1939 年，好莱坞迎来了最辉煌的一年，当年的顶级大片包括《乱世佳人》《绿野仙踪》《关山飞渡》《妮诺契卡》《史密斯先生到华盛顿》和《古庙战茄声》。到了 20 世纪 30 年代末，好莱坞已成为"流行文化的主要贡献者，偶尔也对高雅文化有所贡献，并且是美国国民经济中一股充满活力但不太稳定的力量"。

 新闻电影是什么?

新闻电影始于 1910 年，当时第一部新闻电影《帕泰报》在英国和美国上映。法国电影摄影师夏尔·帕泰和他的兄弟埃米尔·帕泰原本是爱迪生留声机的巴黎代理。他们在伦敦购买电影制作设备，并获得了资金支持，在英国、美国、意大利、德国、俄国和日本拍摄一些短片。这些短片主要用于在战争时期报道时事新闻，在电影正式放映前播放。随着电视新闻报道的出现，新闻电影逐渐式微。最后一部新闻电影播放于 1967 年。

广 播 和 电 视

 广播对文化有何影响?

19 世纪末发明的广播在 20 世纪 30 年代已经融入了美国人的日常生活。美国各地，无论是城市、郊区还是农场，人们都会收听广播。当时的广播既有新闻节目，又有娱乐节目，还包括棒球比赛和其他体育赛事的直播，以及喜剧节目、综艺节目和现场音乐节目。在大萧条这一艰难时期，美国总统富兰克林·D. 罗斯福利用这一新媒介直接从白宫向美国公众发表讲话，这就是"炉边谈话"。20 世纪 20—50 年代，美国人有晚上围坐在收音机旁收听节目的习惯，就像如今人们看电视一样普遍。广播为广告商提供了全国范围内的受众，美国企业也急切地抓住了这一机会，利用广播直接向人们传递信息。20 世纪 50 年代电视机的出现及其在接下来的 20 年里的普及，改变了广播在美国生活中的地位。由于观众被电视吸引，广播节目制作人开始用摇滚乐吸引年轻受众。许多人认为，这一音乐流派的兴起使广播得以继续发展。自那以后的几十年里，广播节目的音乐性越来越强，谈话和新闻节目也很受欢迎。

20 世纪 20—50 年代，美国人有晚上围坐在收音机旁收听节目的习惯，就像如今人们看电视一样普遍。

🎵 电视出现后有何影响？

　　1939 年 4 月 30 日，纽约世界博览会上展出了电视，引发了一系列宣传活动，不过受众有限。5 月 17 日，美国全国广播公司在电视上播出了普林斯顿大学和哥伦比亚大学之间的棒球比赛，这是第一次通过电视播出体育赛事。8 月 26 日，全国广播公司又播出了布鲁克林道奇队和辛辛那提红人队之间的职业棒球赛。之后，全国广播公司播出的节目日益增多，包括歌剧、喜剧和厨艺节目等。1939 年，《乱世佳人》在纽约的首映也被电视转播了。电视上也会播放故事片，包括《金银岛》《年轻貌美》和经典默片《火车大劫案》。很快电视台如雨后春笋般涌现，到了 1940 年 5 月，全美已经有 23 家电视台。

　　1941 年，在长时间的思考和商议之后，美国联邦通信委员会（FCC）确立了电视的传输标准。7 月 1 日，电视的商业运营获得批准，此后，2 家纽约的电视台——全国广播公司和哥伦比亚广播公司发展迅速。年末，第一则电视商业广告获得批准，由手表制造商宝路华出资播出。12月，由于日本轰炸了美国的珍珠港，美国被卷入了第二次世界大战。美国将工业资源都投入战争，美国电视的商业发展随之停滞。

当盟军的胜利指日可待时，美国无线电公司于1944年4月10日重新启动了它旗下的全国广播公司电视工作室。哥伦比亚广播公司紧随其后，于5月5日恢复运营。1945年战争结束时，全国已经有9家商业电视台在播出，覆盖了美国纽约市、宾夕法尼亚州费城、纽约州斯克内克塔迪的大约7 500户家庭。

1947年，当时的四大电视网——美国广播公司、哥伦比亚广播公司、全国广播公司和杜蒙电视网（一家短命的竞争对手），每周仅能播出大约10个小时的黄金时段节目，其中大部分是体育赛事。1948年末，据估计，只有10%的人口看过电视节目。然而，随着各大电视网增加了节目种类（现场直播的戏剧节目、儿童节目和其他广播收听者熟悉和喜爱的节目），人们对电视的兴趣迅速增长。到了1948年春，专家估计，酒吧和俱乐部之类的公共场所就有大约15万台电视机，占当时电视机总数的一半左右。仅仅1年后，拥有电视机的家庭数量达到了94万户。到了1949年，电视机生产总量高达300万台。

 ## 美国的三大电视网是如何成立的？

1926年11月11日，美国无线电公司的总裁戴维·萨尔诺夫创立美国全国广播公司，是为第一家电视网。萨尔诺夫是广播和电视的先驱之一，他创建全国广播公司的目的是刺激收音机的销售。到了20世纪40年代，他重组了全国广播公司以提供电视节目，同样是为了刺激无线电公司产品的销售——这次是电视机。在1939年纽约世博会上展示电视也是萨尔诺夫的主意。

紧接着，1928年9月26日，哥伦比亚广播公司成立，由美国国会雪茄公司的广告经理威廉·S.佩利创立。为了筹集25.5万美元购买陷入困境的哥伦比亚唱片广播系统的股份，佩利卖掉了他手中一些雪茄公司的股份。他将这个陷入困境的广播网打造成了一个强大且盈利的公司。

美国广播公司是三大电视网中最后成立的，时间为1943年。实际上，第三家电视网的成立完全是政府命令的结果。1943年，当美国无线电公司被勒令放弃其两个广播网中的一个时，它出售了较弱的那个（蓝网），购买者是糖果大亨爱德华·J.诺布尔。1945年，诺布尔正式将公司名称改为美国广播公司。3年后，该公司开始从纽约播出电视节目。

电视也有黄金时代吗?

　　是的，人们通常把 20 世纪 50 年代称为电视的黄金时代，这是电视涌入美国家庭、各大电视网迅速扩张的 10 年。批评家们至今仍认为黄金时代的节目是电视史上最具创新性的节目。这一时期，出现了《克拉夫特剧院》《90 分钟剧场》和《第一演播室》这样的系列节目，使现场戏剧成为每晚的固定节目。美国人可以收看《十二怒汉》（1954 年）、《星球访问》（1955 年）和《奇迹创造者》（1957 年）等原创电视剧。看到电视剧实在太受欢迎，固特异公司、飞歌公司、美国钢铁公司、布莱克公司和舒立兹公司等赞助了 30 多部电视节目。制作工作大多是在纽约进行的，所以这些节目吸引了一批年轻的剧作家，如戈尔·维达尔、罗德·塞林、阿瑟·米勒和 A.E. 霍奇纳，成就了一批天才演员，如乔治·C. 斯科特、詹姆斯·迪安、保罗·纽曼、格雷丝·凯利、伊娃·玛丽·森特、悉尼·波蒂埃、李·雷米克和杰克·莱蒙等，还涌现出很多新的杰出导演和制作人。20 世纪 50 年代电视节目的另一块基石是综艺节目，当然也是现场直播。喜剧演员杰克·本尼、雷德·斯克尔顿、杰基·格利森、乔治·伯恩斯、锡德·西泽和“电视先生”米尔顿·伯利在这个领域取得了成功。

　　现场直播节目的大获成功和电视的日益普及创造了一个新的大众市场，从而需要更多的节目，这两者也导致了电视黄金时代的结束。很快，现场戏剧和综艺节目就被情景喜剧、西部片和其他可以提前录制、可以大量生产的固定舞台节目所取代。

“电视先生”米尔顿·伯利（摄于 1952 年）主持的每周播出的综艺节目很受欢迎。

美国的三大电视网有何影响?

　　20 世纪 50 年代崛起的三大电视网（全国广播公司、哥伦比亚广播公司和美国广播公司）在接下来的 20 年里主导了电视行业。在这一时期的大部分时间里，它们拥有超过

90% 的电视观众。美国人已经厌倦了在二战后 20 世纪 40 年代吸引他们的广播和电影，转而收看电视，平均每周收看 25 小时，几乎没有时间进行其他娱乐活动。简而言之，电视已经不仅仅是一种消遣方式了。

电视的前身是广播（全国广播公司和哥伦比亚广播公司在开发电视节目之前都是广播网），电视流行后，广播的收入几乎瞬间减半。它不仅失去了观众和广告商，还失去了受欢迎的节目和明星。广播将注意力转向了新兴的艺术形式：摇滚乐。这一举措取得了成功，因为当时人们认为年轻听众喜爱的摇滚乐过于粗俗，不适合上每晚的电视节目。

电影业也受到了电视的冲击，因为观众选择坐在家里娱乐。电影制作人试图用各种花招把观众吸引回电影院，包括三维电影、立体声宽银幕电影和 360° 环形大屏幕电影。好莱坞放弃了西部片和其他粗制滥造的电影，转而制作大预算的大片，其中许多电影都是在实地拍摄的，而不是在摄影棚里。一开始，电影制片厂甚至禁止他们的电影明星录制电视节目，但他们很快就放宽了限制。两大行业之间的合作拯救了电影业，电影制片厂将老电影卖给电视网播放，并为电视提供制作人才和设施。

起初，由于电视节目时间仅限于晚上 8 点—11 点，因此报纸受到的影响最小，人们仍然有时间读报。然而，一旦电视节目扩展到那 3 小时以外的时间，报纸就开始感受到压力，特别是在 1963 年哥伦比亚广播公司和全国广播公司都开始播放新闻节目时。日间节目的播出为晚报敲响了丧钟。

虽然电视对书籍的数量没有影响，但在一定程度上减少了小说的销量，非虚构类书籍的数量相应增加。非虚构类书籍数量的上升趋势是电视对出版业的持久影响之一。

如今，专家们对电视影响的意见不一。一些人认为，犯罪率上升是受到电视的直接影响，因为电视节目将犯罪描绘为日常事件，而广告则让人们意识到自己缺少什么。批评者还认为，电视刺激了攻击性行为，强化了种族刻板印象，并导致活动时间的减少和创造力的下降。而电视的拥护者则反驳说，电视改变了人们对世界的认识，提高了观众的表达能力，并激发了观众的好奇心，这些都是观看电视的好处。到了 20 世纪 50 年代末，超过 5 000 万美国家庭拥有电视机。

公共广播服务始于何时？

在美国，公共广播服务始于 1967 年，当时美国总统林登·约翰逊于 11 月 7 日签署了《公共广播法》。依据该法案，美国成立了公共广播公司，以拓展非商业性广播和电视的范围。在 3 年之内，由于联邦政府拨款以及基金会、企业和私人的捐款，美国公共广播公司在观众方面已经可以与三大电视网——美国全国广播公司、哥伦比亚广播公司和美国广播公司相抗衡。

 ## 有线电视是如何发展起来的？

有线电视始于 20 世纪 70 年代，当时家庭票房电视网（HBO）开始向订阅其节目的顾客发送电视信号。这是一个激进的概念，让观众直接为节目付费，而不是完全通过广告费用来支持电视网运营。该 10 年间的另一件事对有线电视的发展产生了持久的影响。美国南方的商人特德·特纳购买了一家位于亚特兰大的独立电视台，改名"特纳通信集团电视台"（WTCG），并将其戏称为"超级电视台"。WTCG 很快就被约 1 000 万户家庭订阅，成为特纳有线电视帝国〔后来包括美国有线电视新闻网（CNN）和特纳电视网（TNT）〕的起点。

很快，就有许多基于小众市场的有线电视网全天候播放节目。音乐电视（MTV）面向十到二十几岁的年轻人；生活频道以女性为目标观众；娱乐与体育电视网（ESPN）主要播出体育节目；黑人娱乐电视（BET）迎合美国黑人观众；美国经典电影有线电视台（AMC）则吸引了喜欢老电影（主要是黑白电影）的美国观众群体。

到了 20 世纪 80 年代，20 世纪 50 年代崛起并在接下来的 20 年里一直保持着领先地位的三大电视网发现，它们的收视率正在下降。福克斯电视网的推出使它们的境遇雪上加霜，该电视网得到了传媒大亨鲁珀特·默多克的支持。福克斯的节目以年轻、时尚且日益多元化的观众为目标，有一群忠实的用户。

很快，美国人就拥有了更多的选择，而且订阅费用也降低了。到了 20 世纪 90 年代，三大电视网的电视观众覆盖率仅为 61%。为了不至于落败，三大电视网通过制作更多前沿节目来应对新的竞争，在有线电视出现之前他们绝不会这么做。此外，他们开始向附属台收取节目费，这一方式是 1992 年哥伦比亚广播公司的首创。

 ## 美国有线电视新闻网是如何改变电视新闻的？

当泰德·特纳的美国有线电视新闻网（CNN）于 1980 年 6 月 1 日开播时，它遭到了很多人质疑。有人认为，这位特立独行的商人向有线电视订阅用户全天候播放新闻的做法并不明智。然而，历史很快就证明了这些质疑是错误的。

24 小时的播出时间使 CNN 拥有了其他新闻机构所没有的东西，它有机会播报更多、更有深度的新闻。美国公众欣然接受了这一做法，并很快开始依赖 CNN，因为它不仅新闻来源比其他电视台更多，还提供突发新闻和最新消息的即时更新。1991 年的海湾战争期间，CNN 几乎全程直播，有报纸报道了一个现象：美国人无法关掉 CNN 新闻频道。

一边观看晚间新闻一边筹备晚餐，或要等到晚上 11 点才能了解最新消息的日子已经一去不复返了。CNN 随时为观众提供实时新闻。在"全球市场"这一术语迅速成为每个美国职场人士日常词汇的一部分时，只有 CNN 抓住了地球村意识发展的机遇。1985 年，推出了 CNN 国际频道，提供 24 小时全球新闻服务。最初只覆盖英国，到了 1989 年，CNN 国际频道的信号已通过卫星传送到非洲、亚洲。

CNN 继续发展各领域的节目。CNN 在成立 5 年后开始盈利，并获得了多项新闻奖项，包括备受瞩目的皮博迪奖。

 ## 音乐电视网是从何时开始流行的？

音乐电视网（MTV）于 1981 年 8 月 1 日亮相，当时可供美国 210 万户有线电视订阅家庭收看。该频道全天 24 小时播出音乐节目。观众可以随时收看流行摇滚歌手演唱热门歌曲。

将音乐与视频结合起来的做法并非没有先例，其中最著名的是甲壳虫乐队 1964 年推出的备受好评的音乐片《一夜狂欢》。音乐电视网的创新是全天候播放音乐视频。

音乐电视网是华纳-阿梅克斯-卫星娱乐公司副总裁约翰·拉克的创意，该公司旗下还有有线电视频道尼克国际儿童频道。拉克对尼克国际儿童频道的节目《流行剪辑》产生了兴趣，这是一档由流行乐队"猴子乐队"的前成员迈克尔·内斯密斯开创的音乐视频节目。拉克认为这种形式极富潜力。很快，一位年仅 27 岁的年轻主管罗伯特·皮特曼被委以重任，负责这个项目。音乐电视网开播时只有 13 家广告赞助商和 1 个只有 125 部视频的资料库，所有视频均由唱片公司提供。但音乐电视网很受欢迎，到了 1984 年，它的观众数已经超过 2 400 万，开始盈利，并从母公司中分离出来，成为一家独立的公司。

20 世纪 80 年代，这个音乐视频巨头蓬勃发展，推动了音乐产业。在接下来的 10 年里，为了保持观众的兴趣，音乐频道主持人不得不为音乐频道的其他节目让座。除了标准的视频节目外，音乐电视网还扩大了其播出内容，包括特别节目和系列节目。所有这些新节目都旨在吸引 X 一代观众，这群当年十到二十几岁的年轻人几乎都有收看音乐电视网的经历。尽管到了 20 世纪 90 年代末，其观众数量据估计下降了 20% 以上，但音乐电视网在音乐电视领域仍占据主导地位。

 音乐电视网是如何影响音乐产业的？

音乐电视网几乎立即对初出茅庐的艺术家的事业产生了影响。一些评论家认为，如果没有音乐电视网，超级巨星麦当娜（她与音乐电视网几乎同时出现在音乐界）就不会达到她现在的高度，至少她不会这么快出名。她和其他精通媒体的艺术家利用这种新形式向全世界推销自己，因为音乐电视网很快就拥有了全球影响力。这个音乐视频频道也给予了已经成名的艺术家展现自己作品的机会，播放他们专辑中的单曲，包括比利·乔尔、布鲁斯·斯普林斯汀、U2 和彼得·加布里埃尔等。有创意的视频让这些音乐家的作品寿命更长，销量也更稳定。

音乐电视网迅速确立了自己在音乐产业中的不可或缺的地位。一旦这种模式被证明可行，其他音乐频道也应运而生，包括 VH-1（由媒体巨头特德·特纳创办，后来被音乐电视网收购并打造成面向成年人的音乐台）、纳什维尔网（TNN，该频道在 20 世纪 80—90 年代播放乡村音乐视频和节目）和乡村音乐电视（CMT）。如今，音乐视频对于新人和成名艺术家来说仍然是一个重要的工具。

媒体分析师认为，音乐电视网对现代文化产生了影响。由于该频道依靠有趣的视觉影像来吸引观众，它不断提高艺术家们的创意门槛，他们自由地尝试明亮的色彩和图像、快速剪辑、梦幻般的画面，以及其他视觉技术。这些技术开始出现在其他电视节目、电影和广告中。一些观察者认为，这一现象引领了新的视觉秩序。当然，音乐电视网也有恶评。批评者认为音乐电视网的美学是肤浅的，它使人们加速远离传统美学，降低了人们的读写能力。虽然世界媒体对音乐电视网有褒有贬，但无可争辩的是，这个音乐频道仍然是美国年轻人了解时尚和热门事物的窗口。

 盒式磁带录像机和数字录像机对电视有何影响？

1975 年发明的盒式磁带录像机（VCR）以及后来的数字录像机，如 TiVo，使观众能够录制电视节目并在合适的时间观看。当观众观看预先录制的节目时，他们反而会怀念黄金时段的直播。以前办公室员工围在冰箱旁聊天，讨论昨晚热门节目的日子一去不复返了。由于这些录制设备让观众能够快速跳过广告，它们给广告行业带来了挑战。

游戏和体育

 纸牌有多长的历史？

一般认为，纸牌起源于 800 年左右的中国唐朝，当时人们称之为"叶子戏"。13 世纪末，纸牌已经传到了意大利（可能是由商船传入的），并从那里开始传播到欧洲各地。现在有 4 种花色（红桃、方块、梅花和黑桃）的纸牌是 16 世纪法国人发明的。

 扑克是何时发明的？

扑克是一种由新奥尔良的水手于 19 世纪 20 年代发明的纸牌游戏。游戏中，持牌的人要相互比较或猜测手中牌的大小。这种游戏混合了多种纸牌游戏的玩法，包括埃及纸牌纳斯和法国纸牌皮克牌。

扑克最初只用 32 张牌，游戏中包括成对和三张同点这样的组合。后来游戏改用一副 52 张的牌来玩，并增加了抽牌环节。梭哈，即每个玩家先发一张面朝下的牌，然后发四张面朝上的牌，则是在许多年后（大约 1864 年）才出现的。扑克游戏中后来增加的元素包括顺子（由五张顺序排列但花色不同的牌组成）和同花（由五张花色相同但不按顺序排列的牌组成）。

 定约桥牌是什么？

定约桥牌一种常见的桥牌玩法。还有一种桥牌玩法叫作拍卖式桥牌，是 1904 年由惠斯特桥牌演化而来的。两种玩法之间的区别在于，定约桥牌中如果得到的墩数比叫的墩数多，那么多得分也不算满贯，而拍卖式桥牌中比叫牌墩数多的牌也算入局。

据说定约桥牌起源于 1926 年，它是由哈罗德·S. 范德比尔特在加勒比海巡航时发明的。1930 年，罗马尼亚裔美国人伊莱·卡伯特森在英国阿耳马克俱乐部的桥牌挑战赛中击败了陆军中校 W. T. M. 巴特勒后，这种游戏开始流行。

 霍伊尔是谁？

埃德蒙·霍伊尔是一位英国纸牌玩家。1742 年，70 岁的霍伊尔出版了《惠斯特牌戏简论》。在书中他为桥牌的玩法制定了规则。现在的桥牌玩家还经常说"按照霍伊尔的规则"。

国际象棋有多长的历史?

国际象棋的历史可以追溯到中世纪。1283 年,西班牙卡斯蒂利亚、莱昂和加利西亚国王阿方索十世委托人根据一部阿拉伯文本编写了《对弈集》,是中世纪存在西洋棋的最重要证据。这本书现在依然是研究中世纪娱乐活动的重要资料之一。

 台球有多长的历史?

16 世纪 50 年代,意大利人首先玩起了台球这种桌上游戏。但是,当时的玩法与现在的不同,当时的台球桌没有球袋,玩家必须使白球连续击中两个目标球。

 奥林匹克运动会始于何时?

公元前 776 年,古希腊举办第一届奥林匹克运动会。在古希腊,奥林匹克运动会期间,成千上万观众穿着凉鞋涌向奥林匹亚,为赛跑者、摔跤手和拳击手加油助威。奥林匹克运动会是古希腊四大运动会之一,其他 3 个分别是科林斯的伊斯米安运动会、尼米亚的尼米安运动会和德尔斐的皮提亚运动会。这 4 个运动会交替举办,确保体育迷每年都有机会参加运动会。当时,胜利就是一切。运动员必须注册后才能参赛,有时关于对手力大如赫拉克勒斯的传闻会使参赛者退缩。获胜者被授予橄榄叶编成的花冠,而第二和第三名则空手而归。

现代奥林匹克运动会由法国人皮埃尔·德·顾拜旦男爵发起。1892 年 11 月 25 日,顾拜旦在巴黎公开提议举办现代奥林匹克运动会。1896 年,第一届现代奥林匹克运动会在希腊雅典举办。现代奥林匹克运动会的精神与古代截然不同。古代奥林匹克运动会唯一的规则是参赛者不得抓挠、撕咬、用膝盖顶击对手的腹股沟、勒颈或向对手扔沙。而现代奥林匹克运动会的发起人对它的愿景是促进和平、和谐与国际主义。

1896 年 4 月,约 4 万名观众挤进了帕纳辛奈科体育场(建在雅典一个古代体育场的遗址上),以见证第一届现代奥运英雄的体育成就。13 个国家的 300 多名运动员参赛,但仅限于男性。希腊获得的奖牌数最多,共 47 枚。1900 年,第二届奥运会于巴黎举行。

 第一届冬季奥林匹克运动会举办于何时?

冬季奥林匹克运动会诞生得较晚,在 1896 年雅典举办了第一届现代奥运会的近 30

年后，冬奥会才姗姗来迟。1901 年，瑞典举办了北欧运动会，这是第一个国际大型冬季项目比赛。然而，这个每 4 年举办 1 次的赛事只有斯堪的纳维亚国家参加。随后，在 1908 年夏季奥运会期间，主办城市伦敦于当年 10 月举办了一场花样滑冰比赛。3 年后，国际奥委会（IOC）的一位意大利成员鼓励下一届夏季奥运会主办国瑞典在 1912 年举办奥运会时纳入冬季项目，或者为它们举办一场单独的赛事。由于瑞典已经主办过北欧运动会，因此他们没有接受国际奥委会的建议。第六届奥运会原定 1916 年在德国柏林举行，德国承诺将冬季项目纳入赛事，但 1914 年第一次世界大战爆发，柏林奥运会取消了。在经历了 8 年的停滞后，1920 年恢复举办奥运会，比利时安特卫普是主办城市，项目中除了通常的体操、跑步、击剑和其他夏季运动外，还包括花样滑冰和冰球。1924 年 1 月 25 日—2 月 4 日，国际奥委会正式确认的首届冬季奥林匹克运动会在法国夏慕尼举行。1928 年，第二届冬奥会在瑞士圣莫里茨举行。从那以后，冬季奥运会每 4 年举办 1 次，和夏季奥运会同年，直到 1994 年。1986 年，国际奥委会投票决定改变赛事时间。法国阿尔贝维尔的 1992 年冬奥会之后，仅隔 2 年，挪威利勒哈默尔便又举办了冬奥会。现在，冬奥会和夏奥会各自每 4 年举办 1 次，在偶数年份交替举办。

1896 年以来，奥林匹克运动会都如期举行了吗？

没有。尽管现代奥林匹克运动会的宗旨中有促进国际和谐这一项，但是，由于国际上一些不和谐事件，主管机构国际奥委会曾经取消过几次奥运会。1916 年，第一次世界大战爆发，奥运会被迫取消。1940 年和 1944 年的 2 届奥运会由于第二次世界大战而停办。

奥运会还受到国际政治、联合抵制和示威活动的影响。尽管 1980 年夏季奥运会按计划进行，但以美国为首的 62 个国家为抗议 1979 年苏联入侵阿富汗而抵制了这届奥运会；而 1984 年在洛杉矶举行的下一届夏季奥运会则遭到了苏联的抵制。1968 年，在墨西哥城，2 名非裔美国田径奖牌得主高举戴着黑手套的拳头，支持黑人民权运动，结果遭到停赛处理并被逐出奥运村。1972 年夏季奥运会在慕尼黑发生的一起事件让奥运历史蒙上了阴影，当时阿拉伯恐怖组织"黑色九月"在奥运村杀害了 11 名以色列运动员。1996 年，美国佐治亚州亚特兰大奥运公园的炸弹袭击事件也给奥运会投下了阴影。

棒球有多长的历史？

美国的国球棒球拥有超过 200 年的历史。传说这项运动的创始人是美国陆军军官阿布纳·道布尔迪，他在 1839 年就读于纽约库珀斯敦学校时发明并命名了这项运动（库珀斯敦也是棒球名人堂与博物馆的所在地）。但 2004 年，在马萨诸塞州皮茨菲尔德发现的一份文件表明，早在 1791 年就有一条地方法规禁止在镇会议厅 80 码（约合 72.9 米）以内的地方打棒球。历史学家证实了这份文件的真实性。这是目前棒球运动最早的书面记录，表明在道布尔迪之前，这种运动就已经存在。历史学家一直承认，棒球这项运动不是一个人的发明，而是由成千上万人共同创造的。2004 年的发现表明棒球在 1791 年就已经存在，并且流行到值得立法规范，而美国人至今仍热爱这项运动。

第一个棒球俱乐部是尼克博克俱乐部，1842 年，美国运动员亚历山大·卡特赖特在纽约市组织创立了这一俱乐部。到了 1845 年，该队已制定了 20 条规则，其中包括规定各垒位的位置以及如何判定跑垒员出局。规则还规定了一个比赛场地，球飞出此场地即为犯规。棒球在 1846 年新泽西州霍博肯一场著名的比赛后变得流行起来。到了 1860 年，

1930 年，芝加哥队迎战圣路易斯红雀队。历史学家近来发现棒球的历史可以追溯到 18 世纪。

美国至少有 50 支有组织的棒球队。南北战争期间,北方士兵推广了这项运动,让棒球在 19 世纪的最后 35 年间受欢迎程度急剧上升。第一支职业棒球队是辛辛那提红袜队,于 1869 年开始运营。1876 年,美国国家联盟(NL)成立,其成员球队包括波士顿队、芝加哥队、俄亥俄州辛辛那提队、康涅狄格州哈特福德队、肯塔基州路易斯维尔队、纽约队、费城队和密苏里州圣路易斯队。到了 19 世纪 80 年代,棒球运动已经发展成了一个大产业:1887 年,圣路易斯队与底特律队之间的比赛吸引了 5.1 万名付费观众。1901 年,美国联盟(AL)成立。2 年后,两大联盟联合举办了一场冠军赛:1903 年,波士顿红袜队击败匹兹堡海盗队,赢得了第一届世界大赛的冠军。

得益于家用电器的革新节省了劳动时间和劳动者周平均工作时间的缩短,美国人的休闲时间整体增加,这使棒球成为全国非常受欢迎的娱乐活动。棒球比赛在室外的开阔场地上举行,唤醒了美国人的农业情结;但棒球依赖于标准化的规则和统计数据,又预示着现代化的未来。

谁发明了篮球?

1891 年 12 月,加拿大裔美国人詹姆斯·奈史密斯发明了篮球运动。当时,奈史密斯是马萨诸塞州斯普林菲尔德市基督教青年会训练学校的一名体育教师,体育系主任要求他发明一种游戏,以便在冬季学生也能在室内进行运动。这个游戏必须在体育馆内进行,不得有身体接触,使用软球,并确保每个参与者都有机会处理球。奈史密斯在储藏室找到了 2 个桃木筐,将它们钉在学校体育馆两端的阳台栏杆上,又找到一个足球,将他的 18 名男学生分成 2 队,向他们介绍了这个游戏。这就是后来所说的篮球。在接下来的 20 年里,随着篮球的普及,这项运动得到了改进。1910 年,规则改变,允许持球者一边运球一边移动。1916 年,允许运球者投篮。

美式橄榄球始于何时?

在古希腊和古罗马,有一项运动,通过扔、踢或带球跑动使球最终越过球门线。现代许多运动都源于此,包括英式橄榄球和足球,而美式橄榄球则直接从英式橄榄球演变而来。历史学家普遍认为,第一场美式橄榄球比赛于 1869 年 11 月 6 日在新泽西州新不伦瑞克举行,罗格斯大学以 6 比 4 的比分击败了新泽西学院(即现在的普林斯顿大学)。比赛场地长 120 码(约合 109.7 米),宽 75 码(约合 68.6 米),所使用的球是圆的,类似足球。哥伦比亚大学、哈佛大学和耶鲁大学等其他东部学校很快也将这项运动纳入其竞技项目中。1876 年，制定了一套官方规则。19 世纪 80 年代，耶鲁大学教练沃尔特·坎普修订了规则。他把每队球员限制在 11 名，规定开球用并列争球的方式，要求球队在给定次数的进攻机会内将球推进一定码数，并用码线标记场地。

高尔夫球始于何时？

高尔夫球，包括其规则、器材和 18 洞球场，是在苏格兰发展起来的。早在 15 世纪初，苏格兰人就开始玩这种游戏了。这项运动的规则也发源于苏格兰：1754 年，圣安德鲁斯高尔夫球手协会（后来被称为皇家古老高尔夫球俱乐部）发布了高尔夫球规则。第一家高尔夫球俱乐部（成立于 1744 年）是苏格兰爱丁堡的尊贵的爱丁堡高尔夫球手俱乐部。苏格兰女王玛丽一世被公认为第一位女性高尔夫球手，她还创造了"球童"一词。

高尔夫球明星泰格·伍兹是如何成为伟大的运动员的？

泰格·伍兹是史上最佳高尔夫球手之一。仅在 1999 年，他就赢得了 8 项赛事，包括美国职业高尔夫球员协会（PGA）巡回赛和锦标赛，成为继本·霍根之后首位连续 4 场获胜的选手（霍根在 1953 年共赢得 5 项赛事）。2000 年，伍兹再接再厉，赢得 9 项赛事。2001—2002 年，他每年赢得 5 项赛事。4 年来总计赢得 27 项赛事。这令人瞩目的表现足以确保伍兹在高尔夫球历史中占据一席之地。

24 岁时，伍兹已成为 PGA 职业生涯收入最高的选手。为了更直观地说明这一点，1999 年，伍兹的年收入比高尔夫球传奇人物杰克·尼克劳斯整个 PGA 巡回赛职业生涯的收入还多出 100 万美元。伍兹既有能力又有魅力，拉高了这项运动的整体收入。他吸引新球迷参与这项运动，扩大了高尔夫球的影响力。由于伍兹的影响，高尔夫球四大主要赛事每场决赛的收视率都出现了上升。

网球始于何时？

网球运动起源于法国，12—13 世纪，法国人用手掌击打一个小球，使之来回穿越球网。英国士兵和运动员沃尔特·克洛普顿·温菲尔德被誉为"现代网球之父"，1873 年，他出版了草地网球的规则手册，并在 1874 年为这项运动申请了设备专利。